"十四五"时期国家重点出版物出版专项规划项目
本书受四川大学"2017—2018年度双一流学术出版工程"资助
国家社科基金项目"语言接触视域下的中古道经佛教词语研究"
（项目号：19BYY165）阶段性成果

中古道教灵宝经佛教词语汇释

杜晓莉 著

四川大学出版社
SICHUAN UNIVERSITY PRESS

图书在版编目（CIP）数据

中古道教灵宝经佛教词语汇释 / 杜晓莉著. -- 成都：四川大学出版社，2024.11
（中国俗文化研究大系. 俗语言研究丛书）
ISBN 978-7-5690-6148-2

Ⅰ. ①中… Ⅱ. ①杜… Ⅲ. ①佛教－词汇－研究－中国－中古 Ⅳ. ① B94-61

中国国家版本馆 CIP 数据核字 (2023) 第 097404 号

书　　名：	中古道教灵宝经佛教词语汇释
	Zhonggu Daojiao Lingbaojing Fojiao Ciyu Huishi
著　　者：	杜晓莉
丛 书 名：	中国俗文化研究大系·俗语言研究丛书
出 版 人：	侯宏虹
总 策 划：	张宏辉
丛书策划：	张宏辉　王　冰
选题策划：	陈　蓉
责任编辑：	陈　蓉
责任校对：	毛张琳
装帧设计：	墨创文化
责任印制：	李金兰
出版发行：	四川大学出版社有限责任公司
	地址：成都市一环路南一段 24 号（610065）
	电话：（028）85408311（发行部）、85400276（总编室）
	电子邮箱：scupress@vip.163.com
	网址：https://press.scu.edu.cn
印前制作：	四川胜翔数码印务设计有限公司
印刷装订：	成都金龙印务有限责任公司
成品尺寸：	170 mm×240 mm
印　　张：	19.75
插　　页：	2
字　　数：	316 千字
版　　次：	2024 年 11 月 第 1 版
印　　次：	2024 年 11 月 第 1 次印刷
定　　价：	78.00 元

本社图书如有印装质量问题，请联系发行部调换

版权所有 ◆ 侵权必究

扫码获取数字资源

四川大学出版社
微信公众号

总　序
项　楚

四川大学中国俗文化研究所，作为教育部人文社会科学重点研究基地，已经走过了二十年的历程。不忘初心，重新出发，是我们编辑这套丛书的目的。

俗文化是中国传统文化的重要部分，与雅文化共同形成中国文化的两翼。俗文化集中反映出中华民族独特的思维模式、风俗习惯、宗教信仰、语言风格、审美趣味等，在构建民族精神、塑造国民心理方面，曾经起过并正在起着重要的作用。因此，俗文化研究不仅在认知传统的中华民族文化方面具有重大的学术价值，而且在促进社会主义精神文明建设方面具有传统雅文化研究不可替代的意义。不过，俗文化和雅文化一样，都是极其广泛的概念，犹如大海一样，汪洋恣肆，浩渺无际，包罗万象，我们的研究只不过是在海边饮一瓢水，略知其味而已。在本所成立之初，我们确立了三个研究方向：俗语言研究、俗文学研究、俗信仰研究，后来又增加了民族和民俗的研究。同时，我们也开展了相关领域的研究，如敦煌文化研究、佛教文化研究等。在历史上，雅文化主要是士大夫阶级的意识形态，俗文化则更多地代表了下层民众的意识形态。它们是两个对立的范畴，有各自的研究领域和研究路数，不过在实践中，它们之间又是互相影响、互相渗透、互相转化的。当我们的研究越来越深入的时候，我们就会发现它们在对立中的同一性。虽然它们看起来是那样的不同，然而它们都是我们民族心理素质的深刻表现，都是我们民族性格的外化，都是我们民族的魂。

二十年来，本所的研究成果陆续问世，已经在学界产生了广泛的影响。本套丛书收入的只是本所最近五年来的部分研究成果，正如前面所说，是在俗文化研究大海中的一瓢水的奉献。

前 言

佛教传入中国之时，正值中国本土宗教道教的兴起。两教的接触和影响不仅表现在宗教观念和哲学思想方面，在语言方面也有体现。俞理明（1994）专文讨论过《太平经》中的道教称谓对佛教称谓的影响。我国台湾地区学者萧登福（2005）提出并论证了"佛教传入，直至唐宋，几乎历代中都杂糅了中土名相及道家道教思想"的观点。魏晋以后，佛教在中国的传播取得了巨大的成功，在民间和上层社会都产生了重大影响，这反过来促使道教在思想建设和传播中借鉴佛教，一些道经中出现了浓重的佛教因素，包括对佛教用语的吸收。最初表现出明显受到佛教影响的道经出现在公元四世纪末，主要是上清派的上清经和灵宝派的"古灵宝经"，其中，古灵宝经中的佛教烙印更深（贺碧来，1984）。公元四世纪末，正值东晋后期，是汉语史的中古时期。所以，古灵宝经不仅是研究佛道交流的重要文献材料，也可以作为研究中古汉语与其他语言接触的重要语料。

随着佛教东传而来的佛经翻译，是汉语与其他语言的一次重要接触，但这种接触与双语社会中的直接语言接触不同，是一种间接语言接触。"直接"与"间接"，不仅表明了源语与目标语的两种接触方式，也表明了源语对目标语的两种影响方式。直接语言接触是源语直接影响目标语；间接语言接触首先是源语渗透进以目标语为载体的翻译语言，然后，某些渗透进翻译语言的源语特征再经由翻译语言进一步影响目标语的书面语或口语，显然，源语对目标语的这种影响是间接发生的。间接语言接触研究分析在翻译中源语如何直接渗透到译语，源语特征又如何通过译语间接影响目标语（王克非，2021）。学界对汉译佛经的研究，多立足于汉译佛经本身，关注译经中的源语影响，亦即源语对翻译语言的渗透，而对译经语言中的源语特征如何间接影响汉语的研究较少，尤其缺乏对译经语言影响汉语的系统研究。

语言接触研究的最终目标是要弄清源语对目标语的影响。要实现这个研究目标，首先需要判断哪些语言特征是源语特征，接着要了解这些源语特征在目标语中的存在样态，比如是原封不动的借用，还是已经发生了后续演变，然后在此基础上展开关于语言接触引发的后续演变类型、演变机制等的讨论。笔者在利用中古灵宝经里的佛教词语研究梵语等语言对古代汉语词汇系统的影响时，把外来的佛教词语在灵宝经中的意思顺便记了下来，整理之后遂成此书。

灵宝经既是一部道经的名称，也是灵宝系经典的总称。作为一部经的名称，《灵宝经》指的是东晋末年葛巢甫构造的《灵宝五篇真文》，但更多的时候，"灵宝经"这一术语是被当作灵宝系经典的总称来使用的。

据道教史的研究，灵宝经的创制始于东晋葛巢甫，南朝宋陆修静对当时的灵宝经系经典作了编录，写成《灵宝经目》，后来失传。敦煌文献面世以后，日本学者大渊忍尔（1974）利用P.2861和P.2256号文书，恢复了《灵宝经目》的面貌，其所著录的29篇经目使我们得以从《正统道藏》数量庞大的灵宝经中区别出一组"古灵宝经"。按照汉语史的分期，这批古灵宝经产生于汉语史的中古时期，所以本书把这批灵宝经称为"中古道教灵宝经"，简称"中古灵宝经"。

大渊忍尔（1974）的研究表明，绝大部分中古灵宝经经文保存于今《正统道藏》洞玄部，部分未见于《正统道藏》的经文可在敦煌文书和《无上秘要》中找到，二者相加，目前能看到的中古灵宝经经文共计27篇。笔者以这27篇经文为研究语料，本书的所有词条都来源于此。

考虑到中古灵宝经的创制始于东晋，终于南朝宋，本书所说的佛教词语，一是指南朝宋之前汉译佛经中出现的两类新造词，即表达佛教意义的新造词和虽未表达佛教意义但后世主要在涉佛文献和道教文献中出现的新造词语。前者如"三途""五苦""八难"之类；后者如"悭贪"，该词首见于东汉译经，后来也主要见于涉佛作品（如《百喻经》、寒山诗、《西游记》等）和道教文献，所以该词很可能是佛经翻译者创造的，有鉴于此，中古灵宝经中的"悭贪"一词被认定为佛教词语而予以收录。但像"愁恼"和"忧恼"等词语，就现有汉籍文献来看，虽然也是首见于东汉译经，但是在创制时代稍晚的中古灵宝经和中土文献中也很常见，笔者因此认为它们很大可能是东汉时期汉语的口语词，只是就现存文献来看，首见于汉译佛经。因此本书不把它们当作佛教词语，在收录时也就予以排除。本书所说的佛教词语，二是指在佛经翻译之前就已经存在于中土文献，但在翻译佛经中表达佛教意义的旧有词，也就是颜洽茂（1998）所说的"灌注得义"的词语，如汉语词"漏"，有"渗出或透出"义，《易·井》："井谷射鲋，瓮敝漏。"孔颖达疏："有似瓮敝漏水，水漏下流，故曰瓮敝漏也。"而佛经翻译者把 āsrava（烦恼）意译作"漏"，"漏"是汉语旧有的词形，但是在表达被灌注的佛教义的时候则是一个佛教词语。

总的来说，本书以词语是否含有佛教意义及其分布为标准，把佛教词语界定为首见于汉译佛经、专门表达佛教意义的新造词和虽未表达佛教意义但后世主要分布于涉佛文献和道教文献中的新造词，以及灌注了佛教意义的中土旧有词。上面提到的三类佛教词语，中古灵宝经都有吸收。一是专门表达佛教意义的新造词，如"拔度""彻照""大千世界"等。二是虽未表达佛教意义但后世主要分布于涉佛文献和道教文献中的新造词，如"枉横""谛受"等。三是灌注了佛教意义的中土旧有词，比如"大戒"，在《庄子·人间世》中就已出现："天下有大戒二：其一，命也；其一，义也。子之爱亲，命也，不可解于心；臣之事君，义也，无适而非君也，无所逃于天地之间。是之谓大戒。"成玄英疏："戒，法也。"因此"大戒"义为"大法则"。然而佛教中的"大戒"指的是"僧尼所应遵守的全部戒律"，即"具足戒"。中古灵宝经中的"大戒"词义与佛经中的更接近，义为"道教徒所应遵守的全部戒律"，所以本书把这个"大戒"视为对佛教词语的借用与改造而予以收录。

中古灵宝经吸收佛教词语的方式有三种：一是音形义全吸收；二是只吸收音形，改造词义；三是吸收读音，保留或改造词义，改用其他词形。因此，从吸收角度来看中古灵宝经中的佛教词语就有三类：音形义都与佛教词语相同的词语，音形与佛教词语相同、词义相关的词语，以及音义与佛教词语相同或相关但词形不同的词语。第一类词语如"爱狱""拔罪""长劫"之类。第二类词语如"抱铜柱"，据三国吴支谦译

《八师经》，指的是"犯邪淫之罪死入地狱所受的一种惩罚"，灵宝经中则指"犯了饮酒淫色、借换不还、不孝等十恶之罪死入地狱受到的一种严酷刑罚"，与佛经中的词义相关，但又有所改造。其他如"彻视""大慈""恶因缘"等也是吸收音形、改造了词义的佛教词语。第三类词语如"诫律"，汉译佛经中有"戒律"一词，读作"jièlǜ"，泛指"出家、在家信徒必须遵守的日常戒条和法规"，灵宝经中词形改作"诫律"，指的是"道士、女官、信徒必须遵守的日常戒条和法规"，对佛经中的词义也稍有改造。"唝嗃"一词则是吸收了佛教词语"贡高"的读音，保留了其词义，但改造了词形。对于第三类佛教词，本书在词条方括号前以"*"标记之。

追本溯源，释义有详略，是本书的一个特点。本书是笔者基于中古灵宝经研究语言接触的阶段性成果，在解释中古灵宝经中的佛教词语的时候，既梳理了经中佛教词语的佛经源头，即找出该词最早出现在哪种汉译佛经中，也展现了这些佛教词语在灵宝经中的意思，以显示经由佛经翻译进入汉语的外来词在汉语系统使用过程中的后续演变。但研究的主次问题决定了释义得有详略。所以，对于那些在佛经中有多个义项的佛教词语，本书仅列道经直接或间接吸收的义项，并举出其在佛经中的最早用例。比如"方便"一词，在东汉译经中已经出现，一是"精进努力"的意思，如安世高译《长阿含十报法经》："有胆精进方便，坚得好法，意不舍方便，宁肌筋骨血干，尽精进不得中止，要当得所行。"二是"适当的方法、手段"的意思，如竺大力共康孟详译《修行本起经》卷一："以何方便使太子留，令无道志？"但因为灵宝经用的是"方便"的第二个意思，所以，笔者在溯源的时候仅列出了其表示"适当的方法、手段"这个义项。不过，为了显示道经对佛教词语的继承与发展，对于道经中的佛教词语，本书则详细呈现其所有义项。比如，"大劫"一词在灵宝经中一共有四个义项，有的义项继承自佛经，有的则是在灵宝经中发展出来的，本书不避繁复，把四个义项全部罗列出来。

举道经例时兼顾词条搭配与分布的多样性，是本书的另一个特点。在解释中古灵宝经中的佛教词语的时候，以用例来印证其词义。为此，在举例时力求多样化，尽量将同一词语的不同搭配用例都列举出来。另外，笔者也想通过用例粗略地展示佛教词语的分布信息。现在能从《正统道藏》《无上秘要》和敦煌文书等文献中找到中古灵宝经27篇，对于同一词条，为了能够呈现其分布信息，本书尽力做到举不同经文中的例子，甚至还会举一些道经辑佚中的例子。比如"舍利"一词，在《洞玄灵宝玉京山步虚经》和《太上无极大道自然真一五称符上经》中有分布，但是，《道典论》卷四中辑佚的其所引的《灵宝真一自然经诀》中也有用例，笔者把这一条用例也补充在该词条之下。之所以把相关道经的辑佚也作为本书寻找佛教词语的对象，是因为从六朝的北周开始，佛道二教敌意渐生，为争夺政治庇护人，二教在竞争中相互攻击，为避剽窃恶名，道教信徒曾经删削或改变了道经中的佛教词汇和概念（大渊忍尔，1978：52；柏夷，1990/2015：72），辑佚则可能使我们得窥一个词的分布原貌。所以，如果注意一下所举例子的经文来源，是可以看出这些佛教词语所分布的具体的灵宝经的。

将同一词语的不同搭配用例和分布在不同经文中的用例都举出来，完全可能出现用例堆砌的情况。为了避免这一问题，如果一个词条用例甚夥，用法不多的话，一般最多只举见于不同经文的四个例子；如果某词条的某一义位的多个用例仅出现于某一经文，那么只举两个例子；当然，如果一个词条只有一两个用例，那么就全部举出。从举例数量上基本可以看出每个佛教词语在中古灵宝经中的使用频次，进而可以推知这些佛教词语在中古时期融入汉语道教社群的深度。一般而言，使用频次高、用法多样的佛教词语已经深度融入当时的道教社群；反之则较浅。

本书在撰写过程中，吸收了很多前贤时彦的研究成果，由于体例所限，未在正文中作注说明，而是将所参考的著作、论文和工具书均列入参考文献。如有遗漏，敬请方家谅解并指出，将来如有机会，再作补充。谨向滋养了本书的每一位专家致以无限的谢意！

编写说明

本书词条的排序原则，以词语的首字母顺序为主，词语首音节的声调为辅。也就是原则上按每个词的首字母顺序排列，对于首音节相同的词语，如果它们声调不同，则按声调顺序排列。比如，"八难"和"拔度"的首音节相同，但声调不同，所以把首音节为一声的"八难"排在首音节为二声的"拔度"之前。首音节为同音同形语素的多音节词语，按其第二个音节的首字母顺序依次集中排列。像"持戒"排在"持斋"之前就属于这一情况。首音节为同音异形语素的多音节词语，为了不破坏首音节同音同形语素词语集中且按第二音节首字母顺序排列的系统性，会在按前两个原则排列完之后，再排另一个同音异形语素词。像"恶缘"排在"饿鬼"之前就属于这一情况，虽然这两个词的首音节声韵调都相同，但它们是同音异形语素，"恶缘"的第二个音节yuán的顺序虽后于"饿鬼"第二个音节guǐ，由于以"恶"为首音节的第一个词"恶道"先于"饿鬼"，所以按前两个排序原则，把"恶缘"排在"饿鬼"之前。

每一个词条的释义体例是，先出该词在佛经中的意思，再出其在中古道教灵宝经里的意思。为简略记，必要时分别写作"佛经义：……"和"灵宝经义：……"。

本书佛经语料如无特殊说明，均出自台北新文丰出版公司1985年影印本《大正新修大藏经》（简称《大正藏》）。出处前一数字表示所引语料所在的册数，后一数字为所在页码，a、b和c分别表示上、中、下栏。比如"东汉·竺大力共康孟详译《修行本起经》卷下，3/ 469b"表示所引语料出自《大正藏》第3册第469页中栏。

本书的中古道教灵宝经用例绝大多数都引自文物出版社、上海书店出版社、天津古籍出版社1988年影印的明《正统道藏》，有少量引自《英藏敦煌文献》《法藏敦煌西域文献》和中华书局2016年版周作明点校的《无上秘要》。引《正统道藏》的体例为：引文之后，在小括号内依次标明引文所在经名、卷次和在《正统道藏》中的册数、页码和栏数（a、b、c三栏），如1/641a指引文出自《正统道藏》第1册第641页a栏。《灵宝经目》和《正统道藏》中灵宝经的对应题目详见附录二。引敦煌文献的体例为：引文之后，在小括号内依次标明引文所在经名、英藏或法藏敦煌文献编号，"S.+阿拉伯数字"表示英国国家图书馆藏斯坦因（M. A. Stein）编号的敦煌写卷，"P.+阿拉伯数字"表示法国国家图书馆藏伯希和编号的敦煌写卷。引《无上秘要》的体例为：引文之后，在小括号内依次标明经名、在《无上秘要》中的卷数、册数和页码，如"《无上秘要》卷二十九，中/400"表示引文出自《无上秘要》卷二十九中册第400页。

目 录

A

【阿罗汉】……………… 1
【爱欲】…………………… 1
【爱狱】…………………… 2

B

【八难】…………………… 2
【拔庹】…………………… 4
【拔过】…………………… 4
【拔苦】…………………… 4
【拔舌】…………………… 5
【拔罪】…………………… 5
【宝光】…………………… 6
【宝林】…………………… 6
【报对】…………………… 7
【报应】…………………… 7
【抱铜柱】………………… 8
【本行】…………………… 9

【本愿】…………………… 9
【比丘尼】………………… 10

C

【叉手】…………………… 11
【忏谢】…………………… 11
【长劫】…………………… 12
【超度】…………………… 13
【彻视】…………………… 13
【彻照】…………………… 14
【尘】……………………… 14
【晨朝】…………………… 15
【持戒】/【持诫】………… 15
【持斋】…………………… 16
【持志】…………………… 17
【出世】…………………… 17
【畜生】…………………… 18
【传度】…………………… 18
【慈憨】…………………… 19

【慈念】……………………19
【慈心】……………………20

D

【大乘】……………………21
【大慈】……………………23
【大慈大悲】………………24
【大法】……………………25
【大法师】…………………25
【大梵】……………………26
【大梵天】…………………28
【大劫】……………………28
【大戒】……………………30
【大魔王】…………………30
【大千】……………………31
【大千世界】………………32
【大圣众】…………………32
【啖炭】……………………33
*【刀利】…………………33
【刀山】……………………34
【导师】……………………35
【道场】……………………36
【道行】……………………36
【道眼】……………………37
【得度】……………………37
【谛受】……………………38
【谛听】……………………39
【地狱】……………………39
【兜术】……………………40
【都讲】……………………40

【毒汤】……………………41
【度】………………………41
【度人】……………………43
【度身】……………………43
【度师】……………………44
【度脱】……………………44
【断除】……………………45
【对】………………………45
【堕】………………………47

E

【恶道】……………………47
【恶对】……………………48
【恶根】……………………49
【恶世】……………………50
【恶因缘】…………………50
【恶缘】……………………51
【饿鬼】……………………52
【二十八天】………………53

F

【发心】……………………53
【发愿】……………………54
【法服】……………………55
【法鼓】……………………55
【法号】……………………56
【法化】……………………57
【法教】……………………57
【法戒】……………………58

【法轮】………………… 58
【法门】………………… 59
【法桥】………………… 61
【法师】………………… 62
【法衣】………………… 63
【法音】………………… 63
【梵】…………………… 64
【梵辅】………………… 65
【梵天】………………… 65
【梵行】………………… 66
【反论】………………… 67
【犯戒】………………… 68
【方便】………………… 68
【非法】………………… 69
【非人】………………… 69
【飞天】………………… 70
【分卫】………………… 71
【风刀】………………… 72
【奉戒】/*【奉诫】……… 73
【奉斋】………………… 74
【佛】…………………… 74
【福德】………………… 75
【福根】………………… 76
【福门】………………… 76
【福舍】………………… 77
【福田】………………… 77
【福缘】………………… 79
【福愿】………………… 79

G

【高座】………………… 80
【功德】………………… 81
【供养】………………… 82
*【唝嗃】………………… 83
【挂碍】………………… 83
【广度】………………… 84
【归命】/*【皈命】……… 84
【归依】/*【皈依】……… 86
【鬼魔】………………… 86
【过度】………………… 87
【过去】………………… 87

H

【寒冰】………………… 89
【何因缘】……………… 89
【恒沙】/*【洹沙】……… 90
【弘普】………………… 91
【后身】………………… 92
【后生】………………… 92
【后世】………………… 93
【护度】………………… 94
【化度】………………… 94
【还生】………………… 95
【悔谢】………………… 96
【悔罪】………………… 96
【秽漏】………………… 97
【秽身】………………… 97
【火劫】………………… 98

【火山】································· 98
【火中生莲华】······················ 99
【镬汤】································· 99

J

【积劫】································ 100
【极乐】································ 101
【偈】··································· 101
【偈颂】································ 102
【偈诵】································ 102
【寂静】································ 103
【剑树】································ 103
【教度】································ 104
【阶道】································ 104
【劫】··································· 105
【劫数】································ 107
【结】··································· 108
【结缚】································ 109
【结缘】································ 110
【解度】································ 110
【解了】································ 111
【解脱】································ 111
【解悟】································ 112
【戒】··································· 112
【戒法】································ 113
*【诫律】······························ 113
【金翅大鸟】·························· 114
【金刚】································ 114
【金容】································ 115
【今身】································ 116

【今生】································ 116
【今世】································ 117
【禁戒】································ 117
【经宝】································ 118
【经法】································ 119
【经教】································ 119
【经戒】································ 120
【经师】································ 120
【精进】································ 121
【净水】································ 122
【久远劫】···························· 122
【救度】································ 123

K

【开度】································ 124
【空】··································· 124
【空寂】································ 125
【苦厄】································ 125
【苦根】································ 126
【苦行】································ 126

L

【来生】································ 127
【来世】································ 129
【累劫】································ 129
【礼拜】································ 130
【历劫】································ 131
【立愿】································ 131
【两舌】································ 132

【流转】……………… 133
【六畜】……………… 133
【六度】……………… 134
【六根】……………… 134
【六情】……………… 135
【六时】……………… 135
【六天】……………… 136
【六通】……………… 137
【漏尽】……………… 138
【轮回】……………… 139
【轮转】……………… 139
【罗汉】……………… 141

M

【卖身】……………… 141
【弥劫】……………… 142
【妙法】……………… 142
【妙觉】……………… 143
【妙通】……………… 143
【灭度】……………… 144
【灭坏】……………… 145
【愍济】……………… 145
【命根】……………… 145
【命过】……………… 146
【魔】………………… 147
【魔界】……………… 148
【魔魅】……………… 148
【魔王】……………… 149
*【摩罗】……………… 150

N

【年劫】……………… 151
【念度】……………… 151

P

【平等】……………… 152
【菩提】/*【菩题】……… 153
【普度】……………… 154
【普济】……………… 155

Q

【七宝】……………… 155
【七宝宫】…………… 156
【七宝光】…………… 157
【七宝林】…………… 157
【七宝台】…………… 159
【七宝之树】………… 159
【七世】……………… 160
【七世父母】………… 160
【七祖】……………… 161
【绮语】……………… 161
【悭贪】……………… 162
【前身】……………… 162
【前生】……………… 163
【前世】……………… 164
【清戒】……………… 165
【清信】……………… 165
【清信士】…………… 165

【清信士女】……………… 166
【卿等】……………………… 167
【劝化】……………………… 167
【劝助】……………………… 168

R

【饶益】……………………… 168
【人道】……………………… 169
【忍辱】……………………… 170
【如来】……………………… 170
【汝等】……………………… 171
【入定】……………………… 171

S

【三宝】……………………… 172
【三乘】……………………… 173
【三恶】……………………… 174
【三恶道】…………………… 175
【三恶之道】………………… 175
【三会】……………………… 176
【三界】……………………… 176
【三千大千世界】…………… 178
【三十二天】………………… 178
【三十二相】………………… 180
【三世】……………………… 180
【三涂】/【三途】/【三徒】 181
【散花】……………………… 182
【色界】……………………… 183
【沙门】/【桑门】…………… 184

【沙门尼】…………………… 184
【善报】……………………… 185
【善道】……………………… 185
【善根】……………………… 186
【善门】……………………… 187
【善男子】…………………… 187
【善念】……………………… 188
【善女人】…………………… 189
【善因缘】…………………… 190
【善缘】……………………… 190
【上人】……………………… 192
【烧香】……………………… 193
【舍利】……………………… 193
【摄意】……………………… 194
【神通】……………………… 194
【生死栽】…………………… 195
【圣教】……………………… 195
【圣众】……………………… 195
【施安】……………………… 196
【师父】……………………… 197
【师宗】……………………… 197
【十恶】……………………… 198
【十方】……………………… 199
【十戒】/【十诫】…………… 200
【十善】……………………… 201
【世界】……………………… 202
【授度】……………………… 202
【受报】……………………… 203
【受度】……………………… 203
【受戒】/【受诫】…………… 204
【受生】……………………… 205

【受诵】……………… 206
【水劫】……………… 206
【睡眠】……………… 207
【四辈】……………… 207
【四大】……………… 208
【四众】……………… 208
【诵经】……………… 209
【宿对】……………… 210
【宿福】……………… 211
【宿根】……………… 211
【宿命】……………… 212
【宿世】……………… 213
【宿行】……………… 213
【宿缘】……………… 214
【宿罪】……………… 214
【随逐】……………… 215

T

【塔寺】……………… 215
【檀越】……………… 216
【弹指】……………… 216
【汤煮】……………… 217
【天魔】……………… 217
【天人】……………… 218
【天堂】……………… 219
【天下】……………… 219
【天眼】……………… 220
【天中之天】………… 221
【天尊】……………… 221
【退转】……………… 223

W

【外道】……………… 223
【万劫】……………… 224
【枉横】……………… 225
【妄言】……………… 225
【妄语】……………… 226
【违戒】……………… 226
【无极世界】………… 227
【无色】……………… 227
【无色界】…………… 228
【无上正真】………… 228
【无上正真之道】…… 229
【无央数】/*【无鞅数】/
*【无鞅数】…………… 230
【五道】……………… 231
【五戒】……………… 231
【五苦】……………… 232
【五体】……………… 234
【五欲】……………… 235
【五浊】……………… 235

X

【细滑】……………… 236
【遐劫】……………… 236
【下头】……………… 237
【先身】……………… 237
【见世】……………… 238
*【见在】……………… 239
【见在世】…………… 239

【相好】……………… 240
【消魔】……………… 240
【小乘】……………… 241
【小劫】……………… 242
【晓了】……………… 243
【邪魔】……………… 243
【邪念】……………… 244
【懈退】……………… 244
【心口相应】………… 245
【信根】……………… 245
【信心】……………… 246
【行道】……………… 246
【行业】……………… 247
【行愿】……………… 248
【修法】……………… 249
【修行】……………… 249
【修斋】……………… 250
【须弥】……………… 250

Y

【雅妙】……………… 251
【洋铜】……………… 251
【业】………………… 252
【业行】……………… 252
【一念】……………… 253
【一劫】……………… 253
【已】………………… 254
【亿劫】……………… 255
【因】………………… 255
【因缘】……………… 256

【影响】……………… 257
【祐护】/*【佑护】… 258
【欲界】……………… 258
【缘】………………… 259
【缘对】……………… 260
【缘会】……………… 260
【缘结】……………… 261
【圆光】……………… 261
【怨对】……………… 262
【愿念】……………… 263

Z

【在在】……………… 263
【旃檀】……………… 264
【展转】……………… 264
【正法】……………… 265
【执戒】……………… 266
【执斋】……………… 266
【智慧】……………… 266
【终劫】……………… 267
【种根】……………… 268
【众魔】……………… 269
【诸天】……………… 269
【转度】……………… 271
【转经】……………… 271
【转轮】……………… 272
【转轮圣王】………… 273
【转身】……………… 273
【自度】……………… 274
【自己】……………… 275

【自然】……275	【罪门】……278
【罪报】……276	【罪缘】……279
【罪对】……276	【尊经】……280
【罪根】……277	【坐莲花】……280
【罪垢】……278	【作缘】……281

参考文献……282

附录一 本书所引佛教译经……286

附录二 《灵宝经目》和《正统道藏》本灵宝经对照表……288

附录三 词目索引……291

后 记……294

[A]

【阿罗汉】

梵语Arhat的音译。小乘佛教理想的最高果位。佛教亦用之称断绝嗜欲，解脱烦恼，修得小乘果的僧人。

人或有百劫生死者，或有千劫生死者，尚未能得阿罗汉道泥洹。（东汉·安世高译《七处三观经》，2/880b）

灵宝经义：已得神通灭度之人。也就是已成仙的人。

阿罗汉谓已得神通灭度之人。（《太上太极太虚上真人演太上灵宝威仪洞玄真一自然经诀》卷上，P.2403）

【爱欲】

梵语词为abhi-lāṣa、rāga和kāma等，义为"贪求的欲望"。

比丘！当知爱欲，亦当知爱欲从本有，亦当知从爱欲受殃。（东汉·安世高译《漏分布经》，1/851c）

灵宝经义：对……的贪恋、贪爱。

（1）第六诫者，心无爱欲摇动五神，伤精丧气，体发迷荒。（《太上洞玄智慧上品大诫》，3/392c）

（2）智慧不通，则心神振动，生于爱欲，使人迷荒，丧神伤命，寿不得长。（《太上洞玄智慧上品大诫》[①]，3/394c）

[①] 《道藏》题作《太上洞真智慧上品大诫》，任继愈主编《道藏提要》认为"洞真"当为"洞玄"之误，本书从此说，录作《太上洞玄智慧上品大诫》。

【爱狱】

佛经义：如牢狱一样束缚人的爱恋之情。

居家奉戒，当愿众生贪欲意解，入空法中。孝事父母，当愿众生一切护视，使得佛道。顺教妻子，当愿众生令出<u>爱狱</u>，无恋慕心。（三国吴·支谦译《菩萨本业经》，10/447b）

灵宝经义：如牢狱一样束缚人的爱恋之情。中古灵宝经里含有"爱狱"的唯一用例的前后文基本上是化用支谦的翻译，其本身也沿用了佛经中的意思。

若见居家妻子，当愿一切早出<u>爱狱</u>，摄意奉戒；若见饮酒，当愿一切制于命门，以远祸乱……（《太上洞玄灵宝智慧本愿大戒上品经》，6/156b）

[B]

【八难】

梵语复合词 aṣṭākṣaṇa（aṣṭa-akṣaṇa）的仿译，aṣṭa 义为"八"，akṣaṇa 义为"难、难处"，二者合起来字面意思就是"八难"。在佛经中指的是"难以见佛闻法的八种障碍——地狱、饿鬼、畜生、边地、长寿天、盲聋暗哑、邪见、如来不出世"。

（菩萨）而起护心，欲度五道<u>八难</u>众生，愚蔽曚暗，不见正道，念欲成济，使得无为，以一其意。（东汉·竺大力共康孟详译《修行本起经》卷下，3/469b）

灵宝经义：一是三徒加五苦，二是阻碍修道者成仙的各种障碍。
南朝齐严东注《元始无量度人上品妙经》"永度三徒五苦八难"句中的"八难"云："三徒五苦，合为八难。为罪之本，而不解形于五道之上，灭踪于五苦之下，众累不断，沉沦罪田。夫学诸上道，当先断诸累，绝灭五道，真气自降，神仙自成。克得变形，游行三清，身入长生之府，无复八难之患也。"的确，在中古道教灵宝经中，当"三途五苦八难"连用或前后呼应时，"八难"似可理解为"三徒加五苦"之义。

（1）灵宝五篇真文，施一十四福，福报如之。一者……十三者，功德之大，上延七祖，解脱三涂五苦八难，上升天堂，受仙南宫，下流种孙，世世兴隆。（《元始五老赤书玉篇真文天书经》卷下，1/797c）

（2）此法弘普，功加一切，得见其文，宿根自拔，五苦不经，三途解脱，长离八难，见世安康，世世富贵，家门兴隆。（《太上玄一真人说三途五苦劝戒经》，6/872a）

但严东注只可部分采信，因为在道经中，"八难"除了与"三途五苦"连用，还有两种用法，一是和"三途"或"五苦"连用或互文，这也是佛经中常见的用法；二是和"七苦""十苦""诸苦"或"五道"连用或互文，这是佛经中没有的用法。所以，在道经的语境中，"八难"不必理解为"八种障碍"，理解为"阻碍修道者成仙的各种障碍"就行。

（1）道言："此三篇偈颂出元始之先，无数之劫，道成天地，功济万物，其说微妙，弘广无极，皆授高仙大圣、十方至真、已得仙道，不授中仙。得见其文，供养宗奉，生死获庆，不更三途，不履八难，见世富贵，合门安宁……"（《太上玄一真人说三途五苦劝戒经》，6/872c）

（2）有闻灵音，魔王敬形，敕制地祇，侍卫送迎，拔出地户五苦八难，七祖升迁，永离鬼官。（《灵宝无量度人上品妙经》卷一，1/5c）

（3）今故立斋，烧香然灯，愿以是功德照曜诸天，普为帝王国主、君官吏民、受道法师、父母尊亲、同学门人、隐居山林学真道士诸贤者、蠢飞蠕动、跂行蛸息、一切众生普得免度七苦八难，长居无为，普度自然。（《洞玄灵宝长夜之府九幽玉匮明真科》，34/386a）

【拔度】

佛经义：超度，拯救。

又此，龙王！若有菩萨行应忍者，**拔度**一切不有其劳。所以者何？（西晋·竺法护译《弘道广显三昧经》卷四，15/503b）

灵宝经义：超度，拯救。

（1）宁守善而死，不为恶而生。于是不退，可得**拔度**五道，不履三恶，诸天所护，万神所敬。（《太上洞玄灵宝赤书玉诀妙经》卷上，6/184c）

（2）那耶者，飞天神人之隐讳，飞行三界之上，历披长夜之宫，开九幽之房，**拔度**善人之魂。（《太上洞玄灵宝诸天内音自然玉字》卷四，2/556c）

（3）如蒙哀怜，重赐戒言，则以幽夜披太阳之光，长劫苦魂得蒙**拔度**，更生福堂，道济无外，惠宜普隆。（《太上洞玄灵宝智慧罪根上品大戒经》，6/885c）

【拔过】

佛经义：拔除罪过。

吾问如来普及众生，亦为菩萨大士之故，为世师者**拔过**俗法，志行清净明尽因缘……（西晋·竺法护译《弘道广显三昧经》卷一，15/488c）

灵宝经义：拔除罪过。

拔过八难庭，逍遥玉绮岑。（《无上秘要》卷二十九，中/405）

【拔苦】

佛经义：拔除痛苦。

大悲愍群生，常欲为**拔苦**。(后秦·鸠摩罗什译《大庄严论经》卷一，4/258b)

灵宝经义：拔除痛苦。

（1）修是无为道，当与善结缘。太上至隐书，名曰智慧篇。**拔苦**由大才，超俗以得真。(《洞玄灵宝玉京山步虚经》，34/627a)
（2）诸天欲**拔苦**，勤礼七宝台。(《太上洞玄灵宝空洞灵章》，《无上秘要》卷二十九，中/416)

【拔舌】

佛经义：生前作恶，死入地狱所受的一种惩罚。

愚者重暗不明去就，以恶心向佛、沙门、梵志，截手**拔舌**者，斯一世之苦。(三国吴·康僧会译《六度集经》卷五，3/30b)

灵宝经义：生前搬弄是非，死入地狱所受的一种惩罚。

凶性作口舌，斗乱无疏亲。死受**拔舌**报，后生恒吠人。(《洞玄灵宝长夜之府九幽玉匮明真科》，34/384a)

【拔罪】

佛经义：拔除罪过。

复次，佛拔诸罪根因缘故，无有失。罪根本因缘有四种：一者、贪欲因缘，二者……四者、愚痴因缘。是罪根因缘及习皆已拔。阿罗汉、辟支佛虽**拔罪**因缘，习不尽故，或时有失。(后秦·鸠摩罗什译《大智度论》卷二十六，25/247c)

灵宝经义：拔除罪过。

太极左仙公于天台山静斋**拔罪**，烧香忏谢，思真念道。(《太上洞玄灵宝真一劝诫法轮妙经》，6/170c）

【宝光】

梵语词jyotiṣ-prabhā-ratna的仿译，jyotiṣ和prabhā都有"光辉""光明"的意思，ratna义为"珍宝"，三者合起来字面意思就是"宝光"，有"神奇的光辉"的意思。

佛放大光满宝帐内，犹如金华，复似星月，无量**宝光**犹如团云处空明显，中有化佛弥满虚空。(后秦·鸠摩罗什译《禅秘要法经》卷中，15/256a）

灵宝经中的"宝光"有两个意思：
一是"宝物的光芒"。

如此众中忽有一人，善识**宝光**，**宝光**冲天，万里遥见，如看掌中。(《太上洞玄灵宝智慧定志通微经》，5/888c）

二是"神奇的光辉"。

五帝所举，上补真人，三界司迎，项负**宝光**。(《元始五老赤书玉篇真文天书经》卷下，1/797c）

【宝林】

梵语ratna-yaṣṭi的仿译，ratna义为"珍宝"，yaṣṭi义为"树"。佛经中的"宝林"义为"珍奇的树林"。

斯林甚严丽，光色忽改常，将非天**宝林**，移殖此园耶？(后秦·鸠摩罗什译《大庄严论经》卷十一，4/316c）

灵宝经义：珍奇的树林。

竦身凌太清，超景逸紫霄。保无持法纲，游玄极逍遥。万劫犹昨夜，千椿如晨朝。巍峨荫云华，手攀宝林条。香烟自然去，玄阶与扶摇。(《洞玄灵宝玉京山步虚经》，34/627b)

【报对】

佛经义：报应。

人欲设意在屏猥处造诸罪根，当时虽可免前类谤，然复不免后世报对。(后秦·竺佛念译《出曜经》卷二十五，4/746b)

灵宝经义：报应。

（1）功德轻重、拔度阶级、高下次第，何者为先？……已身行恶，为身自受报对，为上误先亡？(《太上洞玄灵宝三元品戒功德轻重经》，6/883b)

（2）轻泄漏慢，谤毁圣文，考罚尔身，罪福报对，明慎之焉。(《太上洞玄灵宝真一劝诫法轮妙经》，6/172a)

（3）愆盟负誓，泄漏天文，传非年限，生死谢对，长负河源，风刀万劫，镇夜挻山，罪福报对，悉如盟文。(《太上洞玄灵宝诸天内音自然玉字》卷一，2/536c)

【报应】

"报应"本是中土固有词语。古人信奉天人感应说，把日月星辰等自然界的变化说成是对人事治乱的反应或预示，称之为"报应"。例如，《汉书·成帝纪》："朕亲饬躬，郊祀上帝。皇天报应，神光并见。"汉译佛经里把梵语phala意译作"报应"，指的是"种善因得善果，种恶因得恶果"，后专指"种恶因得恶果"。

佛悉明知来今往古所造行地、所受报应。(三国吴·支谦译《太子瑞应本起经》卷下，3/478b)

灵宝经义：种善因得善果，种恶因得恶果。

（1）明告男女，令知**报应**，天道不虚，善心信向，勤行勿懈，剋得开度，受福无穷也。(《太上洞玄智慧上品大诫》，3/395c)

（2）长夜之府九幽玉匮明真科律，具说罪福宿命因缘，善恶**报应**，解拔苦根，戒人治行，身入光明，远恶就善，终归福门。(《洞玄灵宝长夜之府九幽玉匮明真科》，34/378a)

（3）南陵朱宫、九都上格，悉有其名，**报应**之理，毫分无失也。(《太上洞玄灵宝三元品戒功德轻重经》，6/884c)

【抱铜柱】

佛经义：犯邪淫之罪的人死入地狱所受到的抱炽热铜柱的惩罚。

佛言："三谓邪淫，犯人妇女，或为夫主、边人所知，临时得殃，刀杖加刑；或为王法收系著狱，酷毒掠治，戮之都市。死入地狱，卧之铁床；或**抱铜柱**，狱鬼然火，以烧其身。"（三国吴·支谦译《八师经》，14/965b）

灵宝经义：犯了饮酒淫色、借换不还、不孝等十恶之罪死入地狱受到的一种严酷刑罚。

（1）此十恶之戒，不能离身。犯之者，身遭众横，鬼神害命，考楚万痛，恒无一宁，履善遇恶，万向失利，死入地狱，幽闭重槛，长夜之中，不睹三光，昼夜流曳，**抱铜柱**，履刀山，循剑树，入镬汤，吞火食炭，五苦备经，长沦九幽，无有生期。(《太上洞玄灵宝智慧罪根上品大戒经》，6/887c)

（2）是为十恶之戒。犯之者……或死入地狱，幽闭重槛，不睹三光，昼夜拷毒，**抱铜柱**，履刀山，攀剑树，入镬汤，吞火烟，临寒冰，五苦备经。(《太上洞玄灵宝本行宿缘经》，24/667a)

（3）道言："吾尝历观诸天，出游西南门，见有百姓子、男女人裸形赤身，身**抱铜柱**，柱上火针，针其腹背；太山之兽，啖食其

肉；足立铁勒之上，大小流曳，无复人形，楚痛涂炭，非可忍见。"（《太上玄一真人说三途五苦劝戒经》，6/871a）

【本行】

"本行"本是一个汉语词，指"原来的行为"。在汉译佛经中，是梵语purima-carī的仿译，purima义为"本、过去、往昔"，carī义为"行、行为"，二者合起来字面意思就是"本行"，义为"会对后世产生影响的前世行为"，即"前世因行"。

若堕人中，从本行受殃福，父母亦聚会，夙行应男从生，福亦止等。（东汉·安世高译《地道经》，15/234a）

灵宝经义：前世因行。

（1）身神并一，近为真身也。此实由宿世本行积念累感，功济一切，德荫万物，因缘轮转，罪福相对，生死相灭，贵贱相使，贤愚相倾，贫富相欺，善恶相显，其苦无量，皆人行愿所得也。（《太上洞玄灵宝智慧本愿大戒上品经》，6/155c）

（2）吾历观施惠修道者，所求莫有不得。要须本愿，愿定无不报也。其报喻如影乡（按："乡"同"响"）之应四时之节矣。但罪福不俱报，其相差次，功过推移，或在来生，或在见世，罪福由人本行所习，盖非道德之悠诞也。（《太上洞玄灵宝本行宿缘经》，24/668b、c）

（3）时东华青童子，众仙尽嵩高洞中静斋咏经。如学之者闻仙公说诸本行，莫不思念大法，以自笃励。（《太上洞玄灵宝本行因缘经》，24/673b）

【本愿】

梵语词pra-ṇidhāna或pūrva-praṇidhāna的仿译，pra是表示"前、先"等意思的前缀，ṇidhāna有"愿"的意思，二者合起来就是"前愿、本愿"；又，pūrva是表示"前、先、初始、本"等意思的前缀，而

praṇidhāna本身就有"本愿"的意思，二者合起来还是"本愿"。在汉译佛经里，"本愿"是"本初的誓愿"的意思。

> 是善男子、善女人有行是法者，所求者必得，若所不求会复自得，是善男子、善女人本愿之所致。（东汉·支娄迦谶译《道行般若经》卷四，8/446c）

灵宝经义：本初的誓愿。

> （1）太上以普教天人，令各得本愿，始入法门，长存无为，不更十苦八难，罪对罢散，地狱休息，三官宁闲，世世荣乐，咸脱罗网，后生安泰，天性恬然，所愿随行。（《太上洞玄灵宝智慧本愿大戒上品经》，6/158a）

> （2）欲修道结缘贤圣，当奉行大诚，广建福田，弘施功德也。或致飞仙……或致家门肃清，世世因缘，顺其本愿……（《太上洞玄灵宝本行宿缘经》，24/666a、b）

【比丘尼】

梵语bhikṣunī的音译。佛教出家"五众"之一，指"已受具足戒的女性"。

> 比丘僧、比丘尼不得相与并居同止。（东汉·昙果共康孟详译《中本起经》卷下，4/158c）

灵宝经义：指"佛教中已受具足戒的女性"。

> 沙门、比丘尼、五戒清信弟子、男女人，欲于塔寺精舍持戒，读佛《神咒》《大小品》《维摩诘》……仰希禁护，救济苦厄……而无是经，不能降福获庆、后世得道也。（《太上太极太虚上真人演太上灵宝威仪洞玄真一自然经诀》卷上，P.2356）

[C]

【叉手】

本为汉语固有词,义为"两手在胸前相交,表示恭敬"。《孔丛子·论势》:"游说之士挟强秦以为资,卖其国以收利,叉手服从,曾不能制。"佛教用以意译梵语词añjali等词,是佛教中的两掌对合于胸前的一种敬礼方式。

若比丘五因缘具,便应礼名闻,便应从人受叉手,便福地无有极。(东汉·安世高译《七处三观经》,2/879c)

灵宝经义:一种敬礼方式。

(1)须臾乃悟,叉手作礼。(《太上洞玄灵宝本行因缘经》,24/671c)
(2)于是火然,丘曾叉手向天言:"十方无极天尊,今自归形骸天中之天,愿得时畅,如之散尘。"(《太上洞玄灵宝赤书玉诀妙经卷下》,6/194c)

【忏谢】

梵语词kṣam音译作"忏",意译作"谢",所以"忏谢"是kṣam的音译兼意译词,在汉译佛经中义为"忏悔,悔过"。

得满足已,获法味故,难陀、罗睺罗、阿难陀、三摩提拔陀,顶礼求忏谢一切诸圣众,犹如不掉,寂静默然住。(后秦·鸠摩罗什译《大庄严论经》卷十四,4/334a)

灵宝经义:一是忏悔,悔过。

(1)乞今烧香,然灯忏谢,以自拔赎。(《洞玄灵宝长夜之府

九幽玉匮明真科》，34/387a）

（2）太极左仙公于天台山静斋拔罪，烧香**忏谢**，思真念道。（《太上洞玄灵宝真一劝诫法轮妙经》，6/170c）

（3）太上大道君告高玄大法师曰："夫来入吾法门，上希神仙，飞腾华苍；次愿家国安宁，过度万患，消灾灭祸，请福求恩，当先修灵宝自然五篇，八斋悔罪，**忏谢**十方……"（《太上洞玄灵宝真文要解上经》，5/905c）

二是忏悔仪式。

行此十方忏谢毕，便依威仪旧典。此学道之本，上可以解七祖之宿对，下可以除身行丑恶之罪。（《太上洞玄灵宝真文要解上经》，5/907c）

【长劫】

佛经义：极长的时间。

"劫"本是佛教中表示极大时限的时间单位，在讨论时间长短的相对性时把"劫"分为"长劫"和"短劫"，简单地说，"长劫"就是"极长的时间"。

是菩萨诸佛所有入劫智，所谓一劫摄阿僧祇劫、阿僧祇劫摄一劫……过去未来劫摄现在劫、现在劫摄过去未来劫、未来过去劫摄现在劫、现在劫摄未来过去劫、**长劫**摄短劫、短劫摄**长劫**……（后秦·鸠摩罗什译《十住经》卷四，10/529b、c）

灵宝经义：极长的时间。

中古道教灵宝经中只有"长劫"，并无像佛经中那样与"长劫"相对的"短劫"。

如蒙哀怜，重赐戒言，则以幽夜披太阳之光，长劫苦魂得蒙拔度，更生福堂，道济无外，惠宜普隆，所陈曲碎，惧触天颜，颠颠

之心，宝希恩造。(《太上洞玄灵宝智慧罪根上品大戒经》，6/885c)

【超度】

梵语词tarati（-te），义为使众生脱离地狱诸苦难而超生乐土。

  欲得超度有为、无为诸法行者……当学般若波罗蜜。(西晋·竺法护译《光赞经》卷一，8/150c)

灵宝经义：使众生脱离苦难而超生乐土。

  （1）大道洞玄虚，有念无不契。炼质入仙真，遂成金刚体。超度三界难，地狱五苦解。(《洞玄灵宝玉京山步虚经》，34/628b)
  （2）建立开福田，广救加一切。功满德亦普，超度无群匹。(《太上玄一真人说三途五苦劝戒经》，6/872b)

【彻视】

"彻视"是佛经传说人物的神通之一，指"能透过遮蔽物看的神通"。

  菩萨累劫清净之行，至儒大慈，道定自然，忍力降魔，鬼兵退散，定意如故，不以智虑，无忧喜想，是日夜半后，得三术阇……眼彻视，耳洞听，意预知，诸天人、龙、鬼神、蚑行蠕动之类，身行口言心所念，悉见闻知。(东汉·竺大力共康孟详译《修行本起经》卷下，3/471b、c)

灵宝经义：看得分明透彻。

  （1）夫天书焕妙，幽畅微著，至音希声，陈而不烦。是以西吾之刃虽十寸而割玉，流星之金虽纤介而彻视。(《太上洞玄灵宝五符序》卷下，6/335c)
  （2）生世炼真，服御神丹，五石镇生，神室五官，功微德侠，运未升天。身受灭度，而骸骨芳盈，亿劫不朽，须臾返形，便更受生，还为人中。智慧聪达，逆知吉凶，运通彻视，役使鬼神，轮转不绝，克得受书，为九宫真人。(《洞玄灵宝长夜之府九幽玉匮明真科》，34/378c）

（3）千年根断，乃得受生，通灵彻视，坐见鬼神，役使召制，助国救民，或辅帝王平断四方。(《太上洞玄灵宝诸天内音自然玉字》卷四，2/561c）

【彻照】

梵语词saṃdṛś，义为"通透全面、毫无遗留地照耀"。

时有一女，持瓶盛花。佛放光明，彻照花瓶，变为琉璃，内外相见。(东汉·竺大力共康孟详译《修行本起经》卷上，3/462a）

灵宝经义：通透全面、毫无遗留地照耀。

（1）元始天尊时在香林园中，与七千二百四十童子俱，教化诸法，度身威光。于是天尊放五色光明，彻照诸天长乐福堂、十方无极世界地狱。(《洞玄灵宝长夜之府九幽玉匮明真科》，34/377c）

（2）于是天尊仰面含笑，有青黄赤三色之气，从口中而出，光明彻照，十方内外，无幽无隐，一劫晓明。(《洞玄灵宝二十四生图经》，34/337c）

【尘】

梵语词kleśa的意译，在佛经中义为"心中的烦恼"。

复有天与人二千人，远尘离垢，诸法眼生。(东汉·安玄译《法镜经》，12/19b）

灵宝经中有两个意思：
一是烦恼。

修行之法，千日长斋，不关人事，诸尘漏尽，夷心默念，清香执戒，入室东向，叩齿九通，调声正气，诵咏宝章。(《洞玄灵宝自然九天生神章经》，5/844b)

二是不正确的思想。

而臣生长流俗，五神争竞，尘深罪秽，永不自觉，与罪同长，山海弥积。(《太上大道三元品诫谢罪上法》，6/582a)

【晨朝】
对梵语词kalya、pūrvâhṇa等词的翻译，"清晨"的意思。

一时，佛在迦维罗卫国精舍中止。晨朝整服，呼语阿难。(东汉·支曜译《成具光明定意经》，15/451b)

灵宝经义：清晨。

万劫犹昨夜，千椿如晨朝。(《洞玄灵宝玉京山步虚经》，34/627b)

【持戒】/【持诫】
梵语词śīlamaya的仿译，śīla是"戒""戒律"的意思，maya是表示动作的后缀，二者合起来字面意思就是"持戒"，在佛经里义为"守护并遵行佛所制定的戒律"。

若有菩萨摩诃萨劝助为福，出人布施、持戒，自守者上，其福转尊。(东汉·支娄迦谶译《道行般若经》卷三，8/438a)

灵宝经义：遵照并践行戒律。

（1）当此之月，天下、地上莫不振肃，执斋持戒，尊奉天真。(《元始五老赤书玉篇真文天书经》卷中，1/794a)

（2）当其斋日，诸天大圣尊神、妙行真人、日月星宿，皆会玄都玉京之台紫微上宫，**持戒**朝礼，旋行诵经。（《元始五老赤书玉篇真文天书经》卷下，1/799a）

（3）乐法以为妻，爱经如珠玉。**持戒**制六情，念道遣所欲。淡泊正气停，萧然神静默。天魔并敬护，世世受大福。（《太上洞玄灵宝智慧本愿大戒上品经·礼经祝三首》之一，6/157b）

"持戒"在中古灵宝经中又作"持诚"：

（1）人不**持诚**，六觉之炁，不通人孔窍，智慧未开，广视五色，则眼童飞扬，光睛昏翳，令人目盲。（《太上洞玄智慧上品大诫》，3/394a）

（2）夫学道，当先忠孝，善行**持诚**，慈心一切，事师恭肃，吐纳养神，尊受大经，礼仰法师，如奉圣人，斋静诵经，施惠困厄，劝人以善。（《太上洞玄灵宝本行宿缘经》，24/669a）

【持斋】

佛经义：按教规以不享乐的方式保持身心净洁。

数谮不已，王颇惑之。照堂心谋念曰："伺子斋日之中必矣！"伺其斋日，因劝白王："今日之乐，宜请右夫人（该容）。"王便普召，被命皆会。该容**持斋**，独不应命。（东汉·昙果共康孟详译《中本起经》卷下，4/157c）

灵宝经义：按教规以不享乐的方式保持身心净洁。

（1）诸地上五岳神仙真人、四海水帝、北酆三官、三界地祇，一切神灵，莫不束带肃然**持斋**，尊道重法，以崇天真也。（《元始五老赤书玉篇真文天书经》卷下，1/799a）

（2）天尊言："道尊法妙，人身亦贵。故道开法，遗诫经文，以度人身，人身既度，上与道同。宜为精行，**持斋**奉诫，夷心静默,志念分明,一意归向,专想不二,涤荡六府,过中不味,内外清虚,每合自然……"(《太上洞玄智慧上品大诫》,3/392a)

(3)次一时,**持斋**者长跪……(《太极真人敷灵宝斋戒威仪诸经要诀》,9/868a)

【持志】
佛经义:坚守志向。

　　菩萨有四法,逮得于此金刚道场三昧。何谓为四?一曰**持志**坚如金刚,常怀道心,超越一切诸功德本。二曰……(西晋·竺法护译《无言童子经》卷下,13/535a)

灵宝经义:坚守志向。

　　请经若饥渴,**持志**如金石。保子飞仙路,五灵度符籍。(《洞玄灵宝玉京山步虚经》,34/626c)

【出世】
梵语词为ut-pāda,在佛经中义为"佛出现在世上"。

　　如来**出世**,权慧现身,金刚德体,明晖大千,回匝三界,济度群生,十力世雄,犹现泥洹。(东汉·昙果共康孟详译《中本起经》卷下,4/160c)

灵宝经义:重要人物出现在世上。

　　(1)天尊告太上道君曰:"龙汉之时,我为无形常存之君,**出世**教化……"(《太上诸天灵书度命妙经》,1/803a)

　　(2)我过去后,天地破坏,无复光明,男女灰灭,沦于延康,幽幽冥冥,亿劫之中,至赤明开光,天地复位,我又**出世**,号无名之君,出法教化,度诸天人。(《太上洞玄灵宝智慧罪根上品大戒

经》，6/886a）

（3）庄周者，太上南华仙人也。其前世学道时，愿言："我得道成仙，才智洞达，当出世化生人中，敷演《道德经》五千文，宣畅道意。"（《太极真人敷灵宝斋戒威仪诸经要诀》，9/872c）

【畜生】

汉语词"畜生"本指"畜养的禽兽"，《韩非子·解老》："民产绝则畜生少，兵数起则士卒尽。"佛经里的"畜生"是对梵语词tiryañc的意译，指的是"众生轮回的六道之一畜生道"。

何等为当知"漏分布"？谓堕地狱是为行异，或堕畜生是为行异，或堕饿鬼是为行异，或堕天上是为行异，或堕人中是为行异，如是为知"漏分布"。（东汉·安世高译《漏分布经》，1/852a）

灵宝经义：六道中的畜生道。
中古灵宝经沿用了佛经中的"六道"观念，"畜生"是六道之一。

（1）于是天尊放身威光，内外洞彻，照明十方，无幽无隐，无极无穷，一时晓明，如见眼前，是男是女，悉见诸天之上，福堂善人，逍遥无为，欢乐自然。下见诸地九幽之府、长夜之中，囚徒作役，饿鬼畜生，流曳死魂，首体髡截，无复身形，幽闭重槛，不睹三光。（《太上洞玄灵宝智慧罪根上品大戒经》卷上，6/888c）

（2）飞天神人曰："长夜之府九幽玉匮明真科律，一十四条罪报之目，先身积行，负逆恶对，善善相系，恶恶相续，往返相加，以致不绝，既失人道，转不自觉，沉沦六畜、畜生之类。"（《洞玄灵宝长夜之府九幽玉匮明真科》，34/383c）

（3）诸百姓患于疮痍，厄于畜生，身多疾病。（《太上无极大道自然真一五称符上经》，11/634b）

【传度】

佛经义：传授佛法。

佛语阿难："若人信乐，有前四事，不生诽谤，汝当为说《大神咒经》，传度与之……"（东晋·帛尸梨蜜多罗译《灌顶经》卷八，21/520b）

灵宝经义：传授道法、道经。

（1）玄都旧科授上真之法：朱书黄缯上，于灵岳传度经法，皆三日三夕露文，不风不飘，乃令至真。遇风皆不合授。三过被风，经表飞翔，此人皆不合，勿传。(《太上洞玄灵宝赤书玉诀妙经》卷下，6/204c）
（2）元始天尊延宾琼堂，于赤明天中南霍之丘丹灵洞宫敷罗五色，黄金为坛，白玉荐地，七宝告灵，传度洞玄金书紫字玉文丹章自然灵图，二十四真三部八景神、天仙飞仙、神仙地仙、兵马乘骑，以授太上无极道君。(《洞玄灵宝二十四生图经》，34/343b）

【慈愍】
佛经义：仁慈怜悯。

渡水尼连禅，慈愍一切人，五道三毒垢，使除如水净。（东汉·竺大力共康孟详译《修行本起经》卷下，3/470a）

灵宝经义：仁慈怜悯。

如蒙慈愍，生死荷恩，亡者闲乐，见世兴隆，富贵昌炽，寿命久长，则云荫八遐，风洒兰林，来生男女，得闻法音。(《洞玄灵宝长夜之府九幽玉匮明真科》，34/384b）

【慈念】
梵语词maitrī，在佛经里义为"慈爱的念头"。

儿兴慈念曰："吾后得佛，必济众苦矣。"（三国吴·康僧会译《六度集经》卷五，3/26a）

灵宝经义：慈爱的念头。

常用**慈念**，欲令广度众生，是男是女，好愿至人，咸使得见灵宝妙法。(《太上洞玄灵宝赤书玉诀妙经》卷上，6/183c)

【慈心】

佛经中有两义：
一是仁善之心。

于是菩萨，行起**慈心**，遍念众生老耄专愚，不免疾病死丧之痛，欲令解脱，以一其意。(东汉·竺大力共康孟详译《修行本起经》卷下，3/469b)

二是仁善。

一切人皆等视中，与共语言当善心，不得有害意向，常当**慈心**与语，不得瞋恚，皆当好心中心，菩萨当作是住。(东汉·支娄迦谶译《道行般若经》卷五，8/454b)

灵宝经中的"慈心"有三个意思：
一作名词，义为仁善之心。

（1）常行**慈心**，愿念一切，普得见法，开度广远，无有障翳。(《太上洞玄灵宝赤书玉诀妙经》卷上，6/184c)
（2）斯人前生不念**慈心**，三春游猎，张罗布网，放火烧山，刺射野兽，杀害众生。(《太上洞玄灵宝智慧罪根上品大戒经》卷下，6/893a)
（3）风刀无暂停。不念怀**慈心**，酷毒害众生。死魂负铁镬，万劫戴火山。(《洞玄灵宝长夜之府九幽玉匮明真科》，34/384a)

二作形容词，义为仁善、仁慈。

（1）诸年少辈自共语曰："我等命日难保，不可为复如前'明日、明日'也。当各赍法信，并辞便当，更共苦请……左真**慈心**，必授我等。"（《太上洞玄灵宝智慧定志通微经》，5/895c）

（2）吾去世也，将有乐道**慈心**居士来生吾门者，子当以今道业事事一通付之。（《太上洞玄灵宝智慧本愿大戒上品经》，6/161a）

（3）道士乃**慈心**喻之，故执意不释，其人后死，径入地狱拷毒，五苦备致。（《太上洞玄灵宝本行宿缘经》，24/669a）

三作动词，义为以仁善之心对待。

（1）宗三洞玄经，谓之大乘之士，先度人后度身，坐起卧息常**慈心**一切，皆念经营之，无有怠倦。（《太上洞玄灵宝本行宿缘经》，24/667c）

（2）此子累劫念道，致太极玉名，寄慧人中，将独步玉京，超逸三界，巍巍乎太上仙公之任矣。故**慈心**于天人，念度于后学也。（《太上洞玄灵宝智慧本愿大戒上品经》，6/155b）

[D]

【大乘】

梵语词mahāyāna的仿译，mahā是"大"的意思，yāna是"车乘"的意思，二者合起来字面意思是"大乘"，在佛经中有两个意思：

一是相对于小乘（声闻乘）和中乘（缘觉乘）的三乘之一，指"普度众生的菩萨行、菩萨道"，为求佛道故，亦称"佛乘"。

佛言："**大乘**之为乘者，为无量乘，为众生之无量也（菩萨法意广大，兴载无量也）。所以者何？人种无量，菩萨为之生大悲意，以斯**大乘**，往奏三界圣一切知，乃建**大乘**……"（三国吴·支谦译《大明度经》卷一，8/481a）

二是广大度济之乘，即运载众生渡越生死到涅槃彼岸的佛道、佛法。

世尊观此义已，即说颂曰："佛为海船师，法桥渡河津；大乘道之舆，一切渡天人。亦为自解结，渡岸得升仙；都使诸弟子，缚解得涅槃。"（后秦·佛陀耶舍共竺佛念译《长阿含经》卷二，1/12c、13a）

中古灵宝经中的"大乘"有三个意思：
一是继承佛经中"主张普度众生的菩萨行、菩萨道"的意思，指的是"救济众生"。

（1）道言："吾历观诸天，从无数劫来，见诸道士、百姓子、男女人，已得无上正真之道高仙真人，自然十方诸圣，皆受前生勤苦求道，不可称计。投身弃命，无有限量，广建功德，发大乘之心，长斋苦行，市诸香油，然十灯、百灯、千灯，无量之数，光映十方，照耀诸天，晻冥普消……"（《太上玄一真人说劝诫法轮妙经》，6/176b、c）

（2）大乘妙道，普度天人，勤为用心，勿忘我言。（《太上灵宝诸天内音自然玉字》卷四，2/558a）

（3）天尊言："此四章是四天帝主度命之妙品，四天上圣真人玉女常所歌诵，留神安气，调和形魂，雅音妙绝，慧洞虚空。故四方正士遍得法音，自然道真，寿命长远，命过之日，径上天堂，世世不绝，转轮圣王。其道高妙，众经之尊，养生护死，大乘法门。"（《太上诸天灵书度命妙经》，1/805b、c）

二是"救济众生的道教经典"，具体而言，就是五千言的《道德经》和三洞玄经等道经。

（1）太极真人曰："贤者欲修无为之大法，是经可转，及诸真人经传亦善也。唯道德五千文，至尊无上正真之大经也。大无不包，细无不入，道德之大宗矣。历观夫已得道真人，莫不学五千文者也。尹喜、松羡之徒是也。所谓**大乘**之经矣……灵宝经是道家之至经，**大乘**之玄宗，有俯仰之品。十方已得道真人，恒为之作礼，烧香散华，众道之本真矣。(《太极真人敷灵宝斋戒威仪诸经要诀》，9/870c)

(2) 宗三洞玄经，谓之**大乘**之士，先度人后度身，坐起卧息常慈心一切，皆念经营之，无有怠倦，德并太上，道超虚皇，恩满十方，斋契玄真，携提诸天，愿极道原。(《太上洞玄灵宝本行宿缘经》，24/667c)

(3) 灵书八会字，五音合成文，天真解妙韵，琅琅大有通，玉音难为譬，普成天地功，上植诸天根，落落神仙宗，中演玄洞府，坦明八幽房，开度生死命，拔出长夜亡，地狱五若（按："若"当作"苦"，形近而讹）解，刀山不生锋，五道无对魂，亿劫并少童，堂堂**大乘**化，一切不偏功。(《太上灵宝诸天内音自然玉字》卷三，2/546b)

三是"神仙境界"。

(1) 嵯峨玄都山，十方宗皇一。岧岧天宝台，光明焰流日。炜哗（按："哗"当作"晔"，形近而讹）玉华林，蒨璨耀朱实。常念餐元狷，炼液固形质。金光散紫微，窈窕**大乘**逸。(《洞玄灵宝玉京山步虚经》，34/626b)

(2) 郁郁家国盛，济济经道兴。天人同其愿，缥缈入**大乘**。(《洞玄灵宝玉京山步虚经·礼经咒》，34/628b)

【大慈】

梵语词mahā-maitrī的仿译，mahā是"大"的意思，maitrī是"慈、慈念、慈心"的意思，二者合起来字面意思即"大慈"，指"佛对众生的无有限量以及无有条件的慈爱之心"。

吾以**大慈**仁爱一切；迦叶体性亦慈如此。(东汉·昙果共康孟详译《中本起经》卷下，4/161a)

灵宝经中有二义：

一是指"无有限量以及无有条件的慈爱之心"。

（1）**大慈**广远，惠逮无穷，天人所仰，况在七祖父母乎？（《太上洞玄灵宝三元品戒功德轻重经》，6/884b）

（2）修奉清戒，每合天心，常行**大慈**，愿为一切普度厄世，慊慊尊教，不得中怠。（《太上洞玄灵宝赤书玉诀妙经》卷上，6/184c）

二是专指"具有大慈之心的人"，具体而言就是"天尊"。

（1）以今烧香，归命东方，乞愿**大慈**直垂哀原，赦除臣身前生亿劫以来至今身所犯诸如上之罪，乞赐更始，于今自改，伏从禁戒，不敢又犯。（《太上大道三元品诫谢罪上法》，6/582c）

（2）天尊重告太上道君曰："**大慈**之道，度人为先，非功不赏，非德不迁，非信不度，非行不仙也。"（《太上洞玄灵宝三元品戒功德轻重经》，6/884b）

（3）此一十二念，发自然天心，**大慈**之德，功懋诸天。（《元始五老赤书玉篇真文天书经》卷下，1/798b）

【大慈大悲】

梵语词mahāmaitrī-mahā-karuṇā的仿译，mahā是"大"的意思，maitrī是"慈、慈念、慈心"的意思，karuṇā有"慈悲"义，mahāmaitrī-mahā-karuṇā规整地仿译为"大慈大悲"。由于"慈"和"悲"同义，所以译经中有时也把karuṇā译为"大慈大悲"。"大慈大悲"的意思是"佛菩萨对众生无有限量以及无有条件的慈爱之心"。

<u>大慈大悲</u>者，四无量心中已分别，今当更略说：大慈与一切众生乐，大悲拔一切众生苦。（后秦·鸠摩罗什译《大智度论》卷二十七，25/256b）

灵宝经义：信奉道教者对众生无有限量以及无有条件的慈爱之心。

天尊曰："……如是之理，犹可拯济。卿等二贤已发**大慈大悲**，亦当同斯趣耶？"二真人答曰："众兆涂炭，常于所邑，并各已作，委曲教化，具说罪福，于理造极，犹有强梁愚痴之人，永自不信，纵有微信，当时录伏，不经旬朔，已复懈怠……"（《太上洞玄灵宝智慧定志通微经》，5/888b）

【大法】

梵语词abhidharma、mahādharma等的仿译，前缀abhi-有"优秀、强烈"的意思，mahā有"大"的意思，dharma有"法"的意思，所以"大法"是仿译词，指"佛陀的教法"。

多有起因缘者及新学发意者所知甚少，其心不入**大法**，亦不讽诵《般若波罗蜜》，是人以为魔所得。（东汉·支娄迦谶译《道行般若经》卷五，8/448c）

灵宝经义：灵宝大法。

（1）太上太极真人曰："学道者受此经后，四十年传一人。已延寿者，四百年传一人。得地仙者，四千年传一人。得天仙者，四万年传一人。得无上洞寂太上至真者，四万劫传一人。太上灵宝**大法**传授之科备矣。"（《太上无极大道自然真一五称符上经》，11/641c）

（2）斯文玄奥，广覆无穷，**大法**尊重，伏愿天尊普告诸天上帝、大圣尊神……及河海水帝、神仙真人、十方世界诸灵官，一切依大有之格，俯仰之科，禁偈漏慢，秘而奉焉。（《太上灵宝诸天内音自然玉字》卷四，2/562c）

（3）甲未备参**大法**之前，千愆万罪，并乞原除。（《太上洞玄灵宝赤书玉诀妙经》卷下，6/204c）

【大法师】

梵语词mahādharma-bhāṇakatva的仿译，mahādharma是"大法"的意思，bhāṇakatva是"诵经者"，二者合起来字面意思是"赞颂大法者"，即"大法师",是对"精通佛经并能讲解佛法的高僧的尊称"。

汝于来世百千万亿诸佛法中修菩萨行,为<u>大法师</u>,渐具佛道,于善国中当得作佛。(后秦·鸠摩罗什译《妙法莲华经》卷四,9/36a)

古灵宝经中的"大法师"有两个意思:
一是指"在行为上可作为人们的楷模的人"。

(1)太上命太极真人徐来勒,保汝为三洞<u>大法师</u>。(《太上洞玄灵宝真一劝诫法轮妙经》,6/171a)

(2)老子,玄中<u>大法师</u>矣。其以道眼观诸天人善恶,子弘此道,恐必飞仙。(《太极真人敷灵宝斋戒威仪诸经要诀》,9/871a)

二是指德高望重、善解灵宝经义的灵宝斋主持人。

(1)<u>大法师</u>于中央,披头散结,依诀涂炭,六时请谢,中庭行事。(《洞玄灵宝长夜之府九幽玉匮明真科》,34/387c)

(2)斋竟言功法,众官一时东向长跪,叩齿二十四通,称所受官如具,稽首再拜,上启:太上无极大道、太上大道君、太上老君……天帝、天师君、灵宝监斋<u>大法师</u>,臣等素自凡愚,不以秽贱,好道乐仙,谬受法任,得腾景九玄,志竭愚短,自效毛发,共相携率。(《太上大道三元品诫谢罪上法》,6/585b)

【大梵】

梵语词mahā-brahman的意译加音译,mahā意译作"大",brahman音译作"梵",二者合起来就是"大梵"。"大梵"本指古印度教中所称创世之神"大梵天",传为世间之主。佛教借"大梵"的"世间之主"义,说明佛陀为出世智慧的来源,因此亦名之为"大梵"。后秦佛陀耶舍共竺佛念译《长阿含经》卷六中有明确的说明:

<u>大梵</u>名者，即如来号。如来为世间眼，为世间智，为世间法，为世间梵，为世间法轮，为世间甘露，为世间法主。（后秦·佛陀耶舍共竺佛念译《长阿含经》卷六，1/37b）

另外，在汉译佛经中，"大梵"亦是初禅三天之一"大梵天"的简称，例见"梵辅"条。

中古灵宝经中的"大梵"有两个意思，可以视为不同阶段的"大梵"。

一是"气也"，源自南朝齐严东注《灵宝无量度人上品妙经》对"溟涬大梵，寥廓无光"中的"大梵"的解释，被视作"道"的具体化，是万范开张的基础。因此，"大梵"可理解为"创造宇宙的梵气"。下面两例中的"大梵"也是"梵气"的意思：

（1）飞天**大梵**，维罗八方。九气青天，总为神王。（《太上洞玄灵宝诸天内音自然玉字》卷二，2/544c）

（2）须延总三云，玄元始气分。落落**大梵**布，华景翠玉尊。（《洞玄灵宝自然九天生神章经》，5/846c）

二是"具有无上地位和作用的大道"，其具体代表是"《太上洞玄灵宝五篇真文》和《灵宝无量度人上品妙经》等灵宝派所尊崇的道经"或其他"隐秘之音"。

（1）五文开廓，普殖神灵。无文不光，无文不明，无文不立，无文不成，无文不度，无文不生。是为**大梵**，天中之天。（《灵宝无量度人上品妙经》卷一，1/3b）

（2）斯经尊妙，独步玉京，度人无量，为万道之宗，巍巍**大梵**，德难可胜。（《灵宝无量度人上品妙经》卷一，1/2c）

（3）此二章并是诸天上帝及至灵魔王隐秘之音，皆是**大梵**之言，非世上常辞，言无韵丽，曲无华宛，故谓玄奥，难可寻详。（《灵宝无量度人上品妙经》卷一，1/5c）

【大梵天】

其梵语词为mahā-brahman，mahā意译作"大"，brahman音译作"梵"，二者合起来即"大梵"，是色界初禅天三天（大梵天、梵辅天和梵众天）之一，故在"大梵"之后加注"天"，构成"大梵天"。

（佛）复从兜术天灭，即至不惛乐天、化应声天、梵众天、梵辅天、<u>大梵天</u>……（三国吴·支谦译《义足经》卷下，4/185b）

灵宝经义：上天。

仙之言亦同于大梵天人语耳。（《太极左仙公请问经》卷上，S.1351）

【大劫】

梵语词mahā-kalpa的意译加音译，mahā意译作"大"，kalpa音译第一个音节作"劫"，二者合起来就是"大劫"。佛教中的大劫是一个极长的时间单位，谓天地一成一毁一劫，经八十小劫为一大劫。

然劫有两种，有<u>大劫</u>、小劫。（东晋·僧伽提婆译《增壹阿含经》卷四十七，2/804b）

灵宝经中的"大劫"有四个意思：

一是和佛教中的一样，是一个极长的时间单位，但所代表的时间比佛教中的要短，且数量具体，指的是天关回山九千九百度，而天关回山一度需要三百三十天，因此，道经中的"大劫"算起来就是三百二十六万七千天。

（1）日月交回，七星运关，三百三十日，则天关回山一度。三百三十度，则九天气交；三千三百度，天地气交。天地气交为小劫交，九千九百度则大劫周。此时则天沦地没，九海溟一，金玉化消，豪末无遗。（《太上洞玄灵宝真文要解上经》，5/903b）

（2）斯经尊妙，度人无量，大劫交周，天崩地沦，四海冥合，金玉化消，万道势讫，而此经独存，其法不绝。(《太上诸天灵书度命妙经》，1/804a)

二是指"极久远的时间"。

（1）臣过承未天之先，于大劫之中，殖真于九灵之府，禀液于五英之关，受生乎玄孕之胞，睹阳于冥感之魂，拔领太虚，高步长津，朗秀三会，濯澜上玄，流景冥华之都，抗志八圆之中，叨受开明之司，过蒙玄师之宗。(《元始五老赤书玉篇真文天书经》卷上，1/776a)

（2）洛觉者，真晨道君之内名，治于黄房之中，混大劫而不终。经龙汉而更明，故幽中而悦焉。(《太上灵宝诸天内音自然玉字》卷三，2/551c)

三是指"天地改易，物事损毁的时候"。

尔乃至寂之音，希解于世。故帝营祭天帝君于北阿之坛，藏于钟山之峰，欲令众庶有绝尘之歌耳。夏禹晚撰，其波未戢，其上真犹封于石碛，以待大劫，仙贤幽乎洞室，须期乃宣。(《太上灵宝五符序》卷下，6/335c)

由于大劫周回的时候天地改易，物事损毁，所以道经中的"大劫"还有第四个意思：大灾难。

（1）其三十二字，主摄东海水帝大劫天灾之数，召蛟龙及水神事。(《太上洞玄灵宝赤书玉诀妙经》卷上，6/186c)

（2）右洞阳之炁，生三气丹天，宝南方赤帝，治九天运周，阳炁激，大劫终。佩此文度灾横，见太平。(《元始五老赤书玉篇真文天书经》卷上，1/779b)

（3）天地得之以无倾，万道得之以长存，神仙诵之以飞空，五岳保之以致安，国祚享之以无穷。大劫可以保命，生死可以善缘，奉之者延年，修之者飞仙也。(《太上灵宝诸天内音自然玉字》卷三，2/548a)

【大戒】

佛经义：僧尼所应遵守的全部戒律，即"具足戒"。

比丘持大戒，女人比丘尼当从受正法。(东汉·昙果共康孟详译《中本起经》卷下，4/158c)

灵宝经中的"大戒"指的是"道教徒所应遵守的全部戒律"，又作"大诫"。

（1）子受灵宝大戒，当起北向，首体投地，礼于十方，东向伏听十戒。(《太上洞玄灵宝赤书玉诀妙经》卷上，6/184b)
（2）夫祭酒当奉行老君百八十大戒，此可言祭酒也。(《太极真人敷灵宝斋戒威仪诸经要诀》，9/872b)
（3）欲修道结缘贤圣，当奉行大诫，广建福田，弘施功德也。(《太上洞玄灵宝本行宿缘经》，24/666a)

【大魔王】

佛经义："魔王"，因其是欲界第六天他化自在天带领众魔坏人性命和妨碍修行的首领，故又被称作"大魔王"。

菩萨如是持净戒时，于一日中，若有无量无数阿僧祇诸大魔王，一一魔王各将无量无数阿僧祇诸天女众……又复赍持一切乐具，欲来惑乱菩萨道意。(东晋·佛陀跋陀罗译《大方广佛华严经》卷十一，9/467a)

灵宝经义：指总领六天并帮助修道者的神灵首领。

（1）巍巍至尊，非鬼神所见，唯六天**大魔王**来奉承经师尔，上三天司直仙官监察之矣。(《太极真人敷灵宝斋戒威仪诸经要诀》，9/873b）

（2）六天为三界，**大魔王**领六天鬼神之事，魔王承奉太上众真天尊上人也。道士功成，魔王即保举焉。(《太上洞玄灵宝本行宿缘经》，24/670a）

【大千】

"大千"是梵语词 mahāsāhasra 的仿译，mahā 义为"大"，sāhasra 是数词"千"，二者合起来字面意思就是"大千"，是"三千大千世界"的简称，指广阔无边的世界。

如来出世，权慧现身，金刚德体，明晖<u>大千</u>，回匝三界，济度群生，十力世雄，犹现泥洹。人生世间，命不久停，忽若电流，如风过庭，尊荣宝位，其若梦矣！（东汉·昙果共康孟详译《中本起经》卷下，4/160c）

中古灵宝经中的"大千"也是"广阔无边的世界"的意思。

（1）其下三字书大罗之上始阳之台，主上品之人得度大千之界，升无景之堂者也。(《太上灵宝诸天内音自然玉字》卷二，2/542b）

（2）玉章灵文生朱光，五灵结精焕十方。四八分位合五行，列宿日月阴阳通。植立天真保上皇，开化法门一切同。弥罗大千道兴隆，金座欢乐难为常。(《太上洞玄灵宝灭度五炼生尸妙经》，6/261a）

（3）太极真人曰："灵宝斋时也……天人欢悦，鬼神称善，魔王叉手作礼，欣畅大法，三界大千众圣，同所嗟叹。"(《太极真人敷灵宝斋戒威仪诸经要诀》，9/870b）

【大千世界】

梵语词mahāsāhasra-loka-dhātu的仿译，mahāsāhasra是"大千"的意思，loka-dhātu有"世界"的意思，二者合起来字面意思就是"大千世界"，是"三千大千世界"的简称，指广阔无边的世界。

在梵天宫，梵天闻之，六年苦行，今诣佛树，皆共善心，当怀悦豫，供养菩萨，<u>大千世界</u>之法主也。（西晋·竺法护译《普曜经》卷五，3/513a）

中古灵宝经中的"大千世界"也是"广阔无边的世界"的意思。

（1）罗者，大罗也，而开<u>大千世界</u>。（《太上洞玄灵宝诸天内音自然玉字》卷四，2/557a）

（2）罗映，则日月天人之内名，治在日月之宫，上乘大罗之天梵行之炁，运六度之关，以应天地之数。数之欲终，大劫交会，大劫既交，诸天日月会于玉台也。<u>大千世界</u>之分，天地改易，大千同一而存焉。（《太上灵宝诸天内音自然玉字》卷三，2/551c、552a）

【大圣众】

佛经义：闻佛之言教、践行大乘思想者。

着衣执钵游维耶离，与<u>大圣众</u>无数百千诸比丘俱，菩萨八十亿。（西晋·竺法护译《贤劫经》卷一，14/1a）

灵宝经义：同"圣众"，指"修行得道进入天界者"。

（1）是时天尊举手弹指，天上天下，地上地下，无极世界，一切神灵，莫不秘奉。诸天<u>大圣众</u>，同时稽首长跪称善。（《太上洞玄灵宝诸天内音自然玉字》卷四，2/562c）

（2）某甲今皈命东方无极太上灵宝天尊、已得道<u>大圣众</u>、至真诸君丈人、九炁天君、东乡诸灵官。（《洞玄灵宝长夜之府九幽玉匮

明真科》，34/384c）

（3）于是天尊普命诸天上帝、无极大上大道君、十方大圣众……无鞅数众，一时复坐。(《太上洞玄灵宝灭度五炼生尸妙经》，6/259c）

【啖炭】

佛经义：同"食炭"，生前作恶之人下地狱后受到的吞噬火炭的惩罚。

见一一人，阿鼻地狱猛火烧身。或复有人，节节火然，或上剑树，或踏刀山，或投镬汤，或入灰河，或饮沸屎，或啖热铁丸，或饮融铜，或卧铁床，或抱铜柱，或入剑林，碎身无数……或见饿鬼身形长大数十由旬，啖火<u>啖炭</u>，或饮脓血，变成融铜，举体火起，足跟铜流……（后秦·鸠摩罗什等译《禅秘要法经》卷下，15/264c）

灵宝经义：和佛经中的"啖炭"一样，也是"生前作恶之人下地狱后所受到的一种惩罚"。

我尝历观诸天，出游北门，见北方无极世界地狱之中，三河九江诸山，责役百姓子男女人，涂炭流曳，负山担石，闭塞长源，吞火<u>啖炭</u>，无复身形。(《太上洞玄灵宝智慧罪根上品大戒经》卷下，6/892b）

*【忉利】

佛经把梵语词Trāyastriṃśa语音节译作"忉利"，又仿译作"三十三天"，在须弥山顶，因中央为帝释天，加上四方各有八天，故合为"三十三天"。

譬如须弥山，<u>忉利</u>住其上；菩萨如是，发心成萨芸若。（东汉·支娄迦谶译《遗日摩尼宝经》，12/190c）

中古灵宝经中的"刀利"与佛经中的"忉利"音同，是灵宝派虚构的"南方无极世界"的名称。

（1）刀利者，南无际世界之号，禅是刀利之国。生存其国，则为苦生无善之根，其界上有洞阳之宫。浮焰为流火之庭，荧饰光芒。灵文既明，刀利国土改为福德之堂，苦生之魂皆得度入洞阳之宫。（《太上洞玄灵宝诸天内音自然玉字》卷四，2/554c）

（2）含通，刀利世界之魔神，常遏人生生之路。人知好生君名，诣灵童而受炼，魔神即奉之焉。学得八字之音，则刀利之境无极灵官侍卫其身，而造南霍，则仙人伺迎，三年必能策丹霄之轮，上升三炁之天也。（《太上洞玄灵宝诸天内音自然玉字》卷四，2/555a）

【刀山】
佛经义：指地狱中的一种酷刑。

譬如有人当命终时，见中阴相，所谓"行恶业者，见于地狱、畜生、饿鬼，受诸楚毒；或见阎罗王持诸兵杖，囚执将去；或见刀山；或见剑树；或见利叶割截众生；或见镬汤齧治众生；或闻种种悲苦音声。"（东晋·佛驮跋陀罗译《大方广佛华严经》卷六十，9/782a）

中古灵宝经认为，犯了十恶之戒的人死后入地狱要遭受五种酷刑，"履刀山"是其中之一，"刀山"则是施行这种酷刑的刑具。

（1）或死入地狱，幽闭重槛，不睹三光，昼夜拷毒，抱铜柱，履刀山，攀剑树，入镬汤，吞火烟，临寒冰，五苦备经。（《太上洞玄灵宝本行宿缘经》，24/667a）

（2）太上道君出游八门，见诸地狱幽闭重槛，及三河九江刀山剑树，囚徒饿鬼，责役死魂，流曳涂炭，无复身形，不可忍见。（《太上洞玄灵宝智慧罪根上品大戒经》卷下，6/894c）

（3）灵书八会字，五音合成文，天真解妙韵，琅琅大有通，玉音难为譬，普成天地功，上植诸天根，落落神仙宗；中演玄洞府，坦明八幽房，开度生死命，拔出长夜亡，地狱五若（按："若"当作"苦"）解，刀山不生锋，五道无对魂，亿劫并少童。（《太上灵宝诸天内音自然玉字》卷三，2/546b）

【导师】

梵语词为daiśika，佛教故事中用"导师"引路的故事比喻佛引导众生进入佛道。所以佛经中的"导师"首先是"向导""引路人"的意思。

时龙鬼神，昼夜围绕若干之匝，欲夺其珠。导师德尊，威神巍巍，诸鬼神龙，虽欲翻船夺如意珠，力所不任。（西晋·竺法护译《生经》，3/75c）

"导师"的"引路人"义还引申出了"引导众生进入佛道的人"义。

世尊所感非唐举，众圣导师不妄笑。今者谁当在决中？世雄愿为解此意。（东汉·支娄迦谶译《般舟三昧经》卷中，13/911b）

灵宝经中的"导师"也有两个意思：
一是引路人。

天尊又曰："此诸船伴，可得宝乎？"二真曰："其无导师，尽无先知处，又不识宝光，为尔周章，此行甚难。"（《太上洞玄灵宝智慧定志通微经》，5/888c）

二是引导众生修行得道的高仙上圣。

众真高仙，十方已得道、四方无极世界尘沙而来真人，从无数劫来，莫不有师，皆从师奉受上清三洞宝经，而得为高仙上圣、十方导师也。（《太上洞玄灵宝真一劝诫法轮妙经》，6/171c）

【道场】

梵语词bodhi-maṇḍa或mahi-maṇḍa的仿译，bodhi和mahi都有"悟道""觉悟"的意思，maṇḍa义为"场所"，二者合起来字面意思就是"道场"，在佛经里义为"修道悟道的场所"。

是时，佛在摩竭提界善胜**道场**贝多树下，德力降魔，觉慧神静，三达无碍。（东汉·竺大力共康孟详译《修行本起经》卷下，3/472b）

灵宝经义：修道悟道的场所。

（1）令功成德满，解拔昔怨，身受福庆，乃入**道场**。（《太上玄一真人说三途五苦劝戒经》，6/872a）
（2）如是，圣人必得解脱诸苦八难，咸（按："咸"当为"成"之形近讹字）就无为**道场**矣。（《太极真人敷灵宝斋戒威仪诸经要诀》，9/869c）
（3）应声无色界，霄映冠十方。回化轮无影，冥期趣**道场**。灵驾不待辔，朗然生神章。（《洞玄灵宝自然九天生神章经》，5/847a）

【道行】

佛经义：佛法。

性愚习痴，杀盗淫欺，不信**道行**，此不自爱也。（东汉·昙果共康孟详译《中本起经》卷下，4/160c）

灵宝经义：指"道法"。

（1）可令斯人念其前行，思念为善，度著法轮，授以劝戒，使得更生，还在人中，修吾此道，以解宿对，思作**道行**，广开法门，建立福田，功满德就，升入东门之中，见其宿命之根，更受灭度，以致飞仙也。（《太上玄一真人说三途五苦劝戒经》，6/869c）

（2）无量妙通转神入定经颂，皆治道行，思念一言，形与神同，普入至真。(《太上玄一真人说妙通转神入定经》，6/174b)

（3）五符清浊气分，吾将去矣。符经秘于紫房，传告无穷。葛玄曰："道行无穷时也。"(《太上无极大道自然真一五称符上经》，11/632c)

【道眼】
佛经义：通过修行获得的洞察一切的能力。

非常人意为常，思苦为乐，不应身用作身，不净见净，颠倒如是，意业离，便助魔不宜欲得宜，令致老死。譬喻犊母，已有佛在世间，念天上天下得道眼度世，便见是法除一切苦，亦说苦从生亦度苦，亦见贤者八种行道至甘露。(东汉·安世高译《七处三观经》，2/876c、877a)

灵宝经义：通过修行获得的洞察一切的能力。

（1）天尊以道眼遥见此人前生在世，得为人师，而秘吝经典，故弟子于道之心，亦复犹豫，因此微缘，缘犹可度。(《太上洞玄灵宝智慧定志通微经》，5/894c)

（2）太上道眼恒洞观诸天下人善恶，亦无毫遗也。(《太极真人敷灵宝斋戒威仪诸经要诀》，9/869a)

（3）人有如此因缘，太上道眼早已见之，故历歌其德，以劝其志也。(《太极左仙公请问经》卷上，S.1351)

【得度】
佛经义：得以渡过生死之海而进入涅槃境界。

知五阴增减，见行若是色，若是色习，若从是色得灭，是痛痒思想生死识，是识是从是识得度，是增本行，未得慧便得慧。是为八法因缘。(东汉·安世高译《长阿含十报法经》卷下，1/237a)

灵宝经义：得道成仙。

（1）天尊欲观其心，因告来者："欲得长寿，当入火中就我受法。"其有至心好慕大法者，有七万二千四百五十人，投身赴火，皆至道前。天尊即于火中授其经法，随入随授，身并**得度**，隐形而去。（《太上诸天灵书度命妙经》，1/803a）

（2）学道由丹信，奉师如至亲。挹景偶清虚，孜孜随日新。众人未**得度**，终不度我身。大愿有重报，玄德必信然。阴恶罪至深，对来若转轮。（《洞玄灵宝玉京山步虚经》，34/627a）

（3）天真皇人曰："修飞仙之道，以戊戌、戊辰日朱书文举天中上四字，向天门服之，生死皆**得度**阳九之灾，生更始之中，上游三界之庭，身入三便之门。"（《太上洞玄灵宝诸天内音自然玉字》卷一，2/538a）

【谛受】

梵语词为adhi-mucyate，义为仔细听取。

若佛有教，汝<u>谛受</u>之。（东汉·昙果共康孟详译《中本起经》卷下，4/160a）

灵宝经义：仔细听取。

（1）今当相告治身之戒、功德报应、罪恶之对、生死命根，便可**谛受**，慎行勿忘，广宣开度，普示天人，咸令男女归身法门，持戒修斋，远诸恶源，使生死欢泰，得道自然。（《太上洞玄灵宝智慧罪根上品大戒经》，6/886b）

（2）其法弘普，广度无穷，勤为用心，**谛受**勿忘。（《太上灵宝诸天内音自然玉字》卷三，2/554b）

（3）今解说诸要，以度可度。汝好正意，**谛受**吾言。（《太上洞玄灵宝赤书玉诀妙经》卷上，6/184b）

【谛听】

梵语词śru的意译新造词,义为"注意听""仔细听"。

听说阿閦如来、无所著、等正觉刹中之净快,谛听,善思念之,今当为汝说之。(东汉·支娄迦谶译《阿閦佛国经》卷上,11/755c)

灵宝经义:注意听,仔细听。

(1)谛听吾言,善思善识,封于中心,晨夜存念,慎勿使忘。(《洞玄灵宝长夜之府九幽玉匮明真科》,34/384b)

(2)今说是经,为诸来生以度可度,善心之人,明受谛听,深忆我言。(《太上诸天灵书度命妙经》,1/804a)

(3)此经幽妙,子静心谛听焉。(《太极真人敷灵宝斋戒威仪诸经要诀》,9/867a)

【地狱】

梵语naraka或niraya的翻译,义为"苦的世界"。古印度传说人生前做了坏事,死后要堕入地狱受种种苦。佛教用"地狱"指"三恶道"中的"地狱道",是人因生前做坏事死后受惩罚的地方。

当知九不应时,人不得行,第九行不满。何等为九?一,或时人在地狱,罪未竟,不令应得道。二,或时在……(东汉·安世高译《长阿含十报法经》卷下,1/240a)

灵宝经义:人因生前做坏事死后受惩罚的地方。

(1)大道洞玄虚,有念无不契。炼质入仙真,遂成金刚体。超度三界难,地狱五苦解。悉皈太上经,静念稽首礼。(《洞玄灵宝玉京山步虚经》,34/628b)

(2)今日侍座,得见童子,受诸威光,普照诸天福堂及无极世

界地狱之中，善恶报应，苦乐不同。(《洞玄灵宝长夜之府九幽玉匮明真科》，34/384a)

（3）此十恶之戒，不能离身。犯之者，身遭众横，鬼神害命，考楚万痛，恒无一宁，履善遇恶，万向失利，死入地狱，幽闭重槛。(《太上洞玄灵宝智慧罪根上品大戒经》卷上，6/887c)

【兜术】

佛教谓天分许多层，第四层叫"兜术天"。梵语词tuṣita的音译作"兜术"，但汉译佛经中更常音译加注作"兜术天"。

若慧弟子念诸天德，第一照头摩赖，第二忉利，第三艳，第四兜术，第五泥慢罗提，第六般泥迷陀恕舍恕提。若从信、若从清净、若从闻、若从施、若从慧，各有行，得上是六天。(西晋·法炬译《难提释经》，2/506b)

灵宝经义："寂然兜术天"的简称，为道教九天之第四天，据南宋青元真人《元始无量度人上品妙经注》卷中，该天位于西南方。

寂然兜术天生神章第四。帝真魄命元砀户冥演由之气。寂然无色宗，兜术抗大罗。(《洞玄灵宝自然九天生神章经》，5/846c)

【都讲】

"都讲"是一个汉语固有词语，指"古代学社中协助博士讲经的儒生"，如《东观汉记·丁鸿传》："丁鸿年十三，从桓荣受欧阳尚书，三年而明章句，善论难，为都讲，遂笃志精锐，布衣荷担，不远千里。"后佛家用以指"讲经时协助解释经义的法师的唱经者"。

秋露子曰："如善业为法都讲，最不可及。所以者何？在所问，如应答。法意不摇，其言皆妙。"(三国吴·支谦译《大明度经》卷一，8/481c)

灵宝经义：协助主持斋法仪式的高行道士。

建灵宝斋法，举高德玄解经义者为法师。次才智精明，能通妙理，闻见法度为**都讲**……（《太极真人敷灵宝斋戒威仪诸经要诀》，9/873b）

【毒汤】
佛经义：有毒的汤。

"善解知法者，病如芭蕉树"者，虽善解于法，经耳便过，如芭蕉树遇风则叶落。病者顿极，加以**毒汤**。是故说"善解知法者，病如芭蕉树"也。（西晋·竺法护译《出曜经》卷二十一，4/720c）

灵宝经义：给不守戒的人有毒的汤的一种惩罚。

（1）享祚则福延九祖，德重山海。招祸则考流亿劫，痛于**毒汤**风刀相刑。（《洞玄灵宝自然九天生神章经》，5/845c）
（2）来世之人不见科戒，方当履向五浊**毒汤**，遭难遇害，不能度身。（《洞玄灵宝长夜之府九幽玉匮明真科》，34/379b）

【度】
汉译佛经中的"度"除了有"度过"的意思，还是梵语pāramitā（波罗蜜多）的意译，其本义是"通过修行渡过生死烦恼苦海，而达于涅槃的彼岸"，引申为"使迷惘的众生觉悟"。

期运之至，当下作佛，于兜术天上，兴四种观，观视土地，观视父母，生何国中，教化之宜先当**度**谁？（东汉·竺大力共康孟详译《修行本起经》卷上，3/463a）

中古灵宝经沿用了"度"在佛教中的三个意义：
一是指"通过修行渡过生死烦恼苦海而成仙"。

（1）五念度诸苦难、三恶之道、五灾之中。六念愿得飞行，驾乘云龙。(《元始五老赤书玉篇真文天书经》卷下，1/798a)

（2）其第三、第四、第五、第六四字书神楼之上，主天地劫会之交，度得道人，炼以太和之炁，使得入于自然之真也。(《太上灵宝诸天内音自然玉字》卷二，2/542c)

（3）其下第五、第六、第七、第八四字并书太极宫中，主大水出时，司命校录，度学仙之人。(《太上灵宝诸天内音自然玉字》卷二，2/543a)

二是指"使迷惘的众生觉悟"。

（1）宿命有福庆，卓拔在昔缘。法师转相授，宝信劫数年。广心度一切，大福报尔身。供养必得道，奉行成至真。(《洞玄灵宝玉京山步虚经》，34/627c)

（2）高上玄鉴，转度我身，既得化形，侍对天尊，复蒙南极，得训师宗。(《太上洞玄灵宝赤书玉诀妙经》卷下，6/195b)

"度"由"使迷惘的众生觉悟"还引申出第三个意思，即"解救"。

（1）上圣乘之以光，五岳宝之以灵，一切得之以生，国祚享之以安。落落大范，巍巍高尊，有中生无，为天地之根，得之者不死，奉之者长存，宝之者真降，修之而神仙，度死骸于长夜，练生魂于朱宫，妙化之文出于自然，混之不浊，澄之不清，毁之不灭，灭而复生，高秀太虚万帝之宗，威灵恢廓，难可名焉。(《太上灵宝诸天内音自然玉字》卷一，2/532a)

（2）夏四月、五月、六月，当朱书文，向王叩齿三通，咒曰："天书敷罗，梵行赤明。上通八道，五合通灵。大运启期，洞阳炼精。玉文焕朗，三景自明。下度生死，一切受形……"(《太上灵宝诸天内音自然玉字》卷二，2/544c)

【度人】

佛经义：在精神上救助他人。

上为天帝，下为圣主，各三十六反，终而复始，欲**度人**故，随时而出。(东汉·竺大力共康孟详译《修行本起经》卷上，3/463a)

灵宝经义：在精神上救助他人。

（1）道言："灵宝开法**度人**，有十二可从而得度世者，尔宜从之，自得正直，终入无为。"(《太上洞玄灵宝赤书玉诀妙经》卷上，6/184c)

（2）道君驾乘八景玉舆，策三素之云，开元始之玄奥，演大法以**度人**。(《太上洞玄灵宝诸天内音自然玉字》卷四，2/556a)

（3）子辈前世学道受经，少作善功，唯欲度身，不念**度人**，唯自求道，不念人得道。(《太上洞玄灵宝本行因缘经》，24/671b)

【度身】

佛经义：救度自己。

复次，若人欲自**度身**，尚当勤急精进，何况菩萨誓愿欲度一切！(后秦·鸠摩罗什译《大智度论》卷十五，25/172c)

中古灵宝经中的"度身"有两个意思，源自"身"的多义性。由于"身"有"自己"的意思，所以"度身"的第一个意思和佛经中的一样，也是"救度自己"。

（1）来世之人，不见科戒，方当履向五浊毒汤，遭难遇害，不能**度身**，是男是女，皆当如今所见地狱囚徒饿鬼谪役之魂，亿劫涂炭而不得还，无知受对，甚可哀伤。(《洞玄灵宝长夜之府九幽玉匮明真科》，34/377c)

（2）宗三洞玄经，谓之大乘之士，先度人后**度身**，坐起卧息常慈心一切，皆念经营之，无有怠倦，德并太上，道超虚皇，恩满十方，斋契玄真，携提诸天，愿极道原。（《太上洞玄灵宝本行宿缘经》，24/667c）

"身"还有身体、肉身的意思，所以"度身"的第二个意思是"肉身得到救度"。

（1）学闻天中之音，则洞天中之名，天王下飞景之舆，降三素之軿，**度身**三界之上，进入寂寂之庭也。（《太上洞玄灵宝诸天内音自然玉字》卷四，2/556a）

（2）学知天中之音，则三界所称也。地祇奉迎，洞明鬼神，而坐知自然，三十二年则能驾空飞行三界，游乎上清，七祖即得开出长夜，**度身**朱宫，逍遥无为，衣食自然也。（《太上洞玄灵宝诸天内音自然玉字》卷四，2/559a、b）

【度师】

佛教义：在精神上救度他人的人。

以法等味譬若如海，则为**度师**，蠲除一切尘劳之渴，慕求经法未曾厌足，则于智慧而无充溢，则为圣皇而转法轮。（西晋·竺法护译《持心梵天所问经》卷一，15/8a）

灵宝经义：在精神上救度他人的人。

太上命太极真人徐来勒保汝为三洞大法师。今复命我来为子作第一**度师**，子可复坐，我当告子开度法轮劝戒要诀，使子知有宿命先身罪福致今之报。（《太上洞玄灵宝真一劝诫法轮妙经》，6/171a）

【度脱】

佛经义：度越生死烦恼之苦而得解脱。

此梦者，是王福庆，圣神降胎，故有是梦。生子处家，当为转轮飞行皇帝；出家学道，当得作佛，**度脱**十方。(东汉·竺大力共康孟详译《修行本起经》卷上，3/463b)

灵宝经义：度越生死烦恼之苦而得解脱。

（1）运会遭遇，剋得神仙，福延九祖，润流玄孙，皆得**度脱**三恶五道八难之中。(《太上洞玄灵宝赤书玉诀妙经》卷上，6/185b)
（2）洁身持诚，修斋建功，广救群生，咸得**度脱**。(《太上洞玄智慧上品大诫》，3/392a)
（3）诸如此等莫大之罪不可忆识，积世结固，缠绵不解，冤对不已。乞今烧香行道，以自**度脱**，于是改悔，伏从禁戒，不敢又犯。(《太极真人敷灵宝斋戒威仪诸经要诀》，9/869b)

【断除】
佛经义：彻底铲除；彻底消灭。

时王即开解，无所慕乐，出家为道，修四梵行，**断除**爱欲，具足众行。寿终之后，生于梵天。(西晋·竺法护译《生经》卷一，3/70c)

灵宝经义：彻底铲除；彻底消灭。

（1）吾于七百万劫，奉修灵宝，立愿布施，持戒执斋，勤苦不退，展转生死，忍辱精进，**断除**异念，空受无想，积感玄寂，得作众圣道尊。(《太上洞玄灵宝赤书玉诀妙经》卷上，6/183c)
（2）余者乃可，唯酒难**断除**。(《太上洞玄灵宝智慧定志通微经》，5/894c)

【对】
佛经义：前世所做的恶业、冤债。

吾所偿对，于此了矣。(东汉·昙果共康孟详译《中本起经》卷下，4/163c)

中古灵宝经沿用了佛经中的"对"，也指"前世所做的恶业、冤债"。

（1）学道由丹信，奉师如至亲。挹景偶清虚，孜孜随日新。众人未得度，终不度我身。大愿有重报，玄德必信然。阴恶罪至深，对来若转轮。(《洞玄灵宝玉京山步虚经》，34/627a)
（2）无量结紫户，气尊天中王。开度飞玄爽，凝化轮空洞。故根离昔爱，缘本思旧宗。幽夜沦退劫，对尽大运通。(《洞玄灵宝自然九天生神章经》，5/846a)
（3）无者，太元真人，受天王之符，而度长夜之魂，品量功德之录，断绝宿命之根，受度之魂，既去九幽之对，而得度妙化之堂。(《太上洞玄灵宝诸天内音自然玉字》卷四，2/560c)

灵宝经中的"对"，由"前世所做的恶业、冤债"还引申出"报应"的意思。

（1）人行若有本，皆由宿世功。立德务及时，发愿莫不从。善恶俱待对，倚伏理难穷。(《洞玄灵宝玉京山步虚经》，34/627a)
（2）道言："吾于混沌无形之中历观诸天梵炁无鞅数量，天地成败，生死报应，莫不有对，莫不有归。"(《太上玄一真人说三途五苦劝戒经》，6/869b)
（3）恶恶相牵，善善相因，罪福之对，如日月之垂光。(《太上洞玄灵宝智慧罪根上品大戒经》，6/887c)

灵宝经里的"对"，由"报应"还引申出"遭到恶报"的意思。

年限垂竟，而又行恶心，罪倍于常，更受死坏，复还三官，对于徒谪，苦痛过先。(《太上洞玄灵宝诸天内音自然玉字》卷四，2/562a)

【堕】

梵语词para-ayaṇa的意译，在佛经中有"陷入不好的状态或境地"的意思。

以是三结尽，便随道得一，不复<u>堕</u>恶处，当得度世。（东汉·安世高译《一切流摄守因经》，1/813b）

灵宝经义：陷入不好的状态或境地。

（1）有秘上天文，诸天所共崇。泄慢<u>堕</u>地狱，祸及七祖翁。（《灵宝无量度人上品妙经》卷一，1/5c）

（2）罪竟后生，或<u>堕</u>六畜，失于人道。（《太上洞玄灵宝智慧本愿大戒上品经》，6/159b）

（3）吾受元始真文旧经，说经度世万劫，当还无上宛利天。过世后五浊之中，运命不达，是男是女，不见明教，常处恶道，生寿无机，而忧恼自婴，多受枉横，自生自死，轮转五道，<u>堕</u>于三途八难之中，殃对相寻，无有极已。（《太上洞玄灵宝赤书玉诀妙经》卷上，6/184b）

[E]

【恶道】

梵语词apāya-gati或apāya-patha的仿译，apāya是"险恶""罪恶"的意思，gati和patha有"道路"的意思，apāya和它们合起来字面意思就是"恶道"。佛教把六道轮回中做恶业的人受生的地狱、饿鬼和畜生三道称为"三恶道"，简称"恶道"。

若在<u>恶道</u>中以来大久，适今得为人，汝不当于是中思惟，不当自患厌耶？（东汉·支娄迦谶译《道行般若经》卷六，8/455a）

中古灵宝经沿用了佛教中的"恶道",也是指"六道轮回中做恶业的人受生的地狱、饿鬼和畜生三道"。

（1）来生男女,虽受人形,而六情不纯,未见经教,不闻法音,形不自觉,沉迷罪门,致命短促,不竟天年,长处恶道,甚可哀怜。(《太上洞玄智慧上品大诫》,3/392c)

（2）乞今烧香然灯忏谢,以自拔赎,光明普照长夜之府九幽地狱,解出幽魂,罪根散释,三官九署,不见拘闭,开度升迁,得入福堂,去离恶道,恒居善门。(《洞玄灵宝长夜之府九幽玉匮明真科》,34/387a)

（3）我过去后,半劫之中,来生男女,心当破坏,转相疑贰,不信经教……是男是女,互相祝诅,色欲放荡,窃盗无端,不愿宿命,自取残伤,身入恶道,履诸苦难,生寿无几,而忧恼自婴,展转三涂五道之中。(《太上诸天灵书度命妙经》,1/804a)

【恶对】

佛经中指"恶报"。

如令病瘦,无复有大畏;如令后世,无有诸恶对;如令堕地狱,无有苦痛;假令如是,谁不乐世者?(东汉·竺大力共康孟详译《修行本起经》卷下,3/468c)

中古灵宝经沿用了佛经中的"恶对",也是"恶报"的意思。

（1）我尝历观诸天,出游东南门,见东南无极世界地狱之中,有百姓子男女人,受此恶对,苦毒难言,见之悲伤,甚可哀愍。被责几年,当得解脱?(《太上洞玄灵宝智慧罪根上品大戒经》卷下,6/890a)

（2）飞天神人曰:"长夜之府九幽玉匮明真科律,一十四条罪报之目,先身积行,负逆恶对,善善相系,恶恶相续,往返相加,以致不绝。"(《洞玄灵宝长夜之府九幽玉匮明真科》,34/383c)

（3）佩其文,三官无复恶对之录,名书皇曾天中,随运生死,

亿劫无穷。(《太上洞玄灵宝诸天内音自然玉字》卷一，2/537a）

中古灵宝经中的"恶对"还有"恶业"的意思。

而今见八门无极世界尘沙而来百姓子、男女人、学与不学，不顾宿命，违科犯戒，死婴痛毒，流曳三途五苦之中，非复人形，皆受其前身所行恶对，致今之报。(《太上玄一真人说三途五苦劝戒经》，6/864c）

【恶根】
佛经义：指"招致恶报的习性"，因其像能生长出植物的根一样能生长出恶报，故称"恶根"。

其开士大士则以天眼睹于众生生死终始、善根恶根、祸福善恶、趣安趣苦、微妙瑕秽，由其所作悉了知之。(西晋·竺法护译《光赞经》卷二，8/160a）

中古灵宝经中的"恶根"同佛经中的"恶根"，也是"招致恶报的习性"的意思。

（1）女意欢喜，叉手作礼，遥称："名丘曾，今遭幸会，身觐天尊，归身十方天中之天，愿赐禁戒，遵承法文，拔诸恶根，早得转轮，改为男形，万劫之后，冀得飞仙。"(《太上洞玄灵宝赤书玉诀妙经》卷下，6/194c）

（2）夫为积学未得道者皆由己身负其宿对，三官所举，九府所执，百二十曹左右考官文书考逮，恶根不灭，邪魔侵伐，致五神争竞，身犯不觉，罪秽日生，神真飞越，虽见众法，而罪根不释，徒为劳心，至死无获。(《太上大道三元品诫谢罪上法》，6/586a、b）

（3）行七气天君之道，当佩其音，诵其章……密咒曰："七气金灵，八天尊神。白虎策辇，师子捧辕。七气缠绵，炼我成仙。身发金光，肺映素云。内外变化，升入洞门。七祖出夜，九幽放魂。

三涂五苦，长斩恶根……"（《太上洞玄灵宝诸天内音自然玉字》卷四，2/557c）

【恶世】

梵语词为kali，在佛经中有"恶事盛行之世"的意思。

不仁残杀物命……皆由食肉。若彼杀害，以肉与己，慎莫食之。不食之者，虽处恶世，盗贼灾变、毒气之时，虽处其中，不相涂染。（三国吴·支谦译《阿难四事经》，14/757b）

灵宝经义：恶事盛行之世。

道曰："尔有志心，发无上道意，欲度诸天人民善男善女，咸使得离三恶五道八难之中，得过恶世，与道相值。"（《太上洞玄灵宝赤书玉诀妙经》卷上，6/186a、b）

【恶因缘】

佛经义：受恶报的因果关系。

菩萨心念不持身口意诸恶因缘用作罪事。菩萨行般若波罗蜜，亦不见身口意。虽有身口意，终不嫉恚、邪见，不两舌、恶口、妄言、绮语，无杀盗淫、无懈慢意，初不起恶智之事。若有菩萨不能敛此诸恶事者，此非菩萨。（西晋·无罗叉译《放光般若经》卷二，8/8b、c）

灵宝经义：恶报。

如此之报，受恶因缘，亿劫长对，不识命根，不审可有功德拔赎开度死魂，令出长夜九幽之中，身入光明，更生福门。（《洞玄灵宝长夜之府九幽玉匮明真科》，34/384b）

【恶缘】

佛经义：有害的条件、引诱人做坏事的外界事物。

> 吾闻帝释普济众生，赤心恻怆，育过慈母，含血之类莫不蒙佑，尔为无恶缘获帝位乎？（三国吴·康僧会译《六度集经》卷一，3/3a）

中古灵宝经沿用了佛经中的"恶缘"，也是指有害的条件、引诱人做坏事的外界事物。

（1）出入游行，依旧伺迎，一日三朝，如紫微上宫，削落地简，九幽目录，灭绝宿根，渐息恶缘。（《太上灵宝诸天内音自然玉字》卷一，2/536c）

（2）欲得开度，断绝恶缘，当依明真玉匮女青上宫科品，以青纹之缯九十尺，亦可九尺，金龙一枚，诣东方九气天君东乡诸灵官九幽之中，拔赎苦魂，绝诸罪根。（《太上洞玄灵宝智慧罪根上品大戒经》卷下，6/889c）

（3）夫学道，常净洁衣服，别靖烧香，安高香座，盛经礼拜，精思存真，吐纳导养，悔谢七世父母及今世前世重罪恶缘，布施立功，长斋幽静，定其本愿。（《太上洞玄灵宝本行宿缘经》，24/667c）

中古灵宝经中的"恶缘"还有"恶道"的意思。

（1）我尝历观诸天，出游东门，见东方无极世界地狱之中，有百姓子男女人身受考挞，诸痛备婴，形体毁悴，苦毒难言。见之悲伤，谪役几年，当得解脱？为还人中，更还恶缘？如此之辈，当作何功德，以拔此怨，使得开度，还入善门？（《太上洞玄灵宝智慧罪根上品大戒经》卷上，6/889b）

（2）人之行恶，三官列罗于北斗，北斗则告下于魔王，魔王而灭之焉。魂付九幽之下，充长夜之役，万劫无期，长沦恶缘。（《太上灵宝诸天内音自然玉字》卷三，2/552b）

【饿鬼】

梵语preta的意译,佛教六道之一,即"饿鬼道",谓人生前做了坏事,死后要受惩罚堕入饿鬼道,常受饥渴之苦。

或时在饿鬼,罪未竟,不令应得道。(东汉·安世高译《长阿含十报法经》卷下,1/240a)

中古灵宝经中的"饿鬼"和佛经中的一样,指的也是"饿鬼道"。

(1)生世何缘死不得食,饿鬼之中?(《洞玄灵宝长夜之府九幽玉匮明真科》,34/378a)

(2)于是天尊放身威光,内外洞彻,照明十方,无幽无隐,无极无穷,一时晓明,如见眼前,是男是女,悉是(按:当为"见"之讹字)诸天之上福堂善人逍遥无为,欢乐自然,下见诸地九幽之府、长夜之中,囚徒作役,饿鬼畜生,流曳死魂,首体髡截,无复身形,幽闭重槛,不睹三光。(《太上洞玄灵宝智慧罪根上品大戒经》卷上,6/888c)

中古灵宝经中的"饿鬼"还指"饿鬼道"中"饥饿的鬼"。

(1)太上道君出游八门,见诸地狱幽闭重槛,及三河九江刀山剑树,囚徒饿鬼,责役死魂,流曳涂炭,无复身形,不可忍见。(《太上洞玄灵宝智慧罪根上品大戒经》卷下,6/894c)

(2)生世不善念,酷虐攻师宝。死受万痛毒,万劫失人道。苦酷诣忠良,谗谤击贤人。生世处边夷,死受牛马身。悭贪惟欲得,不念施众生。死魂为饿鬼,后生六畜形。(《洞玄灵宝长夜之府九幽玉匮明真科》,34/384c)

(3)诸天开宥,一切光明,幽牢地狱、积夜寒乡、三涂五苦饿鬼死魂,并得开度,还在福中。(《太上洞玄灵宝灭度五炼生尸妙经》,6/259c)

【二十八天】

佛教认为众生可能存在的界域有十种，称为"十界"，"天"居其中第六位。"天"又有二十八种境界，称作"二十八天"，由"欲界六天、色界十八天、无色界四天"构成。天界之下是人间。

> 我所说贤女、凡人、贵姓贤女、凡姓女人、好贤行者，四品之行，诚法了了，其身履行无毁漏者，是之福佑难譬喻也。善明！譬人以七宝满是十方，上至<u>二十八天</u>，以用布施，百千劫不休不息。（东汉·支曜译《成具光明定意经》，15/457c）

中古灵宝经中也有"二十八天"，和佛经中的一样，也是指"二十八种天上的境界"，即"欲界六天、色界十八天、无色界四天"。

> 凡是诸杂法，导引养生法术，变化经方，及散杂俗，并系六天之中、欲界之内，遇小劫一会，其法并灭，无复遗余。其是太清杂化符图，太平道经，杂道法术，诸小品经，并周旋上下十八天中，在色界之内，至大劫之交，天地改度，其文仍没，无复遗余。其玉清上道，三洞神经、神真虎文、金书玉字、灵宝真经，并出元始，处于二十八天无色之上。（《太上诸天灵书度命妙经》，1/804b）

[F]

【发心】

"发心"是一个汉语固有词，本指"动念"，如《汉书·淮阳宪王刘钦传》："乃幸左顾存恤，发心恻隐显至诚，纳以嘉谋，语以至事，虽亦不敏，敢不谕意！"汉译佛经中用以指"许下普度众生的愿望"。

> 吾本<u>发心</u>，誓为群生梵释请法，甘露当开，谁应先闻？（东汉·西域沙门昙果共康孟详译《中本起经》卷上，4/147c）

中古灵宝经中的"发心"是"许下愿望"的意思。

（1）根尽福生，**发心**大愿，布散穷乏，广作功德，而受灭度，径上天堂，逍遥欢乐，衣食自然。(《太上洞玄灵宝诸天内音自然玉字》卷四，2/562a)

（2）穷而**发心**，意志坚明，勤苦师门，劳不为惮，道已鉴之，如此之辈，则功感诸天，故施财以对心，推心以对财，其功等尔。(6/885a)

（3）居世**发心**为夫妻，而后不得俱生人道，死为下鬼，或报以本念，成于邪病也。(《太上洞玄灵宝智慧本愿大戒上品经》，6/156a)

【发愿】

佛经义：许下普度众生的广大愿心。

发愿阿僧祇，欲度五道人。(东汉·竺大力共康孟详译《修行本起经》卷下，3/470b)

灵宝经义：许下愿望。

（1）丘曾心悟，降目见南极所住南壁（按："壁"当是"璧"之音形近讹字）刻书"太甲岁七月一日，皇度明、阿丘曾同于丹阳栢林舍下**发愿**"，合二十三字，字甚分明。(《太上洞玄灵宝赤书玉诀妙经》卷下，6/195b)

（2）如此之德，皆由其前身行业，积善愿念所致。或处在穷厄不泰之地，艰辛忧恼，愁苦难忍，乃**发愿**慈心，思念作善，竭力建功，施种福田……功满德备，一灭一生，其福无量，得如今之报。(《太上玄一真人说劝诫法轮妙经》，6/176a)

（3）寻生国王家，为太子，从容储宫，承统王业，时快引道士贤儒学人行礼讲道，修斋寂静，肆意所尚，国安民丰，肃然无事。是时，三侍臣同**发愿**："后生作道士。"(《太上洞玄灵宝本行因缘经》，24/672c)

【法服】

梵语词为kāṣāya或saṃghāṭī，在佛经中有"僧人穿的衣服"的意思。

　　王见忧陀已受法服，而问忧陀："卿作沙门那？"（东汉·昙果共康孟详译《修行本起经》卷上，4/154b）

灵宝经义：道士穿的衣服。

　　（1）夫学道，常净洁衣服，别靖烧香，安高香座，盛经礼拜，精思存真，吐纳导养，悔谢七世父母及今世前世重罪恶缘，布施立功，长斋幽静，定其本愿。当令心虚意玄，然后真道可成也。善备巾褐单裙。读经被衣服，法制则不得妄借人，着不净处，名曰法服。法服恒有三神童侍之。昔有贤者迎一道士，道士不得即往，以披褐赴之，行至家，其人敬信烧香礼之，如见道士。（《太上洞玄灵宝本行宿缘经》，24/667c）
　　（2）诫曰："施散法师法服，治写经书，建立静治。一钱以上，皆三十二万倍报……"（《太上洞玄智慧上品大诫》，3/395a）
　　（3）明真科曰："生世愿乐，宗奉至经，供养三宝，广开法门。捐弃财物，散施贫民。供师法服，建立治堂，明灯照夜，九幽之中，见世光明，死升天堂，逍遥欢乐，衣食自然。"（《洞玄灵宝长夜之府九幽玉匮明真科》，34/381a）

【法鼓】

梵语dharma-dundubhi或dharma-bherī的仿译，dharma是"法"的意思，dundubhi和bherī都是"鼓"的意思，所以dharma-dundubhi或dharma-bherī都可以仿译为"法鼓"，在佛经中义为"正法之鼓"，比喻佛法。

　　佛复惟曰："甘露法鼓，闻于三千大千世界，谁应得闻？"（东汉·昙果共康孟详译《中本起经》卷上，4/147c）

中古灵宝经里的"法鼓"有两个意思：

一是指"举行法事时用以集众的大鼓"。

  太上震响**法鼓**,延宾琼堂,安坐莲花,讲道静真,清咏洞经,敷释玄文,远味希夷,喜动群仙。(《洞玄灵宝玉京山步虚经》,34/625c)

二是比喻道法。

  (1)至真无所待,时或辔飞龙。长斋会玄都,鸣玉叩琼钟。十华诸仙集,紫烟结成宫。宝盖罗太上,真人把芙蓉。散华陈我愿,握节征魔王。**法鼓**会群仙,灵唱靡不同。无可无不可,思与希微通。(《洞玄灵宝玉京山步虚经》,34/626c)

  (2)济我六度行,故能解三罗。清斋礼太素,吐纳养云芽。逍遥金阙内,玉京为余家。自然生七宝,人人坐莲花。仰嚼玄都奈,俯酣空洞瓜。容颜耀十日,奚计年劫多。**法鼓**会天仙,鸣钟征大魔。(《洞玄灵宝玉京山步虚经》,34/627a)

【法号】

梵语词dharma-nāman的仿译,dharma是"法"的意思,nāman是"名字,名号"的意思,二者合起来即"法号",义为"佛教徒的法名或戒名"。

  有**法号**曰善权方便菩萨,从定光佛以来,所兴之慧,不可思议,随时之宜,敢能发起讲菩萨法。(西晋·竺法护译《慧上菩萨问大善权经》卷上,12/160a)

灵宝经义:道教徒的法名。

  既有灵宝符,当得灵宝图,图有二十四首,天之真气也,吾之**法号**也,大道之真法也。(《太上无极大道自然真一五称符上经》,11/640c)

【法化】

佛经义：佛法的教化。

多福哉！世尊！得近如来、文殊师利者，虽百千闻，未有若此纯**法化**者也。（三国吴·支谦译《维摩诘经》卷下，14/535b）

灵宝经义：道家的教化。

（1）见众真修斋奉戒，朝礼天文，有一十二念。一念精进苦行，不犯经戒，每事尊法。二念道尊德贵，**法化**高大，心所希愿……（《元始五老赤书玉篇真文天书经》卷下，1/798a）

（2）九开，大衍之数，天地未光，有九分之关，转轮三气，九度明焉。江由天气于是而立，九五列位，开定阴阳，**法化**流演，万品受生。（《太上灵宝诸天内音自然玉字》卷四，2/556c）

（3）建灵宝斋法，举高德玄解经义者为法师。次才智精明，能通妙理，闻见法度为都讲。次监斋，弹罚非法……次第坐处。先受此经为上，后受为下。家一人受经，余人有好斋者，听斋。若时有黄赤太一祭酒，好见斋法者，听斋，观大**法化**，但不得同床而坐。（《太极真人敷灵宝斋戒威仪诸经要诀》，9/873b）

【法教】

汉语里的"法教"本指"法制教化"，如《荀子·儒效》："其言行已有大法矣，然而明不能齐法教之所不及、闻见之所未至，则知不能类也。"汉译佛经用"法教"仿译梵语词dharma-deśanā或dharma-śāsana，dharma是"法"的意思，deśanā和śāsana都有"说、教"的意思，合起来的字面意思就是"法教"，指"佛法的教化"。

设使闻佛**法教**，不应除尘垢，亦不得道眼。（东汉·安世高译《七处三观经》，2/878b）

中古灵宝经中的"法教"则指"灵宝经的教化"。

（1）天尊言："夫为学者，修斋行道，开度天人，作诸善功，当行十二可从，而得度世者……第一者……第九者，在所托生，常值圣世，与灵宝**法教**相值不绝……第十二者……"（《太上洞玄智慧上品大诫》，3/391c）

（2）劫运既终，诃摩则以开冥敷**法教**，普度天人。（《太上灵宝诸天内音自然玉字》卷三，2/548b）

（3）自顾禀植因缘，得生法门，少好上道，仰希神仙，长斋幽阜，心想上圣，不悟天尊窥盼幽谷，降教真道，自惟暗昧，愧所不胜。然推前自期，誓心三光，躬宗师训，不敢有亏，弥纶万劫，情无退转，尊奉**法教**，唯师是从。（《太上洞玄灵宝真一劝诫法轮妙经》，6/172b）

【法戒】

佛经义：佛法戒律。

佛授忧陀，使作沙门，授其**法戒**。（东汉·昙果共康孟详译《中本起经》卷上，4/154b）

灵宝经义：道法戒律。

（1）时有精进学士王龙赐侍座，请受**法戒**。（《太上洞玄灵宝赤书玉诀妙经》卷上，6/184a）

（2）是时四方边境男女长幼，莫不归心，各赍金银锦帛，五彩纹缯，珠玉珍宝，无鞅亿数，来诣天尊。伏受**法戒**，遵承妙经。（《太上诸天灵书度命妙经》，1/803c）

（3）自受训励，长斋空山，尊承**法戒**，不敢怠倦。（《太上洞玄灵宝智慧罪根上品大戒经》，6/885c）

【法轮】

梵语词dharma-cakra的仿译，dharma有"法"的意思，cakra是"轮"的意思，二者合起来字面意思是"法轮"。"法轮"本是印度转轮圣王传说中的轮宝，佛教用以比喻传播中的佛法。

是为如来始于波罗奈国以无上**法轮**转未转者,大度一切,莫不乐受。(东汉·昙果共康孟详译《中本起经》卷上,4/149a)

中古灵宝经中"法轮"有两个意思:
第一个意思应是源于佛经,指"道法",因轮转不绝,故称。

(1)夫轮转福庆不灭,生而好学,宗奉师宝,与道结缘,世世不绝,皆由先身积行所致。如此**法轮**,上士勤尚,广开法门,先人后身,救度国王,损口拯乏,裸形衣寒,仁及鸟兽,惠逮有生……(《太上玄一真人说劝诫法轮妙经》,6/175c)

(2)学士若能弃世累,有远游山水之志,宗极**法轮**,称先生。(《太极真人敷灵宝斋戒威仪诸经要诀》,9/872b)

(3)而今见八门无极世界尘沙而来百姓子、男女人、学与不学,不顾宿命,违科犯戒,死婴痛毒,流曳三途五苦之中,非复人形,皆受其前身所行恶对,致今之报。见之悲伤,为之不言,责之在形,愍之在心。今故开**法轮**,以度其身。(《太上玄一真人说三途五苦劝戒经》,6/869c)

第二个意思指的是"罪福轮回、流转之地"。

(1)**法轮**,则罪福之场;揽觉,则生死之端。诵灵音于洞章,则名书于紫宫**法轮**,列籍于司命揽觉,度魂于更生菩冥。(《太上灵宝诸天内音自然玉字》卷三,2/548a)

(2)一灭一生,其福无量,得如今之报。若能又于今生抗志易韵,弃禄学道,宗师受经……当籍先世之基,二灭二生,便得神仙。三官九府记人功过,毫末必载,万无差失,其愿既定,志亦难夺,故倚伏难穷,所谓**法轮**之门。(《太上玄一真人说劝诫法轮妙经》,6/176b)

【法门】
梵语词复合词dharma-naya或dharma-mukha的仿译,dharma是"法"

的意思，naya有"门、道、法、方便"的意思，mukha有"门、入口"的意思，所以梵语词复合词dharma-naya或dharma-mukha字面上可仿译为"法门"，佛经中指"佛教修行入道的门径"。

菩萨学如是，为学甘露法门。（东汉·支娄迦谶译《道行般若经》卷八，8/464c）

中古灵宝经中的"法门"有两个意思：
一是指"道教修行入道的门径"。

（1）天真皇人稽首作礼，上白天尊："自随运生化，展转亿劫，屡经侍座，未有今日遭值圣道开诸法门，得见天书。"（《太上灵宝诸天内音自然玉字》卷三，2/545c）

（2）道业成就，开度天人，一切男女，普见法门，年命长远，国土安全，玩乐之心，志在不退。（《太上洞玄灵宝智慧罪根上品大戒经》卷上，6/885c）

（3）检俗人华竞之心，导之以自然法门，故玄之又玄，众妙之门也。（《太极真人敷灵宝斋戒威仪诸经要诀》，9/872c）

二是指"道家"。

（1）尔有善心，来归法门，由尔前生万劫已奉至真，功满德足，致生道世，值遇法兴。（《太上洞玄灵宝赤书玉诀妙经》卷上，6/183c）

（2）自顾禀植因缘，得生法门。（《太上洞玄灵宝真一劝诫法轮妙经》，6/172b）

（3）此福巍巍，难可称述。如此之比，有无鞅之数，皆积行所得，非唯一生学而成也。来生为学，入吾法门，当瞻之先世，以期神仙，功满德普，克入自然至真之场也。（《太上玄一真人说劝诫法轮妙经》，6/176c）

【法桥】

佛经义：如桥梁一样能普度众生的佛法。

云何察知愚痴之相？谓性柔软，喜自称誉，无有慈哀，破坏**法桥**，常而闭目，面色憔悴，无有黠慧，爱乐冥处……（西晋·竺法护译《修行地道经》卷二，15/193a）

中古灵宝经里的"法桥"有三个意思：
一是指"能普度众生的三洞真经"。

（1）严我九龙驾，乘虚以逍遥。八天如指掌，六合何足辽。众仙诵洞经，太上唱清谣。香花随风散，玉音成紫霄。五苦一时进，八难顺经寥。妙哉灵宝囿，兴此大**法桥**。（《洞玄灵宝玉京山步虚经》，34/626c）

（2）圣人传授经教，教化于后世，使未闻者闻，未知者知。欲以此**法桥**普度一切人也。（《太极真人敷灵宝斋戒威仪诸经要诀》，9/869c）

二是"能普度众生的灵宝斋"。

（1）夫一切云云，皆当空尽有无相，陶修德养神，积功凝真，真身乃空，出入有无，隐寂极妙，保景希微，济度一切，为众**法桥**。轮转学道，莫先乎斋。斋者，莫过灵宝。（《太上洞玄灵宝本行宿缘经》，24/667b）

（2）道以斋为先，勤行登金阙。故设大**法桥**，普度诸人物。（《太极真人敷灵宝斋戒威仪诸经要诀》，9/874b）

三是"普度众生的行为"。

（1）众兆不同，心心各异，故开二涂，其归一也。所以尔者，右玄弟子，桑门居士，居士普行乞求，破恶以为**法桥**，能有施者，

福报万倍。(《太上洞玄灵宝智慧定志通微经》, 5/893c)

（2）所以空中作此颂者，恐愚人得经，便尔贱之。或以借写，或举本乞人，令有心之人施信无所，**法桥**路断，是故尔耳。(《太上洞玄灵宝智慧定志通微经》, 5/890c)

【法师】

梵文dharmabhāṇaka的仿译，dharma是"法"的意思，bhāṇaka是"唱诵者、宣讲者"的意思，二者合起来字面意思是"唱诵或讲法的人"，即"法师"，指"精通佛经并能讲解佛法的高僧"。

须菩提知诸天子心中所念，语诸天子言："**法师**如幻，欲从我闻法，亦无所闻，亦不作证。"(东汉·支娄迦谶译《道行般若经》卷一, 8/430a)

中古灵宝经中有三处对何为"法师"作了明确的说明，从这三处说明来看，"法师"有两个意思：

一是德高望重、善解灵宝经义的灵宝斋主持人。

（1）此一时烧香，以次人人上香，选高德一人为斋主，名曰法师。(《太极真人敷灵宝斋戒威仪诸经要诀》, 9/868b)

（2）建灵宝斋法，举高德玄解经义者为法师。(《太极真人敷灵宝斋戒威仪诸经要诀》, 9/873b)

（3）后下生于世，乃学大道经，聪明洞达，为世法师，无不晓了。(《太上洞玄灵宝本行宿缘经》, 24/668a)

二是"能养生教善、在行为上可作为人们的楷模的人"。

（1）能养生教善，行为人范，是名法师也。(《太上洞玄灵宝智慧本愿大戒上品经》, 6/158a)

（2）今故立斋，烧香然灯，愿以是功德照耀诸天，普为帝王国主、君官吏民、受道法师、父母尊亲、同学门人、隐居山林学真道士、诸贤者、蠢飞蠕动、蚑行蜎息、一切众生，普得免度十苦八难，长居无为，普度自然。(《洞玄灵宝长夜之府九幽玉匮明真科》，34/384c、385a)

【法衣】
佛经义：僧人穿的衣服。

无乐以女人入我法律、服法衣者，当尽寿清净，究畅梵行。(东汉·昙果共康孟详译《中本起经》卷下，4/158a)

灵宝经义：道教徒穿的衣服。

（1）生复为贵人，敬信尤精，而少之时乃发念烧香，愿我后生智慧精明，玄解妙义，死升福堂。后生中士家，遂为道士，被服法衣而行道。(《太上洞玄灵宝本行因缘经》，24/672b)
（2）太上观十方，诸天整法衣。旋行绕宫城，三周长夜开。(《洞玄灵宝二十四生图经·元始太清图上部第六炁》，34/339a)

【法音】
梵语词dharma-śabda的仿译，dharma有"法"的意思，śabda有"声音"的意思，二者合起来即"发音"，本指"解说佛法的声音"，引申为"佛法"。

佛始得道，往诣波罗奈国，击甘露法鼓，拘怜等五人，逮得罗汉。八万诸天皆入道迹，九十六种靡不欣伏，无上法音，闻于三千大千世界。(东汉·昙果共康孟详译《中本起经》卷上，4/154c)

中古灵宝经中指"道家思想"。

（1）周流十方三十二天，交游上圣，为太上之宾，十年还在人中，身作师宗，宣通法音，开度天人，教化群生。(《太上灵宝诸天

内音自然玉字》卷四，2/562a）

（2）今日侍座，太漠开昏，无极世界，一切见明，**法音**遐振，泽被十方。(《洞玄灵宝二十四生图经》，34/337b）

（3）我于空山之上，演出真文，撰十部妙经，始于此土出法度人，欲令**法音**流化后生，其法开张。(《太上诸天灵书度命妙经》，1/801c）

【梵】

梵文brāhma语音节译作"梵"，在佛经里有多个意义。比如有"清净"的意思。

一时，佛在迦维罗卫国。释氏精舍尼拘陀树下，与大比丘众千二百五十人俱，皆是阿罗汉，已从先佛，净修**梵**行，诸漏已尽，意解无垢。(东汉·竺大力共康孟详译《修行本起经》卷上，3/461a）

还有"梵天的神灵"的意思。

道弟子有道信有根著本，无有能坏者，忍辱亦仙人，若天、若魔、若**梵**，亦余世间耶？(东汉·安世高译《长阿含十报法经》卷上，1/234b）

在古灵宝经里，"梵"指飞天真人，引申指"天上的神仙"。

（1）显定极风天中，有自然之书八字，文曰"流罗梵萌景蔚萧峺"……天真皇人曰："……**梵**则飞天之人，萌则元始之神……"（《太上洞玄灵宝诸天内音自然玉字》卷四，2/555b、c）

古灵宝经中"梵"也可是名词，指"梵行之气"。

落落高张，明气四骞，**梵**行诸天，周回十方。无量大神，皆由我身，我有洞章，万遍成仙……(《灵宝无量度人上品妙经》卷一，1/5b）

【梵辅】

佛经中为色界初禅三天之一，简称"梵辅"，其梵语词是brahma-purohita，其中，brahma语音节译作"梵"，purohita有"辅臣""辅相"的意思，二者合起来字面意思就是"梵辅"，但更常通过音译加意译再加注译作"梵辅天"。

（1）复从兜术天灭，即至不憍乐天、化应声天、梵众天、梵辅天、大梵天……（三国吴·支谦译《义足经》卷下，4/185b）

（2）初禅三种：下、中、上。若修下禅，生梵众。若修中禅，生梵辅。若修上禅，生大梵。（后秦·鸠摩罗什译《大智度论》卷九，25/122c）

灵宝经义："灵化梵辅天"的简称，道教九天之第七天，位于西方，是混气之所归处。

灵化梵辅天生神章第七。帝真元府命元高仙洞笈之气。玄会统无崖，混气归梵辅。（《洞玄灵宝自然九天生神章经》，5/847a）

【梵天】

佛经中的"梵天"有两个意思：

一是指色界初禅天的统称。是对梵语词brahmāhma的音译加注而产生的一个词，brahmāhma语音节译作"梵"，因是色界初禅天的统称，故加注译作"梵天"。

从是人间上至梵天，亦五百二十亿万里。（西晋·法立共法炬译《大楼炭经》卷六，1/309c）

二是对居于大梵天的天主的称呼。

（1）佛言："善哉，善哉！梵天！欲广施安，救诸世间，抚利宁济，乐使解脱……"（三国吴·支谦译《太子瑞应本起经》卷二，3/480b）

（2）时于众中有大梵天号护群生，为诸梵天而叹颂曰：……（西晋·竺法护译《正法华经》卷四，9/89c）

中古灵宝经沿用了佛经中的"梵天"，指"天界"。

（1）华都，则天中太乙宫青华门之别名。上有梵天神人，飞游太极之上。(《太上灵宝诸天内音自然玉字》卷三，2/548c）

（2）梵天司命勒录梵天神仙籍中，七祖普得去离三涂，上升天堂，衣饭天厨。(《太上洞玄灵宝智慧罪根上品大戒经》卷下，6/890a）

（3）昔之得上仙至真之道，皆是奉灵宝经者也。三天称仙，梵天称道。(《太极真人敷灵宝斋戒威仪诸经要诀》，9/873b）

【梵行】

梵语brahmacarya的音译加意译，brahma音译作"梵"，有"清净"之意，特别指远离色欲；carya有"行、行为"的意思，二者合起来就是"梵行"，在佛教中指"断除一切欲望的修行"。

一时，佛在迦维罗卫国释氏精舍尼拘陀树下，与大比丘众千二百五十人俱，皆是阿罗汉——已从先佛，净修梵行，诸漏已尽，意解无垢，众智自在，晓了诸法，离于重担，逮得所愿，三处已尽，正解已解，三神满具，六通已达。（东汉·竺大力共康孟详译《修行本起经》卷上，3/461a）

中古灵宝经中的"梵行"有三个意思：
一是天界名称。

（1）夏四月、五月、六月，当朱书文，向王叩齿三通，咒曰："天书敷罗，梵行赤明。上通八道，五合通灵……"(《太上灵宝诸天内音自然玉字》卷二，2/544c）

（2）俯仰存太上，华景秀丹田。左顾提郁仪，右眄携结璘。六

度冠**梵行**，道德随日新……（《洞玄灵宝玉京山步虚经》，34/626b）

（3）昆台生琅音，玉气逸九冥。宝章洞太虚，蹑真入无形。锦云翠朱日，圆华逐月生。混合自然气，辽辽九遐清。六慧纯**梵行**，五神招高灵。绛宅曜朱童，万劫不凋零……（《太上诸天灵书度命妙经》，1/805a）

二是"梵气周回运行的样子"，"梵"是"梵气"的意思，"行"是"运行"的意思，这个意思的"梵行"是一个主谓式复合词。

（1）明道，则元始之都候。元始开运，则都候启道，**梵行**诸气，倏欻自朗。（《太上灵宝诸天内音自然玉字》卷三，2/548a）

（2）下元三品，右官名北丰都官，一名罗丰官，总主水中积夜死鬼谪役年劫及百鬼万灵事、百姓子、男女人应死简录黑簿，其官皆五亿五万五千万五百五十五亿五万重风泽**梵行**之气。（《太上洞玄灵宝三元品戒功德轻重经》，6/878b）

三是指"神真周回运行的样子"，"梵"是"天神"的意思，"行"是"运行"的意思，这个意思的"梵行"也是一个主谓式复合词。

永度三途、五苦、八难，超凌三界，逍遥上清。上清之天，天帝玉真无色之境**梵行**。（《灵宝无量度人上品妙经》卷一，1/3c）

【反论】

佛经义：把话反着说。

佛告梵志："人有恩爱，便得忧悲。"……国内愚者，共嗤佛语，乃上闻于王，令王意惑，便谓夫人……："瞿昙可笑，**反论**失理。何有恩爱而生忧悲耶？"（东汉·昙果共康孟详译《中本起经》卷下，4/160a）

灵宝经义：把话反着说。

度十戒法：法师居南，弟子向师三礼毕，请曰："愿见成就，授以十戒，当终身奉行，誓敢有违。"于是长跪，心存见十方大圣在于上方，乃稽首谛受，法师烧香，便为说戒："一者……四者不欺，善恶反论。五者……"（《太上洞玄灵宝智慧定志通微经》，5/890a）

【犯戒】

佛经义：违反戒律。

信谛行者断恶意，信谛受者不犯戒。（东汉·安世高译《八正道经》，2/505a）

灵宝经义：违反禁忌。

（1）为恶犯戒，司考所纠，移付地官，长为罪民。（《元始五老赤书玉篇真文天书经》卷中，1/797b）
（2）余事犹可，妄语甚难。所以为难，或身有密事，或是尊长应为隐讳，而人见问，不得不欺，欺便犯戒。是故为难。（《太上洞玄灵宝智慧定志通微经》，5/894c）
（3）而今见八门无极世界尘沙而来百姓子、男女人、学与不学，不顾宿命，违科犯戒，死婴痛毒，流曳三途五苦之中，非复人形，皆受其前身所行恶对，致今之报。（《太上玄一真人说三途五苦劝戒经》，6/864c）

【方便】

佛经义：适当的方法或手段。

佛以方便，令其父子两不相见。（东汉·昙果共康孟详译《中本起经》卷上，4/149b）

灵宝经义：适当的方法或手段。

一人曰："余事犹可，妄语甚难。所以为难，或身有密事，或是尊长应为隐讳，而人见问，不得不欺，欺便犯戒。是故为难。"化人曰："事有隐显，言有方便，此亦可通。但勿善恶反论，说人之短，言伤人耳。"（《太上洞玄灵宝智慧定志通微经》，5/894c、895a）

【非法】

梵语词a-dharma的仿译，a-是表示否定的前缀，dharma有"法"的意思。佛经中的"非法"多指不符合佛教戒律的邪乱不正之法。

若有菩萨行般若波罗蜜时，当作是随，当作是念……去离贡高，去离强梁，去离非法……菩萨行能如是者，得佛不久，悉得萨芸若功德不久。（东汉·支娄迦谶译《道行般若经》卷九，8/470c）

灵宝经义：邪乱不正之法。

（1）欲得长生，当持大诫，以制耳神，勿为多听非法之音。（《太上洞玄智慧上品大诫》，3/394b）
（2）若于福中，不能勤心，纵情退转，还入恶门，施行凶逆，所作不忠，犯诸非法，沉轮恶根，一失善阶，无有还缘。（《洞玄灵宝长夜之府九幽玉匮明真科》，34/381b）
（3）有人从来不履非法，动遵经教，而更婴忧苦者。夫人死身烂坏，魂神不朽，随生时之行善恶，皆有对。（《太极真人敷灵宝斋戒威仪诸经要诀》，9/871c）

【非人】

"非人"是一个汉语固有词语，有多个意义。一是指"恶人、坏人"，如《左传·宣公二年》："君子谓羊斟，非人也；以其私憾，败国殄民。"二是指"游心于物外，形神寂静，有如槁木的异人"，如《庄子·田子方》："孔子见老聃，老聃新沐，方将披发而干，慹然似非人。"成玄英疏："慹然不动摇，若槁木，故似非人。"三是指"有残疾的人"，如《左传·昭公七年》："孟，非人也，将不列于宗，不可谓长。"杜预注："足跛，非全人。"在汉译佛经中，"非人"是对梵语词a-manuṣya的仿译，该梵语词中，a-是表示否定的前缀，manuṣya是"人、人道"的意思，二者合起来字面意思就是"非人"，义为"人类以外的生灵"。

佛语释提桓因："若有善男子、善女人，其有学般若波罗蜜者，其有持者，其有诵者，是善男子、善女人……若人、若非人，终不能得其便……"（东汉·支娄迦谶译《道行般若经》卷二，8/431a）

灵宝经义：人类以外的生灵。

（1）其人所犯元恶罪录，结在九幽长夜之函，九气天君青天灵官三界司算结其目录，依玄都女青上官左官律，九万劫得还，生非人之道，输（按："输"当为"轮"之讹）转九亿万劫。(《太上洞玄灵宝智慧罪根上品大戒经》卷下，6/889c）

（2）无极世界男女之人，生世立行，恶口赤舌，斗乱中外，评论道德……其罪深重，死受苦毒……纵还人中，当生边夷非人之类，百恶所归，以报宿对，永失人道，无有归期。(《洞玄灵宝长夜之府九幽玉匮明真科》，34/383b）

（3）此之罪人前生所行，手弑君父，谋反师主，贼害人命……斯罪深重，故招今对，万楚备经。万劫当生六畜之中，或为贱人，聋盲六疾，非人之形，其因如此。(太上玄一真人说三途五苦劝戒经，6/865c）

【飞天】

梵语词deva的意译，指欲、色、无色三界诸天中的神祇。

菩萨舍国，威圣无限，心自念言："欲作沙门，志在寂静，威仪礼节游行至山水边定止。"天王知心，飞天奉刀来，帝释受发，则成沙门。（西晋·竺法护译《普曜经》卷四，3/509b）

灵宝经中有二义：

一是指能在天上飞舞但尚未得道的神仙。

（1）飞天，未得道者也，是大道十转弟子，飞天虚空，为诸天策驾。清信弟子，见在世上，可得免于忧恼，度于众苦，身入光明，形内澄正，招鬼使神，制伏魔精，十转即得上为飞天。若在一转，而行精进，心不懈退，作诸功德，长斋苦行，晨夕不倦，即得飞天，于此而进，超陵三界，为上清真人。（《太上洞玄智慧上品大诫》，3/392b）

（2）明真科曰："生世敬信，修奉智惠上品十戒。积诸善功，供养法师，烧香燃灯，佐天光明，照耀十方，施惠有德，念度众生，死升东华，受号飞天，位比太和十转弟子，为众圣策驾，游行云中。"（《洞玄灵宝长夜之府九幽玉匮明真科》，34/381a）

（3）修飞仙之道，当以戊辰、戊戌之日朱书玉完天中第一、第二二字，向西北方服之，咒如法。皆得随运生死，劫劫化生，位齐飞天。（《太上洞玄灵宝诸天内音自然玉字》卷一，2/537b）

二是"十方飞天神王的简称"。

飞天者，是十方飞天神王也。常在飞玄之上，而诵空洞之经，以和自然之炁，拔度学道之人。（《太上洞玄灵宝诸天内音自然玉字》卷四，2/559b）

【分卫】

获原云来（1979：784）认为"分卫"可能是梵语词piṇḍa的音译，义为"乞食""行乞"。

佛告比丘僧："此郡既饥，人不好道，各各自便，随利分卫。"（东汉·昙果共康孟详译《中本起经》卷下，4/163a）

中古灵宝经中的"分卫"也是"乞食""行乞"的意思。

卿今弟子，纵使分卫，以乞求度人，人无与者，更益彼罪，信心无表，何由得度？（《太上洞玄灵宝智慧定志通微经》，5/893c）

【风刀】

佛教谓人临死时，体内有如刀的风在鼓动、割截身体。

五逆罪人无惭无愧，造作五逆，五逆罪故，临命终时，十八风刀如铁火车，解截其身。（东晋·佛陀跋陀罗译《观佛三昧海经》卷五，15/669a）

中古灵宝经中的"风刀"有三个意思：
一是施行地狱酷刑的一种刑具。

（1）生世何缘？死循剑树，风刀往还。（《洞玄灵宝长夜之府九幽玉匮明真科》，34/378b）

（2）执心不专固，轻慢天宝经。命过循剑树，风刀无暂停。（《洞玄灵宝长夜之府九幽玉匮明真科》，34/384a）

（3）来运当促，三五伤丧，万兆短命，流曳八难，风刀痛体，五苦备婴。（《洞玄灵宝二十四生图经》，34/337c）

二是指"风刀之刑"。

（1）有其缘会，当赍金宝奉师效心，依科盟受，闭心奉行，慎勿轻泄，风刀考身。（《洞玄灵宝自然九天生神章经》，5/844b）

（2）风刀考官主之，太玄左府行之。（《太上洞玄灵宝三元品戒功德轻重经》，6/873c）

（3）有违玄科，身负风刀，万劫无还，九祖填夜，长役河源。（《太上洞玄灵宝诸天内音自然玉字》卷四，2/563b）

三是指"受风刀之刑"。

亏违天科，中泄真文，生死父母，及得甲身，谢罪四明，风刀万劫，三涂五苦，不敢蒙原。(《太上洞玄灵宝赤书玉诀妙经》卷下，6/204c)

【奉戒】/*【奉诫】

在佛经中，与"持戒"同义，也是"遵照并践行戒律"之义。

(能仁菩萨)奉戒清净，守护正法，慈悲喜护，惠施仁爱，利人等利，救济不惓，寿终上生兜术天上。(东汉·竺大力共康孟详译《修行本起经》卷上，3/462c)

中古灵宝经中的"奉戒"沿用了佛教中"遵照并践行戒律"的意思。

(1)其日修斋奉戒，则五帝保举，上言东华，生死为仙；勒下三界神灵侍卫，千灾不干。(《元始五老赤书玉篇真文天书经》卷下，1/794c)

(2)奉戒不暂停，世世善结缘。精思念大乘，会当体道真。(《太上洞玄灵宝本行宿缘经》，24/667a)

(3)若见居家妻子，当愿一切早出爱狱，摄意奉戒。(《太上洞玄灵宝智慧本愿大戒上品经》，6/156b)

中古灵宝经中的"奉戒"又写作"奉诫"。

(1)太极真人于是作奉诫颂曰：……(《太上洞玄灵宝本行宿缘经》，24/667a)

(2)天尊言："修奉诸诫，每合天心。常行大慈，愿为一切普度厄世，谦谦尊教，不得中怠。宁守善而死，不为恶而生。于是不退，可得拔度五道，不履三恶，诸天所护，万神所敬，长斋奉诫，自得度世。"(《太上洞玄智慧上品大诫》，3/391b)

【奉斋】

佛经义：因奉行戒律而持斋。

瓶沙归宫，教敕宫内奉斋持戒。（东汉·昙果共康孟详译《中本起经》卷上，4/153b）

灵宝经义：因奉行戒律而持斋。

（1）执心奉斋，不犯科律，三官削除罪名，三天记上仙箓，告下天神地祇侍卫营护，万灾不干。（《元始五老赤书玉篇真文天书经》卷下，1/794b）

（2）灵宝真文，明见众真奉斋，朝礼天文，有一十二恩。（《元始五老赤书玉篇真文天书经》卷下，1/798c）

【佛】

梵语词buddha的语音节译，佛陀的简称，本义为"觉"。佛教徒用为对其创始人释迦牟尼的尊称。

佛年三十得佛，十二月十五日过食后说经。（东汉·支娄迦谶译《道行般若经》卷十，8/478b）

灵宝经义：仙人。

（1）仙之言佛，佛是胡语耳。（《太上太极太虚上真人演太上灵宝威仪洞玄真一自然经诀》卷上，P.2356）

（2）妙哉灵宝经，太上自然书，奉者致得佛。（《太上太极太虚上真人演太上灵宝威仪洞玄真一自然经诀》卷上，P.2452）

（3）道以斋为先，勤行当作佛。（《太上洞玄灵宝智慧本愿大

戒上品经》,《大正藏》,52/477c[①])

【福德】
佛经义：能得到幸运回报的善行。

荣位尊豪，快乐如意，皆是前世福德所致。(东汉·昙果共康孟详译《中本起经》卷下，4/161c)

中古灵宝经中的"福德"有两个意思：
一是和佛经里的一样，也是指"能得到幸运回报的善行"。

（1）夫曰："道士在山，供养转阙。卿昔闻我奉先君遗教，为忘之耶？"妻即拭泪，跪而答曰："今虽穷弊，实亦在心。若如是者，福德之事，盖亦先君遗教，安可不尔？"(《太上洞玄灵宝智慧定志通微经》，5/891c)

（2）夫道何谓哉？以无心而应众生四辈，修福德要当有本愿，福之报也，皆缘子于时立愿耳。功德既设，志愿亦定，其报广及犹暮以待旦矣。(《太上洞玄灵宝本行宿缘经》，24/666b)

二是指"行善、依法使用道符、修斋等得到的幸运回报"。

（1）道士、百姓子，不能修法行道，但家有此符经，刻石安镇，施种章拒，身光自至，令人长生，心开内发，甚若日月，百病皆愈，魍魎邪魔，凶恶灾害消亡，宜官重禄，钱财如云，男贤女贞，子孙盈堂，惠及众生，福德巍巍。(《太上无极大道自然真一五称符上经》，11/639c)

（2）百姓男女，并见命根、罪福缘对、善恶之报，莫不震惶，

---

① 《道藏》所收《太上洞玄灵宝智慧本愿大戒上品经》本作"道以斋为先，勤行登金阙"，此处所引用例来自《大正藏》所收唐代法琳《破邪论》卷上引《灵宝消魔安志经》（即《太上洞玄灵宝智慧本愿大戒上品经》）"道以斋为先，勤行当作佛"，法琳原注曰"新本并改云'勤行登金阙'"，可见《道藏》所收《太上洞玄灵宝智慧本愿大戒上品经》为改动过的版本。

一时归心，宗奉大法，修行众善，投命天尊，伏从禁戒，无复退转，<u>福德</u>普匝，欢乐难言，不胜喜庆。(《太上洞玄灵宝智慧罪根上品大戒经》卷上，6/888c)

（3）凡有此灾，同气皆当齐心修斋，六时行香，十遍转经，<u>福德</u>立降，消诸不祥。(《灵宝无量度人上品妙经》卷一，1/6a)

【福根】

佛经义：获得福分的根源。

其玩习者谓无<u>福根</u>，若遵修者谓殖德本而不想慢。(西晋·竺法护译《文殊师利普超三昧经》卷上，15/409b)

灵宝经义：获得福分的根源。

经言："七祖父母，上生天堂，解结散滞，或反胎人间侯王之家，我身升仙，恒保<u>福根</u>者，是七世父母因缘之报。"(《太上洞玄灵宝本行宿缘经》，24/669c)

【福门】

佛经义：获得福分的门径。

未得禅定、智慧，未离欲故，破尸罗波罗蜜，以是故行忍辱。知上三事能开<u>福门</u>。(后秦·鸠摩罗什译《大智度论》卷十八，25/196b)

灵宝经义：获得福分的地方。

（1）天尊言："其六诫者，皆以心通智慧，能施其德，行合自然，庆福恒居其身，祸害常远其门。玩好不绝，世世因缘，一转受报，飞天齐功，超轮九转，渐入大道，十转弟子，名书诸天，七祖同升，上生天堂，衣食福德，即生人中，转轮神王，恒居<u>福门</u>。"

(《太上洞玄智慧上品大诫》，3/393b）

（2）明真科曰：无极世界男女之人，生世身行，不念为善，动为恶根，攻伐师主，谗击善人，杀害无道……死受恶对，拘闭罪魂，径入地狱。长夜之中，诸痛备加，苦毒难胜，万劫当还，生非人之道，永失福门，长沦罪涂，往返无穷，不得开度，亿劫无缘。（《洞玄灵宝长夜之府九幽玉匮明真科》，34/381c）

（3）天真皇人曰："修飞仙之道，当以本命之日，朱书上四字，向本命服之百日，九幽削宿简，南宫记仙名，生死灭度，世生福门。"（《太上灵宝诸天内音自然玉字》卷二，2/541c）

【福舍】

佛经义：布施修福的处所。

时有居士在聚落中作福舍，施四方僧一食。（东晋·佛陀跋陀罗共法显译《摩诃僧祇律》卷十六，22/351b）

中古灵宝经中的"福舍"同"福地"，指"神仙居住的地方"。

（1）太极真人曰："是人也，乃不如外学凡人，奉修仁义，敬通道德，唯善而从矣，任化来往，在时迁易，逍遥域内，清净自适，命过亦入福舍，不经囚徒，或为鬼神也。"（《太上洞玄灵宝智慧本愿大戒上品经》，6/160a）

（2）后受形作中人，珍宝近足，是时乃念作功德，常供养道士，奉经承戒，谦谦下人，布施厄困，每事从道，闻善欲从，年八十乃死，径升福舍，衣食天厨。（《太上洞玄灵宝本行因缘经》，24/672b）

（3）七祖出夜，九幽放魂。三涂五苦，长斩恶根。同欢福舍，受庆自然。（《太上灵宝诸天内音自然玉字》卷四，2/557c）

【福田】

梵语词dākṣiṇeya-bhūmi或guṇa-kṣetra的仿译，dākṣiṇeya指的是施舍等

可获福报的行善行为，bhūmi有"土地"的意思，二者合起来字面意思就是"福田"；guṇa有"福德"的意思，kṣetra有"田地"的意思，二者合起来字面意思也是"福田"，佛教里指将来有福报的行为，比喻行善如种田收获，或指如种田会有收获一样的行善行为。

> 如来以此因缘，劝人布施，安置福田，深坚难动，水火盗贼，不复得害，寿终生天，衣食自然。（东汉·昙果共康孟详译《中本起经》卷下，4/162b）

中古灵宝经沿用了佛经中的"福田"，也是指"将来有善报的行为"，即"善行"。

> （1）明真科曰："生世奉师，供养道经，长斋持戒，不违天科，烧香燃灯，照耀诸天，朗彻九幽，长夜光明，七祖欢泰，无复忧患。身行善功，大建福田，广度一切，惠流众生，仙运未满，法应更灭，死升南宫，即得更生。"（《洞玄灵宝长夜之府九幽玉匮明真科》，34/381a、b）
>
> （2）郁郁家国盛，济济经道兴。天人同其愿，缥缈入大乘。因心立福田，靡靡法轮升。七祖生天堂，我身白日腾。（《洞玄灵宝玉京山步虚经》，34/628b）
>
> （3）天尊告太上道君曰："智惠上品功德之诫，天人男女，有发自然道意，损己布散，开张福田，功德甚重。施一之功，数万之报。报应之理，明如日月，或在见世，或在来生，但福报差移，不必同至。"（《太上洞玄智慧上品大诫》，3/394b）

在中古灵宝经中，"福田"也指种福田的结果，即"善报""福报"。

> 飞天神人曰："明真科品，凡拔度亿曾万祖宿罪恶根，行道如法，则九幽开通，长徒死魂，身受光明，大慈之道，无量福田。"（《洞玄灵宝长夜之府九幽玉匮明真科》，34/387a）

【福缘】

佛经义：受福的缘分。

如是迦叶尊，在诸比丘僧，阿耨达大池，自说本福缘。(西晋·竺法护译《佛五百弟子自说本起经》，4/190b)

灵宝经义：受福的缘分。

(1) 后生人中，得为人尊，三界所敬，鬼神所称，轮转福缘，皆得神仙。(《太上洞玄灵宝智慧罪根上品大戒经》卷下，6/891b)
(2) 复有贵人居政，以道善作功德，斋诚施惠，然灯悔罪，解七世父母宿对缘结，供养三宝，愿我后生世为贵人，辗转福缘，姿容艳悦，才识洞达，恒值贤明，供养三宝，命过之日，飞天迎之，径上福堂，快乐不可言。(《太上洞玄灵宝本行宿缘经》，24/668b)

【福愿】

佛经义：获得福报的愿望。

何谓造立无数功德？所作用心为一切故常怀等意，所立功祚不离通慧，所修福愿欲使众生皆共蒙恩，以故名曰立无数德。(西晋·竺法护译《阿差末菩萨经》卷三，13/592c)

灵宝经义：获得福报的愿望。

(1) 生死因缘，轮转福愿，莫不由身。(《太上洞玄灵宝赤书玉诀妙经》卷上，6/183c)
(2) 诸欲得此福愿者，先行东称符五九四十五日，次行北称符就之。(《太上无极大道自然真一五称符上经》，11/633c)

[G]

【高座】

梵语词为pary-aṅka，佛经里的"高座"有两个意思：
一是指"讲席"。

说法之仪，先施高座。（东汉·昙果共康孟详译《中本起经》卷下，4/157c）

二是指"尊者的座位"。

是时昙无竭菩萨，七岁以后从三昧觉，起，到高座上，并与四万亿菩萨共坐。（东汉·支娄迦谶译《道行般若经》卷十，8/474c）

中古灵宝经沿用了佛经里的"高座"，也有两个源自佛经里的意思：
一是指"讲席"。

（1）诸道士及百姓子、男女人，或生而好道，奉师受经，于家修奉，施安高座，朝夕朝礼，斋直烧香，无有懈怠。（《太上玄一真人说劝诫法轮妙经》，6/176b）

（2）学士若能弃世累，有远游山水之志，宗极法轮，称先生。常坐高座读经，教化愚贤，开度一切学人也。（《太极真人敷灵宝斋戒威仪诸经要诀》，9/872b）

二是指"真人的座位"。

（1）常想见太上真人在高座上，转经而说法也。（《太极真人敷灵宝斋戒威仪诸经要诀》，9/869a）

（2）太上治紫台，众真诵洞经。捻香稽首礼，旋行绕宫城。三周归高座，道王为应声。（《洞玄灵宝玉京山步虚经》，34/628a）

【功德】

"功德"是一个汉语固有词,本指"功业与德行",是一个并列式复合词,如《礼记·王制》:"有功德于民者,加地进律。"佛经中的"功德"是对梵语词dakṣiṇādeśanā的意译,指通过奉佛修善行为而助长起的善德",其中的"功"是"功能"的意思,指奉佛修善具有助长善德的功能;"德"是"善德"的意思。

> 长者须达闻说是时,因本**功德**,便发净意,逮得法眼,归命三尊,咨受五戒,为清信士。(东汉·昙果共康孟详译《中本起经》卷下,4/156b)

还指"修行所获得的利益"。

> 大道人神妙,**功德**无量!(东汉·昙果共康孟详译《中本起经》卷上,4/151a)

中古灵宝经中的"功德"和佛经中的一样也有两个意思:
一是指"修道的行为"。

> (1)以今烧香**功德**,拔度罪根,愿削除地简,绝灭右府黑簿罪录,度上南宫左府长生青录之中,神仙度世,永享无穷。(《太上大道三元品诫谢罪上法》,6/582b)
> (2)或修斋奉戒,**功德**积感……天官有名,考筭簿录,三官相应,皆逆注种名,上下有别,毫分无遗。(《洞玄灵宝自然九天生神章经》,5/845a)
> (3)今当相告治身之戒、**功德**报应、罪恶之对、生死命根,便可谛受,慎行勿忘。(《太上洞玄灵宝智慧罪根上品大戒经》,6/886b)

二是指"修行所获得的利益"。

（1）若非山学道士，居家修经者，岂能长斋久思哉？要当应斋，少可十日、九日、七日、三日、一日行道矣。斯**功德**弘普，学道之上法，七祖离苦毒，上升福堂，此可谓至孝之道也。(《太极真人敷灵宝斋戒威仪诸经要诀》，9/874b)

（2）河伯水官，各有官殿府寺。亦七宝铜琭，皆类丰都之中，悉为诸仙人之下官也。并由人生时而学，行业深浅，**功德**大小，计品受今之报也。(《太上洞玄灵宝本行宿缘经》，24/670c)

（3）我前生不幸，宿无因缘，**功德**未充，致作女身。(《太上洞玄灵宝赤书玉诀妙经》卷下，6/194c)

【供养】

"供养"是一个汉语固有词语，有多个意思。一是指"奉养的物品"，如《战国策·韩策二》："臣有老母，家贫，客游以为狗屠，可旦夕得甘脆以养亲。亲供养备，义不敢当仲子之赐。"二是"培养、滋养"的意思，如《左传·昭公十二年》："内外倡和为忠，率事以信为共，供养三德为善。"佛经中的"供养"指的是"佛教徒对佛法僧三宝各方面的奉献"。

是时有梵志儒童，名无垢光。幼怀聪睿，志大苞弘，隐居山林，守玄行禅，图书秘谶，无所不知，心思**供养**，奉报师恩。(东汉·竺大力共康孟详译《修行本起经》卷上，3/461c)

中古灵宝经中的"供养"指"道教徒对道教三宝'道、经、师'各方面的奉献"。

（1）太上太极真人颂曰："太上大道君，出示灵宝篇。高妙难为喻，犹彼玄中玄。自然十方土，共仰无上仙。大乎洞虚经，安坐朝诸天。上宝紫微台，下藏诸名山。焕烂龙凤文，戢耀在其间。妙哉太上道，无为常自然。王侯及凡庶，所贵唯贵贤。宿命有福庆，卓拔在昔缘。法师转相授，宝信劫数年。广心度一切，大福报尔身。**供养**必得道，奉行成至真。大道无彼我，传当得至人。"(《洞

玄灵宝玉京山步虚经》，34/627c）

（2）仙公曰："古者以来，至道皆授国王。道有仙名者，乃当值见是经耳。崇奉必得神仙，白日升天。王侯供养，保全身命，益寿算，保宗庙，安国家，永享元吉。"（《太上无极大道自然真一五称符上经》卷一，11/633a）

（3）宗奉灵文，修斋供养，斯功至重，德报自然，三官记识，无失毫分。影响相酬，其理甚明。（《元始五老赤书玉篇真文天书经》卷下，1/798a）

*【喷嗃】
佛经里有"贡高"，是"骄傲自大"的意思。

迦叶内伏，怙惜名称，聊复贡高："大道人实神。虽尔，未如我已得阿罗汉也！"（东汉·昙果共康孟详译《中本起经》卷上，4/150c）

中古灵宝经中的"喷嗃"与佛经中的"贡高"音义相同，是其异体字形。

十恶不可犯，一者……八者诵经忽略，喷嗃自是；九者……（《太上洞玄灵宝本行宿缘经》，24/666c）

【挂碍】
梵语词āvaraṇa的翻译，在佛经中义为"障蔽，阻碍"。

以守慎心心无挂碍，去离邪疑造一切敏意。（东汉·安玄译《法镜经》，12/21c）

灵宝经义：阻碍、阻隔。

（1）能行此善念，世世得见圣文，与道结缘，诸天友识，独步

三界，无所挂碍，长离三恶五道八难。(《太上洞玄灵宝赤书玉诀妙经》卷上，6/185a)

（2）道业未备，运应灭度，魂经洞阳则受炼而洗，尘埃澄荡，早还更生，轮转三界，无有挂碍。(《太上灵宝诸天内音自然玉字》卷三，2/551a)

【广度】

佛经义：普度，即广施法力使众生普遍得到解脱。

汝曹各行，广度众生，随所见法，示导桥梁，普施法眼，宣畅三尊，拔爱除有，迁入泥洹。(东汉·竺大力共康孟详译《中本起经》卷上，4/149c)

灵宝经义：普度，即广施法力使众生普遍得到解脱。

（1）虚皇太上大道君所受，高上大圣十方至真已得仙道，皆修行此法，以广度无量，其福弘普，莫不加惠，功齐天地，勋彰日月。(《太上玄一真人说妙通转神入定经》，6/174b)

（2）此文与元始同生，包含天地，亿劫长存，广度一切，为诸津梁，轮转劝诫，以教导三乘，广覆无外，开死度生，其福无量，诸天所宗，学者所凭也。(《太上玄一真人说劝诫法轮妙经》，6/177c)

（3）其次，第五、第六二字题九灵馆，主天地大期改易之运，开玄化之牝，敷广度之功。(《太上洞玄灵宝诸天内音自然玉字》卷一，2/537b)

【归命】/*【皈命】

在佛经汉译之前，汉语中已经有"归命"一词，义为"归顺；投诚"，如西汉贾谊《上疏陈政事》："诸侯之君不敢有异心，辐凑并进而归命天子。"在佛经中是namas（南无）的意译，义为"奉献生命，皈依向佛"。

时未至城门，路侧神庙，一国所宗，梵志相师咸言："宜将太子礼拜神像。"即抱入庙，诸神形像皆悉颠覆。梵志相师、一切大众皆言："太子实神实妙，威德感化，天神归命。"（东汉·竺大力共康孟详译《修行本起经》卷上，3/463c、464a）

中古灵宝经中的"归命"有两个意思：
一是源自佛经的"奉献生命，皈依向道"。

（1）丘曾先身有幸，得生道世，获遇天真，曲逮幽室，光荫麁形，神启坛内，心应形外，投骸归命，万希一全。（《太上洞玄灵宝赤书玉诀妙经》卷下，6/195b）

（2）故说是诫（按："诚"为"诫"之讹），开度人天，善心信向，一意归命，尊奉圣教，闭诸恶门，则形入虚空，六通智慧。（《太上洞玄智慧上品大诫》，3/393a）

（3）大贤慎兹戒，忍性念割情。愚夫不信法，罪痛常自婴。吾念世无已，今故重告明。若欲度斯患，归命太上经。（《太上洞玄灵宝智慧本愿大戒上品经》，6/160b）

二是"礼拜"的意思。

（1）受我十诫，行十二可从，皆当稽首称："清信弟子从今受诫，一心奉行，不敢不信，归命十方。"（《太上洞玄智慧上品大诫》，3/392b）

（2）以今烧香，归命东方，乞愿大慈直垂哀原，赦除臣身前生亿劫以来至今身所犯诸如上之罪。（《太上大道三元品诫谢罪上法》，6/582c）

"归命"在《洞玄灵宝长夜之府九幽玉匮明真科》中又写作"皈命"。

（1）臣祖世以来，逮及今身，生值经教，常居福中，功微德少，未能自仙，志竭皈命，佐国立功。（《洞玄灵宝长夜之府九幽玉

匮明真科》，34/388a）

（2）某甲今皈命南方无极太上灵宝天尊、已得道大圣众、至真诸君丈人、三气天君、南乡诸灵官。（《洞玄灵宝长夜之府九幽玉匮明真科》，34/385a）

【归依】/*【皈依】

佛经中的"归依"义为"对佛法僧三宝的归顺依附"。

佛告阿难："其比丘、比丘尼、清信士、清信女从我受教，自修其身，自求归依，处于法地，归于法地，归命于法，不处他地、不归余人。出家比丘为佛弟子，顺此教者则顺佛教。"（西晋·竺法护译《生经》卷二，3/80c）

中古灵宝经中的"归依"是"对道教的归顺依附"的意思。

今故烧香，自归依师尊大圣众至真之德。（《太极真人敷灵宝斋戒威仪诸经要诀》，9/868a）

"归依"在《洞玄灵宝长夜之府九幽玉匮明真科》中写作"皈依"。

今故烧香，自皈依师尊大圣众至真之德。（《洞玄灵宝长夜之府九幽玉匮明真科》，34/385a）

【鬼魔】

佛经中是"魔怪"之义。

佛独一房自思念言："我涅槃后四部弟子持戒不具，多所毁犯。造作非法，不行十善。我法既灭，末世之中，鬼魔乱起，行诸邪恶，娆恼人民，又有毒龙吐毒害人，我当云何而辟除之？"（东晋·帛尸梨蜜多罗译《佛说灌顶经》卷四，21/504c）

中古灵宝经沿用了佛经中的"鬼魔",也是"魔怪"的意思。

(1)其下三十二字,书东桑司灵之馆,主摄鬼魔,正九天气。(《元始五老赤书玉篇真文天书经》卷上,1/777b)

(2)长斋百日,精思灵宝尊神,则天真下降,给青腰玉女九人,取东岳神仙芝草不死之药。青帝鬼魔远舍九万里,一方凶勃恶兽毒螫皆不生害心,反善仁人。(《元始五老赤书玉篇真文天书经》卷上,1/787a)

(3)道士学至道上法,修奉斋戒,精思念道,上希灵真,灭魔却试,皆当先按灵宝上元旧格,施案真文,镇于方面。灵真降室,五帝官属侍卫门户,鬼魔消灭,所向咸从。(《太上洞玄灵宝赤书玉诀妙经》卷上,6/193b)

【过度】
佛经义:超越、摆脱。

今佛说者,多所过度,多所安隐,愿佛为诸菩萨现大明。(东汉·支娄迦谶译《般舟三昧经》卷上,13/904b)

灵宝经义:摆脱、超越。

(1)吾所以敷张玄旨,解说要言者何?感念十方天人受生,不能保度其身,长处苦恼,甘心履罪,展转五道,无能觉者。是故广明法教,开导愚蒙,咸使天人得入无上正真之门,普度一切。生值此世,真以宿缘所从,真人皆得过度。(《太上洞玄灵宝赤书玉诀妙经》卷上,6/184b)

(2)修飞仙之道,以本命之日,朱书上四字向南服之,身得过度太阳九之灾,驱除之中。(《太上灵宝诸天内音自然玉字》卷二,2/539c)

【过去】
梵语atīta的仿译。atīta是复合动词ati-i的过去分词,词根i是"去"的意思，前缀ati-是"越过"的意思，合起来的字面意思就是"过去"，指"现在以前的时间"。

何谓为十力？一者……二者，佛为<u>过去</u>未来现在行罪处本种殃如有知，是为二力……（东汉·安世高译《长阿含十报法经》卷下，1/241b）

佛经中的"过去"还有"去世"的意思。

遮迦越罗典领四域，飞行案行，七宝导从，虽寿千年，亦死<u>过去</u>。（东汉·竺大力共康孟详译《中本起经》卷下，4/160c）

中古灵宝经中的"过去"也有与佛经中相同的两个意思：
一是指"现在以前的时间"。

天书尊重，度人无量，贵而享福，慢而祸臻。诸是上天已得道<u>过去</u>无极大圣，至真尊神，及飞天神人，五岳神仙，莫不备受，崇奉天文自然之音，以成至真者矣。（《太上洞玄灵宝诸天内音自然玉字》卷四，2/563a）

二是指"去世"。

（1）今故说是经，为诸来生信向之人开通津梁，普令得去恶对之根，身入光明，还于善缘。至心宗奉，当得其福，不信向者，当获其殃。吾<u>过去</u>后，其文当还大罗之上七宝玄台紫微宫中。（《太上洞玄灵宝智慧罪根上品大戒经》卷下，6/894c）

（2）灵宝真文，往于此土出法度人，我封天文于此观中，故名之为洞灵之观。观下寒池，皆灵津所澳，故人饮其池水，年得无死。我<u>过去</u>后，此观经文当还郁单无量天中。（《太上诸天灵书度命妙经》，1/802b）

[H]

【寒冰】

佛教地狱名之一。这种地狱遍布寒风和冻冰，令人寒冻不堪。

次复入寒冰泥犁中，纵广数千里。人入其中，皆寒冻战栗、破碎摧裂，毒痛不可忍，过恶未解故不死，泥犁勤苦如是。（旧题东晋·竺昙无兰译《泥犁经》，1/908a）

中古灵宝经中的"寒冰"是地狱酷刑之一所用的刑具。

（1）斯人也，将长处地狱，履于五毒，刀山剑树，汤火炎燎，煮渍五体，求死不得，饥则食铁，渴则饮火，出临寒冰，伤肌切骨……其苦无量，不可具言也。（《太上洞玄灵宝智慧本愿大戒上品经》，6/159c、160a）

（2）我尝历观诸天。出游西北门，见西北无极世界地狱之中九江长夜寒冰夜庭，有百姓子男女人，涂炭流曳，身形楚挞，苦毒难言。（《太上洞玄灵宝智慧罪根上品大戒经》卷下，6/892a）

（3）年命无几，更受死坏，方复还充五岳长徒，东岳作役，无所不更，千劫受苦，乃得还生边夷之中。虽有人形，而无人情，年命无几，身复死坏，魂逝四渎，涟汲溟波，涂炭寒冰，昼夜无宁。（《太上洞玄灵宝诸天内音自然玉字》卷四，2/561c）

【何因缘】

梵语词kim-artha的仿译，kim义为"为什么""何"，artha义为"原因""目的"，二者合起来字面意思就是"何因缘"，在佛经里有"什么原因""为什么"的意思。

是时，他婆罗门到佛已，到佛便问佛起居，已问起居便问佛："何因缘，贤者！今世人少颜色无有力，多病少寿不大豪？"（东

汉·安世高译《七处三观经》，2/878a）

灵宝经义：什么原因、为什么。

不审今所普见诸天福堂及无极世界地狱之中善恶报应悉何因缘所从而来？（《洞玄灵宝长夜之府九幽玉匮明真科》，34/378a）

【恒沙】/*【洹沙】

梵文ganga-vālikā的音译加意译，ganga通常音译作"恒伽"，就是"恒河"，略作"恒"，vālikā意译作"沙"，二者合起来字面意思是"恒沙"，在佛经中有两个意思，一是指"恒河里的沙子"。

如须菩提所说者，阿耨多罗三耶三菩难得也。何以故？空不念我当作阿耨多罗三耶三菩，是法空设易得者。何以故？如恒沙菩萨悉皆逮。（东汉·支娄迦谶译《道行般若经》卷五，8/454a）

在"恒河里的沙子"这个意思的基础上引申出"恒沙"的第二个意思：无数。

夫残一人者，其罪百劫；龙吞一国，吾惧恒沙劫毕，厌殃未除矣。（三国吴·康僧会译《六度集经》卷六，3/37b）

中古灵宝经中用了"恒沙"的本义"恒河里的沙子"。

往昔过去，恒沙之数，信不可计。（《太上洞玄灵宝智慧定志通微经》，5/890c）

还用了"恒沙"的引申义：无数。

（1）东北无极世界恒沙众生，已得道过去及未得道见在福中善男子善女人，修奉智慧上品十戒，功成德报，已得道者，位登上

真；未得道者……（《太上洞玄灵宝智慧罪根上品大戒经》卷下，6/892c）

（2）灵岳郁嵯峨，翠阜陵景霄。五芝秀玄岭，仙草茂霜条。上有采芝人，披服乘羽飙。灵洞万劫开，一焕诸天交。得妙安觉厌，恒沙如一朝。（《洞玄灵宝二十四生图经》，34/342a）

在中古灵宝经中，"恒沙"又写作"洹沙"。

道言："吾法轮妙经，从无鞅数中来，如洹沙之劫，不足为譬。"（《太上玄一真人说妙通转神入定经》，6/174c）

【弘普】
梵语词vi-pula，佛经义：广大无边。

吾等命在转烛，道士仁惠弘普无量，令吾等得睹天日。愿终斯身给众所乏，以微报重，万不赛一。（三国吴·康僧会译《六度集经》卷五，3/28a）

灵宝经义：广大无边。

（1）毕，引气三咽止，行之三年，八天各以太丹玉女、太阳玉童各八人，侍卫身形，降致朱丹，三气之精，返白留容，万劫不倾，七祖同升，上入福堂，返胎王家，即得更生。其法弘普，广度无穷，勤为用心，谛受勿忘。（《太上灵宝诸天内音自然玉字》卷三，2/554b）

（2）要当应斋，少可十日、九日、七日、三日、一日行道矣。斯功德弘普，学道之上法，七祖离苦毒，上升福堂，此可谓至孝之道也。（《太极真人敷灵宝斋戒威仪诸经要诀》，9/874b）

（3）太上灵宝大法传授之科备矣，此经言高仙浚虚之道具矣，太上弘普之教陈矣，渊远之辞彰矣，玄真之真，希微之旨，不可思而议矣。（《太上无极大道自然真一五称符上经》，11/641c）

（4）自从无数劫来，积学已成真人高仙、自然十方道者，莫不从业行所致，制心定志，坐念思微，举动行止，念作转神，以得高仙也。其思甚微，其念甚广，弘普无量，行备入定，克得神仙也。（《太上玄一真人说妙通转神入定经》，6/172c）

【后身】
作为佛教语的"后身"犹"后生"，指"来世""来生"。

佛前身所作善恶，不可前身得，会当后身得佛，示人自作自得，随世间习俗而入，示现如是。（东汉·支娄迦谶译《内藏百宝经》，17/752c）

中古灵宝经中的"后身"也有"来世""来生"的意思。

仙公告弟子郑思远曰："吾少游诸名山，履于崄巇，在禽兽之左右，辛苦备至，忍情遣念，损口惠施，后身成人，怀道安世，恒修慈爱，念道存真，无时敢替也。"（《太上洞玄灵宝智慧本愿大戒上品经》，6/161a）

【后生】
梵语词punar-bhava的仿译，punar有"后世、再"等义，bhava有"诞生""现世的存在"等义，二者合起来字面意思就是"后生"，指的是"后世""来世""来生"。

愿我后生为卿作妇，卿后生好恶者，我当为卿作妇。（西晋·聂道真译《异出菩萨本起经》，3/617c）

中古灵宝经中的"后生"也有"后世""来世""来生"的意思。

（1）复有贵人行是功德，愿念后生终入仙道。其后世果好道受经，无文不览，即得升仙，白日飞行。（《太上洞玄灵宝本行宿缘

经》，24/668b）

（2）勤行奉斋戒，诵经制六情。致得乘空飞，曜景上玉清。精心奉经教，吐纳练五神。功德冠诸天，轮转成上仙。苦行修生道，服药炼芝英。灭度形不休，体骨自香芳。精苦明鬼法，驱驰以效功。灭度补都官，后生为人宗。（《洞玄灵宝长夜之府九幽玉匮明真科》，34/381b、c）

（3）我于空山之上演出真文，撰十部妙经，始于此土出法度人，欲令法音流化后生，其法开张。（《太上诸天灵书度命妙经》，1/801c）

【后世】

作为佛教语的"后世"指的是"来世""来生"。

我当为布施，我当为作福，令我从是因缘后世善乐。（东汉·安世高译《七处三观经》，2/876a）

中古灵宝经中的"后世"也有"来世""来生"的意思。

（1）道言："灵宝开法度人，有十二可从而得度世者，尔宜从之，自得正直，终入无为。一者见真经出法，开度一切，便发道意，心愿后世得登大圣。二者……"（《太上洞玄灵宝赤书玉诀妙经》卷上，6/184c）

（2）今故为来生说是妙经，授尔真文，令此国土识有神仙长生不死所从而来，为后世男女开度因缘。（《太上诸天灵书度命妙经》，1/801b）

（3）吾历观施惠修道者，所求莫有不得。要须本愿，愿定无不报也。其报喻如影响之应、四时之节矣。但罪福不俱报，其相差次，功过推移，或在来生，或在见世，罪福由人本行所习，盖非道德之悠诞也。而人民皆欲交报为有验，推移后世，谓之无灵。（《太上洞玄灵宝本行宿缘经》，24/668b、c）

【护度】

佛经义：保护并救度。

其于所堕生，都已无惑根，为现诸刹土，将护度众尘。（三国吴·支谦译《维摩诘经》卷下，14/530a）

灵宝经义：保护并救度。

（1）今说是戒，护度天人，明识谛受，勤行勿忘。（《太上洞玄灵宝智慧罪根上品大戒经》卷上，6/887c）

（2）斯经并为三界护度众生危厄之难，度脱三涂，离免八难五苦之中，皆所不经，广覆无外，福量难称，有宗是经，可谓无量之门也。（《太上玄一真人说妙通转神入定经》，6/175a）

（3）行之九年，八天各以青腰玉女、青华玉童各八人侍卫身形，致青芽九气之精，生身光明，彻见虚无。万遍道成，即得飞行。其道尊法弘教，普度无穷，七祖同福，皆升南宫。九年并得更生善门之中，勤为护度，谛受勿忘。（《太上灵宝诸天内音自然玉字》卷三，2/550c）

【化度】

佛经义：感化救度众生。

前世非但行此六事而已，又行定意之法及总持无底边三十七品，乃成具佛事、四无所畏、十种力、十八神妙特异之法，变化自在，所说无难，而面见诸佛，飞到十方而授一切诸未度者，率化度之。（东汉·支曜译《成具光明定意经》，15/453c）

灵宝经义：感化救度众生。

（1）天真皇人曰："龙汉之前，在延康之中，随运生死，至于龙汉，乃受缘对，魂形艰苦，涂炭三官，缘尽根断，得入福门。经履天地，一成一败，无复限极，涉见天元，恒值灵宝，世世出法，化度天人。"(《太上灵宝诸天内音自然玉字》卷四，2/562c)

（2）我过去后，一劫交周，天地又坏，复无光明，幽幽冥冥，五劫之中，至开皇元年，灵宝真文开通三象，天地复正，五文焕明，我于始青天中号元始天尊，流演法教，化度诸天。(《太上洞玄灵宝智慧罪根上品大戒经》卷上，6/886a)

【还生】

梵语词ā-Yā，在佛经里有"再生""重新获得生命"的意思。

于时菩萨自然其身，千二百岁火故不灭，用一心故无有苦患。于是之后火焰乃息，勤修精进供养法故，于是终没还生其世，更复值见离垢日月光首如来、至真之士，生离垢施国王官内。(西晋·竺法护译《正法华经》卷九，9/125b)

灵宝经义：再生，重新获得生命。

（1）夫人得还生于人道，濯形太阳，惊天骇地，贵亦难胜，天真地神三界齐临亦不轻也，当生之时亦不为陋也。(《洞玄灵宝自然九天生神章经》，5/843c)

（2）无极世界男女之人，生世富贵，凌虐贫贱，夺人所爱，离人种亲，分隔骨肉，各在一方。或六亲通同，淫犯骨肉，斯罪深重，死受破裂，身形分离，头首异处，魂鬼髡截，银铛锁械，往返铁针之上，食息不得，一日三掠，乃得还生牛马之身。(《洞玄灵宝长夜之府九幽玉匮明真科》，34/382a)

（3）欲得拔度，还于善缘，当依明真玉匮女青中宫科品，以黄文之缯一百二十尺，亦可一十二尺，金龙一枚，诣东南梵气天君东南诸灵官九幽之中，拔赎罪魂。一十二日一十二夜，明灯烧香，首谢天君，可得开度，见诸光明。一十二年，皆得还生福德之门，世世欢乐，永享无穷。(《太上洞玄灵宝智慧罪根上品大戒经》卷下，6/890a、b)

【悔谢】

梵语词prati-deśayati，在佛经里有"悔罪谢过"的意思。

若菩萨共菩萨诤，恶口骂詈，不相悔谢，结恨在心，我不说此人有出罪法。（后秦·鸠摩罗什译《小品般若波罗蜜经》卷八，8/573c）

灵宝经义：悔罪谢过。

（1）夫学道，常净洁衣服，别靖烧香，安高香座，盛经礼拜，精思存真，吐纳导养，悔谢七世父母及今世前世重罪恶缘，布施立功，长斋幽静，定其本愿。（《太上洞玄灵宝本行宿缘经》，24/667c）

（2）尔时空中有一天人，意疑天尊说此譬喻……天尊即知，便答天人曰……天人称善曰："圣尊之言，悟我愚蒙。"于是悔谢，进仙一阶。（《太上洞玄灵宝智慧定志通微经》，5/894b）

【悔罪】

梵语词aty-aya的翻译。佛经里指"忏悔罪过"。

罪应如是忏，劝请随喜福。回向无上道，皆亦应如是。如诸佛所说，我悔罪劝请，随喜及回向，皆亦复如是。（后秦·鸠摩罗什译《十住毗婆沙论》卷五，26/46c）

中古灵宝经中的"悔罪"也是"忏悔罪过"的意思。

（1）夫来入吾法门，上希神仙，飞腾华苍；次愿家国安宁，过度万患，消灾灭祸，请福求恩，当先修灵宝自然五篇，八斋悔罪，忏谢十方。（《太上洞玄灵宝真文要解上经》，5/905c）

（2）贤人有灾疾，道士当为立灵宝斋，转经烧香，悔罪请命，日数随意。（《太极真人敷灵宝斋戒威仪诸经要诀》，9/870a）

悔罪 秽漏 秽身 | 97

（3）复有贵人居政，以道善作功德，斋诚施惠，然灯**悔罪**，解七世父母宿对缘结，供养三宝，愿我后生世为贵人，辗转福缘，姿容艳悦，才识洞达，恒值贤明。(《太上洞玄灵宝本行宿缘经》，24/668b）

【秽漏】
佛经义：污秽不净。

能忍**秽漏**言者，弊恶之人不自惜身，为人所憎，性行卒暴。(后秦·竺佛念译《出曜经》卷二十，4/715a)

灵宝经义：污秽不净的东西。

道行如此，乃可镇以灵药，餐于云芽，尸虫沉落，**秽漏**消灭，三官涤荡，五脏安闲矣。(《太上洞玄灵宝智慧本愿大戒上品经》，6/159c)

【秽身】
梵语词pūti-kaḍevara的仿译，pūti有"臭秽"的意思，kaḍevara是"身体"的意思，二者合起来字面意思是"臭秽的身体"，即"秽身"，佛教里用以指"凡夫的肉身"。

（女）登楼愿曰："以今**秽身**惠众生之饥渴者，乞获男躯，受决为佛。"(三国吴·康僧会译《六度集经》卷六，3/38c)

灵宝经义：凡夫肉身。

某以有幸，宿世因缘，九天之劫，转及某身，遭遇明运，道法流行，得以**秽身**参染灵文五篇赤书五符宝经。(《太上洞玄灵宝赤书玉诀妙经》卷下，6/202c)

【火劫】

梵语词tejaḥ-saṃvartanī的仿译，tejaḥ的原形tejas有"火"的意思，saṃvartanī有"灾、坏"的意思，二者合起来字面意思是"火灾、火劫"。"火劫"是佛教"坏劫"（宇宙破坏）中的三大灾难（水、火、风）之一。佛教认为，在坏劫尽头，人们造尽恶业，天不降雨，大地起火，把一切烧成灰烬。

一切佛身，举世灾横所不能坏；诸佛命根，世间诸毒所不能害；一切世界火劫起时，不能烧热；水劫起时，不能浸溺；风劫起时，不能散坏。（东晋·佛陀跋陀罗译《大方广佛华严经》卷三十一，9/598a）

中古灵宝经中的"火劫"同佛经，也是指"宇宙破坏时大火然烧"。

（1）南极尊神，昔往亦为女子，生于禅黎世界赤明天中，大作功德，诸天所称。道业未成，乃值火劫数交，天地易位，其在弃荡之例。（《太上洞玄灵宝赤书玉诀妙经》卷下，6/195a）

（2）于是元始即命仙都锡加帝号，于火劫受命，辅于《灵宝青帝玉篇》。（《太上洞玄灵宝真文度人本行经》，《无上秘要》卷十五，上/135）

【火山】

佛教十六小地狱之一。

一一地狱有十六隔子，其名优钵地狱、钵头地狱、拘牟头地狱、分陀利地狱、未曾有地狱、永无地狱、愚惑地狱、缩聚地狱、刀山地狱、汤火地狱、火山地狱、灰河地狱、荆棘地狱、沸屎地狱、剑树地狱、热铁丸地狱。如是比十六隔子不可称量，使彼众生生地狱中。（东晋·僧伽提婆译《增壹阿含经》卷三十六，2/748a）

中古灵宝经中的"火山"指的是地狱酷刑中的一种刑具。

火山 火中生莲华 镬汤 | 99

（1）无极世界男女之人，生世所行，评详四辈，攻击天人，不慈不孝，不仁不忠，詈辱父母，六亲相残。或烹杀六畜，割剔残伤，夭杀狩命，屠毒众生，其罪深逆，死受酷对，吞火食炭，为火所烧，头面焦燎，通体烂坏，无复人形，身负铁镬，头戴火山，痛非可忍，考不可担，当得还生六畜之中，任人杀活，以酬昔怨，永失人道，长沦罪根，不得开度，何由得还？（《洞玄灵宝长夜之府九幽玉匮明真科》，34/382c）

（2）吾尝历观诸天，出游南门，见有百姓子、男女人裸身无衣，吞火食炭，为火所烧，头面焦燎，举体烂坏，无复人形，头戴铁镬，足倚火山，痛非可忍，考不可瞻。（《太上玄一真人说三途五苦劝戒经》，6/865b）

【火中生莲华】
佛经中比喻"稀有""罕见"。

火中生莲华，是可谓希有。在欲而行禅，希有亦如是。（后秦·鸠摩罗什译《维摩诘所说经》卷中，14/550b）

中古灵宝经沿用了佛经中的"火中生莲华"，也是比喻"稀有""罕见"。

能弘希微之辞者，犹火中生莲华乎？（《太上无极大道自然真一五称符上经》，11/641c）

【镬汤】
佛教中的地狱名称。

所谓苦者，阿鼻地狱、十八小地狱、十八寒地狱、十八黑暗地狱、十八小热地狱、十八刀轮地狱、十八剑轮地狱、十八火车地狱、十八沸屎地狱、十八镬汤地狱……（东晋·佛陀跋陀罗译《观佛三昧海经》卷五，15/668b）

镬汤 积劫

中古灵宝经认为行"无道"的人死后下地狱要遭受"入镬汤"的酷刑,"镬汤"是施行这种酷刑时用到的一种刑具。

（1）诸行备经，身未泰定，恶对缘生，而作无道，非人所行。不敬天地，不畏鬼神，不慈不孝，伤害众生，死循剑树，足践刀山，或入寒夜，或入**镬汤**，流曳三涂五苦之中，形魂楚挞，痛毒备婴，万劫对苦，乃得还生六畜之中。（《太上灵宝诸天内音自然玉字》卷四，2/561c）

（2）谋逆虐君父，秽辱毁天真。死入**镬汤**煮，苦痛不得还。（《洞玄灵宝长夜之府九幽玉匮明真科》，34/383c）

（3）吾尝历观诸天，出游北门，见有百姓子、男女人裸形赤身，无大无小，相牵流曳，入**镬汤**之中，身被煮渍，百毒之汁以灌其上，五体烂坏，非可得忍。（《太上玄一真人说三途五苦劝戒经》，6/870b）

[J]

【积劫】

佛经义：连续数劫。谓时间极长。

积劫学道，心如死灰，不动不摇，云何欲心而失神足？（后秦·竺佛念译《菩萨处胎经》卷七，12/1052c）

灵宝经义：连续数劫。谓时间极长。

子积劫念行，损身救物，开度有生，惠逮草木，托身林阜，守情忍色，恭礼师宗，存弗厌极，苦志笃厉，乃有至德。（《太上洞玄灵宝真一劝诫法轮妙经》，6/171a）

【极乐】

梵语词sukhāvatī。佛经中指阿弥陀佛所居住的西方极乐世界。佛教徒认为这是一个处处充满珍宝的华丽世界，居住其间的人没有人间的一切苦恼，只有欢乐。

彼土何故名为极乐？其国众生无有众苦，但受诸乐，故名极乐。又舍利弗！极乐国土，七重栏楯、七重罗网、七重行树，皆是四宝周匝围绕，是故彼国名曰极乐。（后秦·鸠摩罗什译《阿弥陀经》，12/346c）

灵宝经义：对西极大福堂世界西那玉国的别称。这里是处处充满珍宝的华丽世界，居住其间的人没有忧愁，面容如佛，四宝相伴，金光明亮，动物悠游安详。

一土男女，皆面有金容。林有七宝骞树，树生赤实白环，上有凤凰孔雀金翅之鸟，昼夜六时吐其雅音，狮子白鹿，啸歌邕邕。次有金精玉池冶炼之膏，飞天神人一年三下，沐浴其中。流精玄澳，普度无量，是故此国名曰极乐。（《太上诸天灵书度命妙经》，1/801c）

【偈】

梵语词gāthā的语音节译，指的是佛经中的唱诵词。

时佛说偈而叹曰："常当乐信于佛法，诵经念空莫中止，精进除睡卧，三月莫得懈。"（东汉·支娄迦谶译《般舟三昧经》卷上，13/906a）

中古灵宝经中的"偈"也是"唱诵词"的意思。

（1）一人曰："余者乃可，唯盗戒难。小小之间，已是犯目。"化人曰："大事可难，小小之间，不益易慎乎？"即为说偈曰："何不受盗戒，不受盗亦难。孰云暗中昧，中有记盗官……"（《太上洞玄

灵宝智慧定志通微经》，5/895a）

（2）说此偈已，化人见大威变极道之姿，侍从僚属，钧天大乐，非可目名，反于上方。（《太上洞玄灵宝智慧定志通微经》，5/895b）

（3）《无上八门开度法轮偈颂》曰："吾开八门，中有玉城。七宝琼林，无根而生……"此一偈出，太上玄台高上老子，历观八极，谓之八门，而诵此篇也。（《太上玄一真人说劝诫法轮妙经》，6/176c、177a）

【偈颂】

梵语词gāthā的音兼意译，gāthā音译节译为"偈"，意译为"颂"，二者合起来字面意思就是"偈颂"，在佛经里义为"唱颂词"。

其智慧者，嗟叹智慧天下第一，以偈颂曰：……（西晋·竺法护译《生经》卷三，3/87b）

灵宝经义：唱颂词。

（1）此福巍巍，难可称述。如此之比，有无鞅之数，皆积行所得，非唯一生学而成也。来生为学，入吾法门，当瞻之先世，以期神仙，功满德普，克入自然至真之场也。今说法轮偈颂三篇。（《太上玄一真人说劝诫法轮妙经》，6/176c）

（2）道言："此三篇偈颂，出元始之先、无数之劫。"（《太上玄一真人说三途五苦劝戒经》，6/872c）

（3）《无量妙通思念转神偈颂》曰："妙通转我神，弘普无量功。道成天地劫，轮化发九重……"（《太上玄一真人说妙通转神入定经》，6/174b）

【偈诵】

佛经义：唱颂词。

《杂藏》者，所谓辟支佛、阿罗汉自说本行因缘，如是等比诸偈诵，是名《杂藏》。（东晋·佛陀跋陀罗共法显译《摩诃僧祇律》卷第三十二，22/491c）

中古灵宝经中的"偈诵"是一个动词，义为"以偈唱诵"。

于是飞天神人偈诵善恶因缘报应，以告诸天童子。（《洞玄灵宝长夜之府九幽玉匮明真科》，34/384a）

【寂静】

佛经义：摆脱一切烦恼忧患的纯静心境。

其欲寂静者，是菩萨摩诃萨为知般若波罗蜜。（东汉·支娄迦谶译《道行般若经》卷三，8/443b）

灵宝经义：摆脱烦恼忧患，保持纯静的心境。

寻生国王家，为太子，从容储宫，承统王业，时快引道士贤儒学人行礼讲道，修斋寂静，肆意所尚，国安民丰，肃然无事。（《太上洞玄灵宝本行因缘经》，24/672c）

【剑树】

梵语词asi-pattra的仿译，asi是"刀、剑"的意思，pattra有"叶"的意思，二者合起来字面意思是"剑树"，是佛教十六小地狱之一，又译作"剑树地狱"，简称"剑树"。剑树地狱里的树叶都呈剑状，罪人若落入其中，则大风所吹落的剑叶会割伤其身体。

夫为死者，形神分离，往趣善恶。设罪多者，当入地狱，刀山、剑树、火车、炉炭、吞饮融铜。（东晋·僧伽提婆译《增壹阿含经》卷四十，2/767a）

| 剑树 教度 阶道

中古灵宝经认为，受恶报下地狱的人在地狱会遭受"循剑树"的酷刑，"剑树"是施行这种酷刑时用到的刑具。

（1）太上道君出游八门，见诸地狱幽闭重槛，及三河九江刀山剑树，囚徒饿鬼，责役死魂，流曳涂炭，无复身形，不可忍见。（《太上洞玄灵宝智慧罪根上品大戒经》卷下，6/894c）

（2）犯之者，或见为鬼神所枉杀，阳官所考治，居安即危，履善遇恶，可（按："可"为"奇"之讹）事不偶；或死入地狱，幽闭重槛，不睹三光，昼夜拷毒，抱铜柱，履刀山，攀剑树，入镬汤，吞火烟，临寒冰，五苦备经。（《太上洞玄灵宝本行宿缘经》，24/667a）

（3）不敬天地，不畏鬼神，不慈不孝，伤害众生，死循剑树，足践刀山，或入寒夜，或入镬汤，流曳三涂五苦之中。（《太上洞玄灵宝诸天内音自然玉字》卷四，2/561c）

【教度】
佛经义：教化众生使其摆脱俗见。

佛用哀十方故，出现世间欲**教度**，复现人供养得福无量，随世间习俗而入，示现如是。（东汉·支娄迦谶译《内藏百宝经》，17/752b）

灵宝经义：教化众生使其摆脱俗见。

吾过去后，其文当还大罗之上七宝玄台紫微宫中，如明真玄科，四万劫当行下世，**教度**天人。（《太上洞玄灵宝智慧罪根上品大戒经》卷下，6/895a）

【阶道】
梵语词sopāna的意译创新词，义为"台阶道路"。

四边**阶道**，金、银、琉璃、颇梨合成。（后秦·鸠摩罗什译《阿弥陀经》，12/347a）

灵宝经义：台阶道路。

国土皆以镕金灌地，四边**阶道**并是碧玉、瑠璃、宝饰，四匝严整，光明映彻。（《太上诸天灵书度命妙经》，1/800a）

【劫】

梵语词kalpa（劫波，劫簸）的语音节译。古印度传说世界经历若干万年毁灭一次，重新再开始，这样一成一毁的一个周期叫作一"劫"。常用作指"极久远的时节"。

人一**劫**中合会其骨与须弥山等，我故现其本因缘。（东汉·安世高译《七处三观经》，2/880b）

中古灵宝经中的"劫"有四个意思：
一是"一劫"的意思，常被数词修饰。

（1）《太上真一劝诫法轮妙经》，九天有命，皆四万**劫**一出。（《太上洞玄灵宝真一劝诫法轮妙经》，6/172a）
（2）南上感其丹至，朱官书其紫名，化其形骸于元君之胞，一**劫**乃生，得为男身。（《太上洞玄灵宝赤书玉诀妙经》卷下，6/195a）
（3）天真皇人曰："修飞仙之道，当以戊辰、戊戌之日朱书玉完天中第一、第二二字，向西北方服之，咒如法。皆得随运生死，**劫劫**化生，位齐飞天……"（《太上灵宝诸天内音自然玉字》卷一，2/537b）

二是指"时间"。

（1）毕，引气五咽止。行之五年，八天各以太玄玉童玉女五人侍卫身形，降致玄滋五炁之精，停年留劫，保命三清，七祖同庆，世世生仙，其法高妙，深宝勿轻。（《太上灵宝诸天内音自然玉字》卷四，2/561b）

（2）妙哉龙汉道，八会结成形。焕烂飞空内，流光三界庭。神图启灵会，玉书应景生。天真通妙趣，五和合成经。琅琅玉音响，飘飘翠上清。开度无终劫，九幽受光明。巍巍大法门，教导一切生。斯功不可胜，欢乐度万龄。（《太上灵宝诸天内音自然玉字》卷三，2/546b）

（3）道言："此三篇偈颂，出元始之先无数之劫，道成天地，功济万物，其说微妙，弘广无极，皆授高仙大圣、十方至真、已得仙道，不授中仙……"（《太上玄一真人说三途五苦劝戒经》，6/872c）

三是指由一劫结束时天地毁坏，灾难频现，引申出"灾难""灾害"的意思。

（1）天尊言："今当命使诸天神人说诸罪录，宣通法音，开悟群生，觉诸天人、善男子、善女人，令知身行罪恶命根，因缘不绝，殃对相寻，流曳三途五道之中，魂形苦恼，亿劫无还。故说是劫，令入法门，开度九幽，拔除苦根……"（《太上洞玄灵宝智慧罪根上品大戒经》卷上，6/888c、889a）

（2）紫房映高清，宫室互相扶，香烟绕日月，飞天翳太虚。至真大圣众，萧条流羽书。开度诸天劫，尘沙始一周……（《洞玄灵宝二十四生图经》，34/338c）

四是指"劫运""世运"。

（1）梵形者，元始天尊也。开龙汉之劫，登赤明之运，号曰元始，上皇开运，号元始丈人，随世化生，故以一神。（《太上灵宝诸天内音自然玉字》卷三，2/551b）

（2）太上洞玄灵宝召伏蛟龙虎豹山精八威策文，与《元始玉篇真文》同出于赤天之中，挺自然之运表，明太空之灵象，开三图以通真，演五行于玄府，运四气以应神，镇玉篇以固**劫**，保地于元根，命灵策以制魔，吐神祝以遏震，施八威以正度，啸五帝以召龙。（《元始五老赤书玉篇真文天书经》卷中，1/788b）

（3）某以有幸，宿世因缘，九天之**劫**转及某身，遭遇明运，道法流行，得以秽身参染灵文五篇赤书五符宝经。（《太上洞玄灵宝赤书玉诀妙经》卷下，6/202c）

【劫数】
佛教中本指"劫的数量"。

然劫有二种：大劫、小劫。若于劫中无佛出世，尔时复有辟支佛出世，此名为小劫。若如来于劫中出世，尔时彼劫中无有辟支佛出现于世，此名为大劫。比丘！当以此方便，知**劫数**长远，不可称计。（东晋·僧伽提婆译《增壹阿含经》卷四十八，2/814a）

引申为"极漫长的时间"。

自是东行二万里，有国名揵陀越，诸菩萨城也，一国之内皆是上士，无凡庸人，欲为说诸菩萨之德，**劫数**已尽，其德有余。（三国吴·康僧会译《六度集经》卷七，3/43c）

后亦指厄运、灾难、大限。

汝辈乱人道意，不计非常，经历**劫数**，展转五道。（东汉·竺大力共康孟详译《修行本起经》卷下，3/471a）

中古灵宝经沿用佛经中的"劫数"及其三个意思：
一是指"劫的数量"。

（1）玉完天中第一、第二二字并书天西北玉阙之上，主天地**劫数**之期。(《太上洞玄灵宝诸天内音自然玉字》卷一，2/537a）

（2）言天地有**劫数**期会，道无极时也。(《太上无极大道自然真一五称符上经》，11/633b）

（3）夫传授灵宝甚难，七祖相牵，令必得其人，依经**劫数**年岁传法，以用金钱，贵是经故也。(《太上太极太虚上真人演太上灵宝威仪洞玄真一自然经诀》，P.2403）

二是指"极漫长的时间"。

（1）此法饶益一切求道之士也。虽**劫数**运周，是经不易矣。(《太上洞玄灵宝本行宿缘经》，24/667b）

（2）无结固无情，玄玄虚中澄。轮化无方序，数来亦巨乘。谁云无色乎？峨峨多丘陵。冥心纵一往，高期清神征。良遇非年岁，**劫数**安可称？(《洞玄灵宝自然九天生神章经》，5/847c）

（3）道家经譬喻法中说**劫数**久远，有石乃如昆仑山芥子，四十里中，天人罗衣，百年一度，拂尽此石，取此芥子一枚，譬如一劫之终。(《太极真人敷灵宝斋戒威仪诸经要诀》，9/873a）

三是"灾难"。

三才及万物，倚伏各有龄。终始待**劫数**，福尽天地倾。往返于五道，苦哉更死生。辗转三徒中，去来与祸并。(《太上洞玄灵宝智慧本愿大戒上品经》，6/160b）

【结】

梵语词saṃyojana的意译，指"生命的束缚、烦恼"。

第四九法，当拔九**结**。何等为九？爱欲为一结，瞋恚为二结，憍慢为三结，痴为四结，邪见为五结，疑为六结，贪为七结，嫉为八结，悭为九结。(东汉·安世高译《长阿含十报法经》卷下，1/239a）

灵宝经义：生命的束缚、烦恼。

（1）无**结**固无情，玄玄虚中澄。(《洞玄灵宝自然九天生神章经》，5/847c)

（2）吾开八门，以遥观众生，见有百姓子、男女人、学与不学，不顾宿命，所行元恶，翻天倒地，无所不作，罪满**结**竟，死魂充谪三途五苦八难之中。(《太上玄一真人说三途五苦劝戒经》，6/871c)

（3）七祖父母，上生天堂，解**结**散滞，或反胎人间侯王之家。(《太上洞玄灵宝本行宿缘经》，24/669c)

【结缚】

梵语词kleśa，在佛经里，"结缚"是"烦恼"的异名，义为"困扰人的倾向、习性"。

其忍辱力，释梵知之忽然安隐，悉断一切尘劳**结缚**，若有闻者，致甘露迹成缘觉业。（西晋·竺法护译《普曜经》卷五，3/513b）

中古灵宝经中的"结缚"也是"烦恼"的意思。

（1）若逢宰官，吏司所录，思念是经，**结缚**即解，吏皆欢然。(《太上玄一真人说妙通转神入定经》，6/175a)

（2）今以三元谢罪之法相付，元始上道，旧文秘于三元官中，万劫一行，不传下世，有盼其篇目，宿根自拔，**结缚**自释。(《太上洞玄灵宝三元品戒功德轻重经》，6/885b)

（3）不以下愚好乐至真升仙之道，而宿罪深积，**结缚**不解，今相率共修灵宝无上斋，请烧香转经，以求所愿，功曹使者、飞龙骑吏，分别关奏，以时上达。(《太极真人敷灵宝斋戒威仪诸经要诀》，9/867c)

【结缘】

佛教中指"与佛法结下缘分作为将来得度的因缘"。

以何等故本所作行谓之一结缘，如今无明为所作行是一切行缘。或作是说，如今过去一切缘，过去亦是一切结缘。（前秦·僧伽跋澄等译《尊婆须蜜菩萨所集论》卷八，28/783c）

中古灵宝经中的"结缘"则指"与……结下缘分"。

（1）能行此善念，世世得见圣文，与道结缘，诸天友识，独步三界，无所挂碍，长离三恶五道八难。（《太上洞玄灵宝赤书玉诀妙经》卷上，6/185a）

（2）学道亦甚苦，晨夜建福田。种德犹植树，种篑而成山。子能耽玄尚，飘尔升青天。修是无为道，当与善结缘。（《洞玄灵宝玉京山步虚经》，34/627a）

（3）欲修道结缘贤圣，当奉行大诫，广建福田，弘施功德也。（《太上洞玄灵宝本行宿缘经》，24/666a）

【解度】

佛经义：解救度脱。

十方无量无央数魔魔怪，贤者！悉行恐怖。立不思议门菩萨者，常解度人。（三国吴·支谦译《维摩诘经》卷上，14/527c）

灵宝经义：解救度脱。

（1）如此之辈，有何功德，可相解度？（《太上洞玄灵宝智慧罪根上品大戒经》卷下，6/890a）

（2）三官九府记人功过毫分不失。或先罪已除，身不犯过，后功未明，与凡不异。此由己身受生日克应诸天解度，然后福报。（《太上洞玄智慧上品大诫》，3/395c）

【解了】

梵语词anu-gama、anu-bodha等词的新造意译词，"晓悟""明白"的意思。

于是世尊如应说法，（城内母人）各各解了，逮得法眼。（东汉·昙果共康孟详译《中本起经》卷上，4/155c）

灵宝经义：晓悟，明白。

夫受灭度，因缘不绝，得生人道，声色端伟，相好具足，才智明达，解了玄义。（《太上玄一真人说劝诫法轮妙经》，6/176a）

【解脱】

"解脱"是一个汉语固有词，义为"解除，解开"。如《史记·酷吏列传》："是时九卿罪死即死，少被刑，而成极刑，自以为不复收，于是解脱，诈刻传出关归家。"司马贞索隐："谓脱钳釱。"佛经翻译者用以意译梵语词vimukti或vimokṣa，表示"摆脱（痛苦或灾难）"的意思。

度世智慧解脱亦有本，不为无有本。（东汉·安世高译《本相猗致经》，1/820a）

中古灵宝经里的"解脱"也是"摆脱（痛苦或灾难）"的意思。

（1）此大斋上仙之道，所以七祖解脱罗网，飞升太玄宫，身当先得五芝如芙蓉者也。（《太极真人敷灵宝斋戒威仪诸经要诀》，9/871a）

（2）诸如此罪，历世缠绵，结固不解，积成丘山。乞今烧香行道，忏谢玄真，宿缚解散，七祖同欢，去离五道，拔度八难，穷魂解脱，上升福堂。（《太上洞玄灵宝真文要解上经》，5/906a）

（3）皇道既明，是时天朗气澄，三景停轮，星宿洞耀，璇玑不行，河海静默，山岳吞烟，时和气清，金风拂尘，天无浮翳，日月灌津，五苦解脱，长夜开魂。（《太上洞玄灵宝灭度五炼生尸妙

经》，6/260c）

（4）今见地狱之中有如此辈，生何所犯而受斯对，魂神苦痛，乃至如此？不审几年当得解脱？解脱之日，当生六畜。（《洞玄灵宝长夜之府九幽玉匮明真科》，34/380b）

【解悟】
佛经义：领会、领悟。

无量众生，闻法解悟，得不退转。（后秦·鸠摩罗什译《妙法莲华经》卷四，9/35c）

灵宝经义：领会，领悟。

受之亦竟，读得一遍，神开解悟。（《太上洞玄灵宝智慧定志通微经》，5/894b）

【戒】
梵语词sīla的意译，义为"防非止恶的规范"。

（佛）度二贾客，提谓、波利，授三自归，及与五戒，为清信士。（东汉·竺大力共康孟详译《修行本起经》卷下，3/472b）

灵宝经义：道教信徒必须遵守的防非止恶的规范。灵宝经中"戒"又作"诫"。

（1）法师烧香，便为说戒。（《太上洞玄灵宝智慧定志通微经》，5/890a）
（2）风刀之戒，告于明真，违犯科律，勿怨诸天。（《洞玄灵宝长夜之府九幽玉匮明真科》，34/384b）
（3）受此戒者，心念奉行，今为祭酒之人矣。（《太极真人敷灵宝斋戒威仪诸经要诀》，9/872b）

（4）第一诫者，目无广瞻，乱诸华色，亡晴失瞳，光不明彻。（《太上洞玄智慧上品大诫》，3/392c）

【戒法】

梵语词sīla的意译，义为"如来所制定的防非止恶的规范"，后亦泛指"戒律"。

彼为戒法十一本：一为色持戒无悔，二为……（东汉·安世高译《阴持入经》卷下，15/177c）

灵宝经义：道教信徒必须遵守的戒律。

夫祭酒当奉行老君百八十大戒，此可言祭酒也。故曰不受大戒，不得当百姓及弟子礼拜也。受此戒者，心念奉行，今为祭酒之人矣。祭酒当断念，舍众恶，推行戒法，当如是也。（《太极真人敷灵宝斋戒威仪诸经要诀》，9/872b）

*【诫律】

中古佛经中有"戒律"，合梵文sīla（戒）和vinaya（律）二字意译而成，泛指"佛教为出家、在家信徒制定的一切戒规"。

比丘尼自未得道，若犯戒律，当半月诣众中首过自悔，以弃骄慢之态。（东汉·昙果共康孟详译《中本起经》卷下，4/158c）

中古灵宝经中的"诫律"指的是"道士、女官、信徒必须遵守的日常戒条和法规"。

太上智慧上诫百八十诫，皆上诫律也。能奉太上十诫亦得此福也。（《太上洞玄灵宝本行宿缘经》，24/666b）

【金翅大鸟】

梵语词为garuḍa或suparṇin，佛教传说中的大鸟。《法苑珠林》卷十："金翅鸟有四种，一卵生，二胎生，三湿生，四化生……若卵生金翅鸟飞下海中以翅搏水，水即两披，深二百由旬，取卵生龙随意而食之。"

<u>金翅大鸟</u>立于仁上何故不动？（西晋·竺法护译《修行道地经》卷七，15/230a）

灵宝经义：一种鸟。

是时辛苦，形体憔悴，不暇营身，遂至疲顿，死于山下……帝遣<u>金翅大鸟</u>恒敷两翼以覆其尸。（《太上洞玄灵宝真文度人本行妙经》,《无上秘要》卷十五，上/141）

【金刚】

梵语词为vajra，即金刚石，佛经中常用来比喻坚固。

所愿极广大甚深之行，常念佛智慧，悉持经戒，悉具足佛种，圣心如<u>金刚</u>。（东汉·支娄迦谶译《般舟三昧经》卷上，13/904b）

也用来比喻"像金刚一样纯洁美好"。

佛身如<u>金刚</u>，净洁无瑕秽无清便。（东汉·支娄迦谶译《内藏百宝经》，17/752a）

中古道教灵宝经沿用了"金刚"在佛经中的比喻用法，有二义：
一是比喻坚固。

（1）大道洞玄虚，有念无不契。炼质入仙真，遂成<u>金刚</u>体。（《洞玄灵宝玉京山步虚经》,34/628b）

（2）默目勖励，秉操日固，行业愈新，每事依经，初不敢疑

惑，真值圣文，遂得上仙，身如金刚，体真入妙，希微洞质，永享无量之寿也。(《太上洞玄灵宝本行宿缘经》，24/670b）

（3）念前生不得，如今当尽心开度众生，预是鸟兽莫不归仁，于是惠泽流溢，功感诸天，身得金刚七十二相，项负圆明，洞映太空，位登高仙。(《太上玄一真人说劝诫法轮妙经》，6/176c）

二是比喻纯洁美好。

灵宝五篇真文，施一十四福，福报如之。一者形神澄正，不受众横，永离痛恼，身无疾病……九者尘垢普消，表里明鲜，身香体洁，净如金刚。(《元始五老赤书玉篇真文天书经》卷下，1/797c）

【金容】

梵语词suvarṇa-bimba的仿译，suvarṇa有"黄金""金色"等意思，bimba有"相貌""容貌"的意思，二者合起来字面意思是"金容"，本指"金光明亮的佛像面容"，引申为对神的尊称。

德尊净智慧，其目清明好，诸根为寂定，淡泊度无极。光明照七尺，金容神巍巍。（西晋·竺法护译《等集众德三昧经》卷中，12/981a）

灵宝经义：金光明亮的神圣面容。

（1）二气混合，化形婴蒙，安治肝府，招致华光，灵晖流灌，面生金容，坐致自然，神明交通，身得长生，天地无穷。(《太上洞玄灵宝赤书玉诀妙经卷下》，6/199a）

（2）自入是境七百万劫，唯闻雅乐百和之音，不闻国人有悲戚之声。一土男女，皆面有金容。(《太上诸天灵书度命妙经》，1/801b）

（3）五色理高真，流精灌十方。呼吸不觉疲，飞天并金容。(《洞玄灵宝二十四生图经》，34/341c）

【今身】

佛经义：这一辈子。

其人年长，命欲终时，四辈众学及诸亲里、五种诸家咸往问讯："将无恐怖，安心勿惧！"其人即以偈答众人："吾弃捐众恶，奉行诸功德，今身以是故，无一恐畏心……"（西晋·竺法护译《生经》卷四，3/95a）

灵宝经义：这一辈子。

（1）臣祖世以来，逮及今身，生值经教，常居福中，功微德少，未能自仙，志竭畎命，佐国立功。（《洞玄灵宝长夜之府九幽玉匮明真科》，34/388a）

（2）天尊曰："时乐净信者，吾今身是。"（《太上洞玄灵宝智慧定志通微经》，5/892c）

（3）以今烧香，归命东方，乞愿大慈直垂哀原，赦除臣身前生亿劫以来，至今身所犯诸如上之罪，乞赐更始，于今自改，伏从禁戒，不敢又犯。（《太上大道三元品诫谢罪上法》，6/582c）

【今生】

梵语词iha的意译，同"今身"，义为"这一辈子"。

时王惶怖请问："太子有不祥乎？吉凶愿告，幸勿有难。"阿夷自抑制，即便说偈言："今生大圣人，除世诸灾患，伤我自无福，七日当命终……"（东汉·竺大力共康孟详译《修行本起经》卷上，3/464b）

灵宝经义：同"今身"，义为"这一辈子"。

（1）今日普与十方至真、无极大圣众同生一劫，欢乐难譬，言不觉尽，心不觉现。说诸善恶禁戒科律，无所藏隐，诸天同庆，齐宣法音，普度无量。今生何幸？遇此经教，自发善心，命得长年，不横夭伤。(《太上洞玄灵宝智慧罪根上品大戒经》卷下，6/894c)

（2）今故烧香，归身归神归命无极天尊太上道君、三十二天上帝、十方大圣众……乞赐大恩，一切原除宿身今生所犯之罪。(《太上大道三元品诫谢罪上法》，6/582b)

（3）若能又于今生抗志易韵，弃禄学道，宗师受经，长斋念真，不妒不害，缄口慎言，爱师重宝，存咏不忘，当籍先世之基，二灭二生，便得神仙。(《太上玄一真人说劝诫法轮妙经》，6/176b)

【今世】
佛经义：犹"今生"，义为"这一辈子"。

谛见为何等？信布施、信礼、信祠、信善恶行自然福、信父母、信天下道人、信求道、信谛行、信谛受。今世后世，自黠得证自成。便相告说是为谛见。(东汉·安世高译《八正道经》，2/505a)

灵宝经义：犹"今生"，义为"这一辈子"。

（1）今烧香转经，希仰太上济度之恩，乞七世父母以及帝王民人，一切众生，臣等身及家门大小，愿得赦除前世今世生死重罪恶过。(《太极真人敷灵宝斋戒威仪诸经要诀》，9/869b)

（2）若于今世忍苦甘贫，悔往修来，趣求奉法，以自解脱者，亦见世渐报，来生将受大福。(《太上洞玄灵宝智慧本愿大戒上品经》，6/159b)

（3）见世行善而不报者，是其先世余殃未尽，殃尽而福至；或后生受报，不必在今世也。(《太上洞玄灵宝本行宿缘经》，24/666c)

【禁戒】
佛经义：佛教的禁条戒律。

不轻于**禁戒**，不自贡高，常欲守道持戒，如是，无有能过者。（东汉·支娄迦谶译《遗日摩尼宝经》，12/193b）

灵宝经义：禁条戒律。

（1）百姓男女并见命根、罪福缘对、善恶之报，莫不震惶，一时归心，宗奉大法，修行众善，投命天尊，伏从**禁戒**，无复退转，福德普匝，欢乐难言，不胜喜庆。（《太上洞玄灵宝智慧罪根上品大戒经》卷上，6/888c）

（2）愿使**禁戒**明真科律，以为来生人世作善因缘，世世可得蒙此大福，免离苦根，度脱三涂，上升天堂。（《洞玄灵宝长夜之府九幽玉匮明真科》，34/378a）

（3）行道之时，故不可得乱语，论及世务，唯当请问法师经义**禁戒**，师当为解说真要。（《太极真人敷灵宝斋戒威仪诸经要诀》，9/869c）

中古灵宝经里"禁戒"又写作"禁诫"。

今为诸天说是**禁诫**，咸令男女普闻法音，开度群生，使入福中。（《太上洞玄智慧上品大诫》，3/395c）

【经宝】

佛经义：佛经。

是菩萨闻是三昧已，不书、不学、不诵、不持如中法，一切诸天人民皆为大悲忧，言："乃亡我尔所**经宝**。"（东汉·支娄迦谶译《般舟三昧经》卷上，13/907a）

道经义：道经。

言三宝者，道宝太上，**经宝**，师宝，是为三宝。（《太上洞玄灵宝本行宿缘经》，24/669c）

【经法】

佛经义：佛法。

过去久远时有国王，名曰恶生，将诸妓女入山游戏。王令官属住顿山下，唯从妓女步涉山顶。王疲极卧，诸妓女辈舍王取华，见一道人端坐树下，诸女心悦，皆前作礼。道人咒愿"诸妹那来"，命令就坐，为说经法。（东汉·昙果共康孟详译《中本起经》卷上，4/148c）

灵宝经义：道法。

（1）无极世界男女之人生世所行，不信大法，不敬神明，或浮好三宝，执心不专，轻怠经法，秽慢灵文。（《洞玄灵宝长夜之府九幽玉匮明真科》，34/382b）

（2）人身难得，道世难遇，经法难值，诀言难闻。吾所以敷张玄旨，解说要言者何？（《太上洞玄灵宝赤书玉诀妙经》卷上，6/183c）

（3）斋时，日夕各三时烧香悔过，唯一心听受经法妙赜之义。（《太极真人敷灵宝斋戒威仪诸经要诀》，9/869c）

【经教】

佛经义：佛经的教理。

佛音声如是，当随经教殖志守净。（三国吴·支谦译《大明度经》卷六，8/504b）

灵宝经义：道教的经书教诫。

（1）斯人前世不敬鬼神，不信经教，犯忤地祇、五岳四渎，罪非可纪。死受酷罚，幽沉地狱，自非明真科法拔度，万劫无原。（《太上洞玄灵宝智慧罪根上品大戒经》卷下，6/893b）

（2）来生男女心与运回，不如今生纯朴信真。常怀疑贰，嫉妒胜己，争竞功名，更相攻害，自伤年命，不言其身所行恶逆，皆言经教无有神明。(《太上洞玄灵宝诸天灵书度命妙经》，1/805c)

（3）不得评论经教，訾毁圣文，躬心承法，常如对神。(《太上洞玄灵宝赤书玉诀妙经》卷上，6/184c)

【经戒】

佛所规定的戒律，经中所述的戒条。

佛说经戒，天下诵习，愚惑相言："佛经可遏。"至梵摩众圣，莫能论毁佛正经故，独步不惧。(东汉·竺大力共康孟详译《修行本起经》卷下，3/472a)

灵宝经义：道教戒律。

（1）玄都紫微宫中元格。灵宝真文，见众真修斋奉戒，朝礼天文，有一十二念。一念精进苦行，不犯经戒，每事尊法。二念……(《元始五老赤书玉篇真文天书经》卷中，1/798a)

（2）其人生世何所犯违，触何经戒而受此对？(《太上洞玄灵宝智慧罪根上品大戒经》卷下，6/893c)

（3）此戒名《智慧隐经道行本愿上戒宝真品》……千年三传，若无太上金简仙名者，亦终不与此经戒相遇也。(《太上洞玄灵宝智慧本愿大戒上品经》，6/157c)

【经师】

"经师"是一个汉语固有词语，汉代指"讲授经书的学官"。如《汉书·平帝纪》："郡国曰学，县、道、邑、侯国曰校。校、学置经师一人。"佛经汉译者用以意译梵语词dharma-bhāṇaka。dharma有"法"的意思，bhāṇaka是"说、赞叹"的意思，二者合起来字面意思是"说法讲经的人"，所以佛经中的"经师"是"讲唱佛经的僧人"。

诵般若波罗蜜者，若干千天人到经师所听法，不解于法中。（东汉·支娄迦谶译《道行般若经》卷二，8/434c）

灵宝经义：有资格举行灵宝斋的人。

（1）斋时皆心注玄真，永无外想。想念在经师，先思三一在宫室，安居分明，具三魂七魄，太一镇泥丸中，如回风帝一法。然后与兆俱斋听经，口受心存，则三尸亡走，邪气灭去，内外受真，如此近仙矣。（《太极真人敷灵宝斋戒威仪诸经要诀》，9/873c）

（2）宿世礼奉经师，口诵身行，布施厄困，愿乐三宝，君亲忠孝，远慕山水，栖憩贤儒，虚心有道，烧香散华，护度一切，修德补过，信顺宿命，静思忍情。其行也，上可升仙度世，下可轮转富贵，生为人尊，容貌伟秀，才智清远，为人之道，莫不具足。（《太上洞玄灵宝智慧本愿大戒上品经》，6/156a）

【精进】

"精进"是一个汉语固有词语，"精明上进，锐意求进"的意思。如《汉书·叙传上》："乃召属县长吏，选精进掾史，分部收捕。"在佛经里，"精进"是梵语词vīrya的意译，为"六度"（六波罗蜜）之一，谓"为修善法、断恶法而坚持不懈怠"。

菩萨勤苦，经历三阿僧祇劫，劫垂欲尽，愍伤一切，轮转无际，为众生故，投身喂饿虎，勇猛精进，超逾九劫。（东汉·竺大力共康孟详译《修行本起经》卷上，3/463a）

中古灵宝经沿用了佛经中的"精进"，也是"为修善法、断恶法而坚持不懈怠"的意思。

（1）是时，北室有**精进**贤者王福度。（《太上洞玄灵宝赤书玉诀妙经》卷下，6/194b）

（2）清信弟子，见在世上，可得免于忧恼；度于众苦，身入光明，形内澄正，招鬼使神，制伏魔精，十转即得上为飞天。若在一转，而行**精进**，心不懈退，作诸功德，长斋苦行，晨夕不倦，即得飞天，于此而进，超陵三界，为上清真人。(《太上洞玄智慧上品大诫》，3/392b)

（3）西北无极世界恒沙众生，已得道过去及未得道见在福中善男子善女人，修奉智慧上品十戒……七祖皆得去离五道，上升九天，受福无穷，后生人中，勇猛**精进**，威制五方。(《太上洞玄灵宝智慧罪根上品大戒经》卷下，6/891c)

（4）尔时，太上遥观十方善恶之人，即敕司命延此人寿三十年，于是豁然而愈，身康便如未病之时。曩尚将展，**精进**日新，修斋持诫，奉行众善，供养三宝，致世世富贵，善人来生其家，转轮得道。是人今为太上东华仙王也。(《太上洞玄灵宝本行宿缘经》，24/671a)

【净水】

梵语sita-ambu的仿译，sita义为"纯净"，ambu义为"水"，二者合起来字面意思就是"净水"，即"干净的水"。

譬如人年少端正，着好衣服，欲自见其形，若以持镜，若麻油、若**净水**、水精，于中照，自见之。(东汉·支娄迦谶译《般舟三昧经》，13/899b)

中古道教灵宝经中的"净水"也是"干净的水"的意思。

（1）若见**净水**，思念无量，普得沐浴，身与我神，洗垢除秽。(《太上玄一真人说妙通转神入定经》，6/173a)

（2）若见**净水**，当愿一切洗垢清虚，平等其心。(《太上洞玄灵宝智慧本愿大戒上品经》，6/157a)

【久远劫】

佛经里指"很久很久以前"。

> 乃昔久远劫难称限。尔时有佛，号药王如来、至真、等正觉、明行成为、善逝、世间解、无上士、道法御、天人师、为佛、众佑，世界名大净，劫曰净除。（西晋·竺法护译《正法华经》卷六，9/99b）

中古道教灵宝经沿用了佛经中的"久远劫"，也是"很久很久以前"的意思。

> 于是天尊知二真意，报曰："二贤卿等知不，一切善恶皆有因缘，应从吾受，是故尔耳。当相为说，便可静听。往昔过去，恒沙之数，信不可计，无极久远劫时，有贤信道民，姓乐名净信，居业巨富，财不可计……"（《太上洞玄灵宝智慧定志通微经》，5/890c）

【救度】

佛经义：救助他人出尘俗，使脱离生死苦难。

> 佛语阿难："我尔时俱与弥勒共听经法，弥勒时睡眠，独无所得。设我尔时不行善权而救度者，弥勒于今在生死中未得度脱。"（三国吴·康僧会译《六度集经》卷六，3/35a）

灵宝经义：救助众生脱离苦难。

> （1）今当为尔解说凝滞十部妙经，使尔救度十方诸天人民，勤为用心，勿使魔言。（《太上洞玄灵宝赤书玉诀妙经》卷上，6/183c）
> （2）如此法轮，上士勤尚，广开法门，先人后身，救度国王，损口拯乏，裸形衣寒，仁及鸟兽，惠逮有生……如此之行，一灭一生，志不退转，克成上仙。（《太上玄一真人说劝诫法轮妙经》，6/175c）
> （3）子欲使法轮速升，飞行上清诸天者，当更立功。救度国土民人灾厄疾苦，大功德满，太上锡迎子矣。（《太上洞玄灵宝本行因缘经》，24/671c）

[K]

【开度】

佛经义：开示度脱。

菩萨法住，有十事智难及：一当念感动无数国，二当……四当<u>开度</u>无数国……（三国吴·支谦译《菩萨本业经》，1/450c）

灵宝经义：开示度脱。

（1）其第三、第四、第五三字书南阳之台，主校幽夜之录，<u>开度</u>更生之魂，上升朱陵之馆，衣食自然，居之福堂。（《太上灵宝诸天内音自然玉字》卷二，2/542b）

（2）常行慈心，愿念一切普得见法，<u>开度</u>广远，无有障翳。（《太上洞玄灵宝赤书玉诀妙经》卷上，6/184c）

（3）含血之类，有急投人，能为<u>开度</u>，济其死厄，见世康强，不遭横恶。（《太上洞玄智慧上品大诫》，3/393a）

（4）至士精心修科奉法，不违经典，冥感自然，天亮尔心，七祖立得<u>开度</u>九幽长夜之中，上升天堂，衣食自然，早得更生王侯之门，见世光明，庆福难胜，勤行弗息，克获神仙矣。（《洞玄灵宝长夜之府九幽玉匮明真科》，34/392b）

【空】

梵语词a-bhāva的意译。佛教谓万物从因缘生，没有固定，虚幻不实。

太子观见一切所有，如幻如化如梦如响，皆悉归<u>空</u>，而愚者保之。（东汉·竺大力共康孟详译《修行本起经》卷下，3/467c）

灵宝经义：没有固定，虚幻不实。

空 空寂 苦厄 | 125

（1）万物芸芸，譬于幻耳，皆当归空。(《太上洞玄灵宝智慧本愿大戒上品经》，6/155c)

（2）当知三界之中，三世皆空，知三世空，虽有我身，皆应归空。明归空理，便能忘身。(《太上洞玄灵宝智慧定志通微经》，5/889a)

（3）受之亦竟，读得一遍，神开解悟，知三界皆空，福尽应终，便各悔过。(《太上洞玄灵宝智慧定志通微经》，5/894b)

【空寂】
佛教义：不执着于固定的实体，内心得到解脱。

昔者菩萨，时为梵志，名羼提和，处在山泽，树下精思，以果、泉水而为饮食。内垢消尽，处在空寂，弘明六通，得尽知之。（三国吴·康僧会译《六度集经》卷五，3/25a）

灵宝经使用了产生于汉译佛经中的"空寂"的词形，但是其词义却相当于道家的"寂寞"，指"能够包容万物的虚空"。

（1）学仙绝华念，念念相因积。去来乱我神，神蹑靡不历。灭念停虚闲，萧萧入空寂。(《洞玄灵宝玉京山步虚经》，34/626c)

（2）当愿大道，澹泊虚无，安闲空寂，澄清自居，广开法门，教导顽夫，皆蒙惠解，精苦是修，预以同学，普得升虚，与天相保，长存无忧，一切众生，咸同宁谧。(《太上洞玄灵宝真文要解上经》，5/904a)

【苦厄】
梵语词kṛcchra的新造意译词，义为"苦难、灾厄"。

佛现道义，言真而要，能度苦厄。（东汉·竺大力共康孟详译《修行本起经》卷下，3/472b）

灵宝经义：苦难、灾厄。

（1）学仙道欲长生久视，享无期之年劫，安宗庙，兴门族，度七世父母苦厄，升天堂，后世出贤明子孙，当受灵宝真文。(《太极真人敷灵宝斋戒威仪诸经要诀》，9/870b）

（2）若见疾病，当愿一切以道自安，免此苦厄。(《太上洞玄灵宝智慧本愿大戒上品经》，6/157a）

【苦根】

梵语词duḥkhendriya的仿译。duḥkha有"苦、苦恼"的意思，indriya有"根、感官"等意思，二者合起来字面意思就是"苦根"，指"产生苦痛烦恼的根源"。

脱一切苦恼，脱八苦根，生苦、老苦、病苦、死苦、怨憎会苦、恩爱别离苦、所欲不得苦，取要言之五盛阴苦。行者于中脱此众苦，泥洹为第一，无为无作无有众变，是故名为泥洹也。(后秦·竺佛念译《出曜经》卷二十一，4/724b）

灵宝经义：产生苦痛烦恼的根源。

（1）汝勤为宣化，令有心者、得闻法者度诸苦根忧恼之中，身见光明，与善因缘。(《太上洞玄灵宝诸天灵书度命妙经》，1/805c）

（2）今粗解天书五合文义，其道足以开度天人，拔诸苦根。(《太上洞玄灵宝诸天内音自然玉字》卷四，2/562b）

（3）愿使禁戒明真科律，以为来生人世作善因缘，世世可得蒙此大福，免离苦根，度脱三涂，上升天堂。(《洞玄灵宝长夜之府九幽玉匮明真科》，34/378a）

【苦行】

佛经义：为断除肉体欲望经历各种苦难以求解脱。亦泛指"诚心修行"。

苦行积无数，功勋成于今；戒忍定慧力，动地魔已擒。（三国吴·支谦译《太子瑞应本起经》卷下，3/480a）

中古灵宝经中的"苦行"也是"诚心修行"的意思。

（1）玄都紫微宫中元格。灵宝真文，见众真修斋奉戒，朝礼天文，有一十二念。一念精进苦行，不犯经戒，每事尊法。二念……（《元始五老赤书玉篇真文天书经》卷中，1/798a）

（2）清信弟子，见在世上，可得免于忧恼，度于众苦，身入光明，形内澄正，招鬼使神，制伏魔精，十转即得上为飞天。若在一转，而行精进，心不懈退，作诸功德，长斋苦行，晨夕不倦，即得飞天，于此而进，超陵三界，为上清真人。（《太上洞玄智慧上品大诫》，3/392b）

（3）飞天神人说十善因缘功德报应毕，诸天童子欢喜作礼，是时飞天神人而作颂曰："勤行奉斋戒，诵经制六情。致得乘空飞，曜景上玉清。精心奉经教，吐纳练五神。功德冠诸天，轮转成上仙。苦行修生道，服药炼芝英。灭度形不休，体骨自香芳……"（《洞玄灵宝长夜之府九幽玉匮明真科》，34/381b、c）

[L]

【来生】

梵语词为upa-panna，佛教认为人死后要转生，称"来生"。因此，"来生"义为"转生"。

一时，佛与五百沙门俱游拘留国，转到跿罗欧咤国。国中人民婆罗门道人，皆闻佛转游到此国，闻佛功德妙达，无有贪淫瞋怒愚痴，人心所言者皆中正，但得佛道，自知所从来生，豫知去来现在之事。（三国吴·支谦译《赖咤和罗经》，1/868c、869a）

中古灵宝经沿用了佛经中的"来生",也有"转生"的意思。

(1)吾去世也,将有乐道慈心居士来生吾门者,子当以今道业事事一通付之。(《太上洞玄灵宝智慧本愿大戒上品经》,6/161a)

(2)尔时,太上遥观十方善恶之人,即敕司命延此人寿三十年,于是豁然而愈,身康便如未病之时。襄尚将展,精进日新,修斋持诚,奉行众善,供养三宝,致世世富贵,善人来生其家,转轮得道。(《太上洞玄灵宝本行宿缘经》,24/671a)

(3)玄都紫微宫下元格。灵宝真文,明见众真奉斋,朝礼天文,有一十二恩。一者解上世之考及见世之罪。二者致福却祸。三者来生却死……(《元始五老赤书玉篇真文天书经》卷下,1/798c)

在中古灵宝经中,"来生"还引申出"未来"的意思。

(1)施一之功,数万之报应之理,明如日月,或在见世,或在来生,但福报差移,不必同至。(《太上洞玄智慧上品大诫》,3/395b)

(2)吾念来生末世男女,皆当随运自从,心迫情急,不觉生罪。(《太上洞玄灵宝智慧罪根上品大戒经》卷下,6/894c)

(3)来世之人,不见科戒,方当履向五浊毒汤,遭难遇害,不能度身,是男是女,皆当如今所见地狱囚徒饿鬼谪役之魂,亿劫涂炭而不得还,无知受对,甚可哀伤。愿使禁戒明真科律,以为来生人世作善因缘,世世可得蒙此大福,免离苦根,度脱三涂,上升天堂。(《洞玄灵宝长夜之府九幽玉匮明真科》,34/377c、378a)

在"未来"的基础上,"来生"还引申出"未来的人"的意思。

(1)太上道君受诫于元始天尊,开度诸天,四方边土,功德成就,以传诸天天王、十方大圣、太微帝君、四极真人、东华宫中方诸大神、玉女群仙,普使宣通,济度来生,令闻法音。(《太上洞玄智慧上品大诫》,3/396a)

（2）吾过去后，真文隐藏，运度当促，五浊躁竞，万恶并至。感念来生，生在其中，甘心履罪，展转五道，长苦八难，更相残害，忧恼切身，不见经法，不遭圣文，任命生死，甚可哀伤。(《太上诸天灵书度命妙经》，1/800a）

（3）人禀气生，志有精粗，行有是非，心愿如是，形迷亦是。功过相籍，纤毫不失，皆明于天地，其理甚分。故人死无数，生亦不止，皆以轮转魂神，往返相加，莫非先身，以之无极。吾故于虚无无形之中，为诸来生上开八门，以为法轮，教化愚蒙，劝戒因缘，开度万生。(《太上玄一真人说三途五苦劝戒经》，6/869b）

【来世】

佛教中轮回的说法，人死后会重新投生，因称转生之世为"来世"。

佛十八法者，谓从得佛至于泥洹，一、无失道……十三、古世之事悉知见，十四、来世之事悉知见，十五、今世之事悉知见……(东汉·竺大力共康孟详译《修行本起经》卷下，3/472a）

中古道教灵宝经中的"来世"也指"转生之世"，即"来生"。

（1）今粗解天书五合文义，其道足以开度天人，拔诸苦根，大法开张，泽被十方，今生来世，男女善人，当得此恩。(《太上洞玄灵宝诸天内音自然玉字》卷四，2/562b）

（2）所以语世人者，欲使其修善行，为来世作津梁耳。(《太上洞玄灵宝本行宿缘经》，24/669c）

（3）来世之人，不见科戒，方当履向五浊毒汤，遭难遇害，不能度身，是男是女，皆当如今所见地狱囚徒饿鬼谪役之魂，亿劫涂炭而不得还。(《洞玄灵宝长夜之府九幽玉匮明真科》，34/377c）

【累劫】

梵语词bahukalpa的音译加意译，bahu-有"数量极其巨大"的意思，kalpa音译作"劫"，二者合起来即"累劫"，佛经里指"连续数劫"，谓时间极长。

> 养育众生，如视赤子，承事诸佛，积德无量，累劫勤苦，不忘其功也。（东汉·竺大力共康孟详译《修行本起经》卷下，3/472b）

中古灵宝经中的"累劫"也有"时间极长"的意思。

（1）《太上智慧苦神颂》：生落苦神界，轮转五道庭。九幽闭长夜，累劫无光明……（《太上洞玄灵宝智慧罪根上品大戒经》卷下，6/894b）

（2）此子累劫念道，致太极玉名，寄慧人中，将独步玉京，超逸三界，巍巍乎太上仙公之任矣。（《太上洞玄灵宝智慧本愿大戒上品经》，6/155b）

【礼拜】

梵语词vandana或者namas-kāra的新造意译词。佛经里指佛教徒向佛或菩萨、上座大德顶礼膜拜，表示敬意。

> 城内母人咸喜俱出，诣佛礼拜，讫而却住。（东汉·昙果共康孟详译《中本起经》卷上，4/155b）

灵宝经义：向神、经法或道教神职人员行礼致敬。

（1）施案五篇于斋堂之中，朝暮烧香，随方礼拜，不得杂俗异人干入堂内。（《太上洞玄灵宝赤书玉诀妙经卷上》，6/193b）

（2）不受大戒，不得当百姓及弟子礼拜也。（《太极真人敷灵宝斋戒威仪诸经要诀》，9/872b）

（3）仙公于天台山，静斋念道，稽首礼拜，请问灵宝玄师太极太虚真人。（《太上洞玄灵宝智慧本愿大戒上品经》，6/155b）

【历劫】

梵语词aneka-kalpa的意译加音译，eka是"一"的意思，an-是表示否定的前缀，二者合起来字面意思是"多于一、不止一"，意译作"历""历次"；kalpa音译作"劫"。aneka-kalpa合起来译作"历劫"，指"极其久长的时间"。

大雄常自觉，觉诸不觉者，**历劫**无睡卧，岂当眠寐乎？（东汉·竺大力共康孟详译《修行本起经》卷上，3/464b）

中古灵宝经中的"历劫"也是指"极其久长的时间"。

（1）此无为贤人道士功德巍巍，大圣所敬，我等各各当营护之，削其太山三官死名也，致白日升天，七祖受庆，反胎生天堂，兆身永保**历劫**之利贞也。（《太极真人敷灵宝斋戒威仪诸经要诀》，9/870b）

（2）吾昔所受经道，太上所贵也，非中仙之所学矣。**历劫**以来，常传上仙，仙公仙王仙卿，不但我也。（《太上洞玄灵宝智慧本愿大戒上品经》，6/161a）

（3）吾开八门，以遥观众生，见有百姓子、男女人、学与不学不顾宿命，所行元恶，翻天倒地，无所不作，罪满结竟，死魂充谪三途五苦八难之中，考掠楚挞，痛毒无极，大小流曳，相牵涂炭，**历劫**不解，哀念悲伤，不能已矣。（《太上玄一真人说三途五苦劝戒经》，6/871c、872a）

【立愿】

佛经义：立定志向。

前已奉侍亿百千佛，从亿百千佛发意**立愿**，是等俦类，愍伤众人故来生耳。（西晋·竺法护译《正法华经》卷六，9/100b）

灵宝经义：立定志向。

（1）夫道何谓哉？以无心而应众生四辈，修福德要，当有本愿，福之报也。皆缘子于时立愿耳。功德既设，志愿亦定，其报广乃犹暮以待旦矣。(《太上洞玄灵宝本行宿缘经》, 24/666b)

（2）吾于七百万劫奉修灵宝，立愿布施持戒执斋，勤苦不退，展转生死，忍辱精进，断除异念，空受无想，积感玄寂，得作众圣道尊。(《太上洞玄灵宝赤书玉诀妙经》, 6/183c)

【两舌】

梵语词paiśunya，佛教的四口业之一，意思是"搬弄是非、挑拨离间的坏行为"。

第五十法，可令减十事恶行。何等为十？一为杀、二为盗、三为犯色、四为**两舌**、五为妄语、六为粗语、七为绮语……（东汉·安世高译《长阿含十报法经》卷下，1/241a）

中古道教灵宝经中的"两舌"也是"搬弄是非、挑拨离间的坏行为"的意思。

（1）此之罪人前生之时，歧咽两舌，评论道士，攻击贤人，不慈不孝，不仁不忠，骂辱父母，六亲相残。(《太上玄一真人说三途五苦劝戒经》, 6/865b)

（2）三元品戒罪目：学上道，不信经戒、怀疑两心之罪……学者及百姓子绮语、两舌不信之罪……(《太上洞玄灵宝三元品戒功德轻重经》, 6/880a、b)

（3）乞丐原臣宿世以来七祖父母，下及臣身积行所犯，杀害贤良，元逆丑恶，非人所行，淫色盗窃，败人成功，离人骨肉，夺人所崇，为子不孝，为臣不忠，反上逆主，攻伐师宗，上不敬天地，下不畏鬼神，訾毁大道，泄露灵文，口是心非，胜己嫉能，轻慢四大，污秽三光，恶口两舌，谗击善人。(《太上洞玄灵宝真文要解上经》, 5/906a)

【流转】

佛经义：因果相续而在生死之间不断轮回。

> 凡夫愚痴，不知真谛，不见真谛，暗钝无信，心不真实，常行染着，<u>流转</u>生死，不见诸佛。（东晋·佛陀跋陀罗译《大方广佛华严经》卷十一，9/469c）

灵宝经义：因果相续而不断轮回。

> 六情一染，动之弊秽，惑于所见，昧于所著，世务因缘，以次而发。招引罪垢，历世弥积，轮回于三界，飘浪而忘反，<u>流转</u>于五道，长沦而弗悟。（《太上洞玄灵宝智慧定志通微经》，5/888a）

【六畜】

"六畜"本是一个汉语固有词，指马、牛、羊、鸡、狗、猪六种动物，如《左传·昭公二十五年》："为六畜、五牲、三牺，以奉五味。"杜预注："为六畜：马、牛、羊、鸡、犬、豕。"也泛指各种牲畜，如《荀子·王制》："君者，善群也。群道当，则万物皆得其宜，六畜皆得其长，群生皆得其命。"在汉译佛经里，"六畜"指六道中的畜生道。

> 兴心起意害此辈人，或入阿鼻地狱，或热、大热、啼哭、大啼哭、等活、黑绳、等会地狱，毕此罪已，<u>生六畜</u>中，经历劫数，往来周旋，乃复人身。（后秦·竺佛念译《出曜经》卷一，4/613c）

灵宝经沿用佛经中的用法，用"六畜"指畜生道。

> （1）斯人生世酷逆无道，五气天君北方诸灵官三界主司结其罪录，依玄都女青太阳宫火官律，万劫当生<u>六畜</u>之中，轮转五道五万劫玄天数周，乃得补北岳都役使。（《太上洞玄灵宝智慧罪根上品大戒经》卷下，6/892b）

> （2）持斋静漠而致福，巫师歌舞而招祸。祸之及也，彼我魂神

俱致考罚，殃对无已，往返三恶之道，其苦难脱。罪竟后生，或堕六畜，失于人道。(《太上洞玄灵宝智慧本愿大戒上品经》，6/159b)

【六度】

梵语词ṣaṭ-pāramitā的仿译，ṣaṭ是"六"，pāramitā有"度、到彼岸"的意思，二者合起来字面意思就是"六度"，指布施、持戒、忍辱、精进、精虑（禅定）和智慧（般若）六种可达到彼岸的修行途径。

能仁菩萨于九十一劫，修道德、学佛意，行六度无极——布施、持戒、忍辱、精进、一心、智慧——善权方便，慈悲喜护，育养众生，如视赤子。(东汉·竺大力共康孟详译《修行本起经》卷上，3/463a)

灵宝经义：修行。

（1）俯仰存太上，华景秀丹田。左顾提郁仪，右眄携结璘。六度冠梵行，道德随日新。宿命积福庆，闻经若至亲。(《洞玄灵宝玉京山步虚经》，34/626b)

（2）济我六度行，故能解三罗。(《洞玄灵宝玉京山步虚经》，34/627a)

（3）三色返空无，四候应玉籤。河侯已鼓笔，五行潜相推。六度无终劫，运极乘气归。(《洞玄灵宝自然九天生神章经》，5/846a)

【六根】

梵语词ṣaḍ-indriya的仿译，ṣaḍ是"六"，indriya有"根、感官"等意思，二者合起来字面意思是"六根"，佛经中谓"眼、耳、鼻、舌、身、意"六种感觉器官。眼为视根，耳为听根，鼻为嗅根，舌为味根，身为触根，意为念虑之根。

其六根者，谓眼、耳、鼻、口、身、意所别。(西晋·竺法护译《阿差末菩萨经》卷一，13/585c)

中古灵宝经中的"六根"也是指"眼、耳、鼻、舌、身、意"。

罪竟后生，或堕六畜，失于人道。设使还人中，当为下贱，或六根不具，或形质丑陋，体气臭秽，唯男唯女，顽痴可恶，为众所弃，流弊世间，至死饥寒。(《太上洞玄灵宝智慧本愿大戒上品经》，6/159b)

【六情】

梵语词cakṣur-ādīndriya的翻译，犹"眼、耳、鼻、舌、身、意六根"。

何等为六情？谓眼合色，耳受声，鼻向香，口欲味，细滑为身，衰意为种。(东汉·安世高译《大安般守意经》卷上，15/167c)

中古灵宝经中的"六情"有和佛经中一样的意思，也指"眼、耳、鼻、舌、身、意六根"。

(1)来生男女，虽受人形，而六情不纯，未见经教，不闻法音，形不自觉，沉迷罪门，致命短促，不竟天年，长处恶道，甚可哀怜。(《太上洞玄智慧上品大诫》，3/392c)

(2)勤行奉斋戒，诵经制六情。致得乘空飞，曜景上玉清。(《洞玄灵宝长夜之府九幽玉匮明真科》，34/381b)

(3)天尊俄然，初不顾眄，思念万兆造化之始，胎禀是同，各因氤氲之气，凝而成神。神本澄清，湛然无杂，既授纳有形，形染六情。六情一染，动之弊秽，惑于所见，昧于所著，世务因缘，以次而发。(《太上洞玄灵宝智慧定志通微经》，5/888a)

【六时】

梵语词ṣaṭ-kṛtvas的仿译，ṣaṭ是"六"的意思，kṛtvas有"时""度"的意思，二者合起来字面意思就是"六时"。佛教把一昼夜分为"晨朝、日中、日没、初夜、中夜、后夜"六时。

佛初成道，菩萨夜三、昼三六时礼请。（后秦·鸠摩罗什译《大智度论》卷七，25/109b）

灵宝经义：和佛经中一样，把昼三时和夜三时合称"六时"。

（1）抱朴子曰："洪意谓大斋日数多者，或是贵人，或是道士，体素羸弱，不堪日夕六时礼拜，愚欲昼三时烧香礼拜，夜可阙也。"（《太极真人敷灵宝斋戒威仪诸经要诀》，9/874b）
（2）道士常以月末一日六时行道，恒自感忆法解在心，是故遣信，要呼法解语。（《太上洞玄灵宝智慧定志通微经》，5/891b）
（3）灵书披长条，宝文翠碧林。凤歌通天响，六时应节吟。（《太上诸天灵书度命妙经》，1/804b）

【六天】

梵语 ṣaṭ kāmāvacarā devāḥ（六欲天）仿译词的缩略，指欲界六天：四天王天、忉利天、须焰摩天（又称夜摩天）、兜率陀天、乐变化天和他化自在天。

若人有信、有戒、有闻、有施、有智奉佛法斋，当命尽时，其人精神，皆生此六天上，安隐快乐。（三国吴·支谦译《斋经》，1/912a）

又特指欲界第六天他化自在天天主魔王波旬。

吾曾终身快布施，故典六天为魔王。（东汉·竺大力共康孟详译《修行本起经》卷下，3/471b）

受佛教观念的影响，中古灵宝经中的"六天"也有"欲界六天"的意思，但是具体指哪六天则未见说明。

（1）凡是诸杂法，导引养生法术，变化经方，及散杂俗，并系六天之中、欲界之内，遇小劫一会，其法并灭，无复遗余。（《太上诸天灵书度命妙经》，1/804a）

（2）诸天帝王下迎，散香花，六天大魔王官属侍卫称庆，皆来稽首受事，山海神灵莫不从己役使者也。（《太极真人敷灵宝斋戒威仪诸经要诀》，9/870c）

（3）如蒙训授，辄当承神鼓风，因流扬波，清荡三界，肃检众魔，部正六天，馘斩群邪，安国育民，使阴阳宁休，明化既兴，道畅太虚。（《洞玄灵宝二十四生图经》，34/337c）

中古灵宝经中的"六天"还有"鬼神""魔"的意思。

（1）依玄科，四万劫六天气消，真道当行（《元始五老赤书玉篇真文天书经》卷中，1/788b）

（2）弹璈南云扇，香风鼓锦披。叩商百兽舞，六天摄神威。（《太上洞玄灵宝真文要解上经》，5/908a）

（3）今三天蝥①运，六天道行，杂法开化，当有三万六千种道，以释来者之心。（《元始五老赤书玉篇真文天书经》卷上，1/776a）

【六通】

梵语词ṣaḍ-abhijñā的仿译，ṣaḍ是"六"，abhijñā是"神通""神力"的意思，二者合起来字面意思是"六通"，佛教中谓六种神通力：神境智证通（亦云神足通）、天眼智证通（亦云天眼通）、天耳智证通（亦云天耳通）、他心智证通（亦云他心通）、宿住随念智证通（即宿命智证通，亦云宿命通）、漏尽智证通（亦云漏尽通）。

吾本乐<u>六通</u>，今已得<u>六通</u>；迦叶比丘亦得<u>六通</u>。何等为六？一

---

① 王皓月（2017：52）根据明代周玄真集《皇经集注》卷五注释"蝥音力，作蝥字非是，或作蝥字亦不是"，认为此处的"蝥"字应为"蝥"，通"戾"字。

者四神足念、二者悉知一切人意、三者耳彻听、四者见众生本、五者知众生所趣行、六者诸漏皆尽。(东汉·昙果共康孟详译《中本起经》卷下，4/161b)

中古道教灵宝经中的"六通"是"六通智慧"的简称，指透彻天地和东西南北的能力。

（1）六通智慧者，洞视、洞听、洞空、洞虚、洞清、洞微，是为六通。(《太上洞玄智慧上品大诫》，3/393a)
（2）天尊言："六通智慧者，天曰洞视，地曰洞听，东曰洞空，西曰洞虚，南曰洞清，北曰洞微。六通洞达，辽邈无端，不可得测，不可得穷，无所不包，无所不容。"(《太上洞玄智慧上品大诫》，3/394a)

【漏尽】

梵语词āsrava-kṣaya或kṣīṇāsrava的仿译，āsrava有"流、漏、苦恼"的意思，kṣaya和kṣīṇa都有"穷尽"的意思，二者合起来字面意思就是"漏尽"。佛教里把"至三乘的极果，以圣智断尽此种种烦恼"称为"漏尽"。

比丘！当知漏，亦当知漏从本有，亦当知从漏受殃，亦当知漏分布，亦当知漏尽，亦当知受何行令漏毕。(东汉·安世高译《漏分布经》，1/851c)

中古灵宝经中的"漏尽"有两个意思：
一是和佛教中的一样，也是"烦恼断尽"的意思。

默念招幽真，专静神自归。漏尽外应消，正气自夷微。(《洞玄灵宝二十四生图经》，34/340a)

二是作动词，"断尽"的意思。

（1）诸恶漏尽，福德自生，乃得还在富贵之门。(《太上灵宝诸天内音自然玉字》卷四，2/562a）

（2）修行之法，千日长斋，不关人事，诸尘漏尽，夷心默念，清香执戒，入室东向，叩齿九通，调声正气，诵咏宝章。(《洞玄灵宝自然九天生神章经》，5/844b）

【轮回】

梵语词saṃsāra的翻译。佛教认为众生各依善恶业因，在三界（欲界、色界、无色界）与六道（天道、人道、阿修罗道、地狱道、饿鬼道、畜生道）中生死交替，犹如车轮般旋转不停，故称。也称六道轮回、轮回六道。

哀哉！众生为愚痴所覆，烦恼所缠，常流生死，轮回苦海，于不坚固法不得坚固。（东晋·佛驮跋陀罗译《大方广佛华严经》卷十一，9/467a）

中古灵宝经沿用了佛经中的"转回"，指的是"在三界中生死交替，如车轮般旋转不停"。

天尊俄然，初不顾眄，思念万兆造化之始，胎禀是同，各因氤氲之气，凝而成神。神本澄清，湛然无杂，既授纳有形，形染六情。六情一染，动之弊秽，惑于所见，昧于所著，世务因缘，以次而发。招引罪垢，历世弥积，轮回于三界，飘浪而忘反；流转于五道，长沦而弗悟。(《太上洞玄灵宝智慧定志通微经》，5/888a）

【轮转】

梵语词saṃsāra的意译，佛经中谓"轮回"。

菩萨勤苦，经历三阿僧祇劫，劫垂欲尽，愍伤一切，轮转无际，为众生故，投身喂饿虎，勇猛精进，超逾九劫。（东汉·竺大力共康孟详译《修行本起经》卷上，3/463a）

中古灵宝经里的"转轮"有两个意思：

一是指"像车轮一样运转"。

（1）第七、第八二字书北元玄斗之中，主制天关**轮转**之度。（《太上灵宝诸天内音自然玉字》卷一，2/537a）

（2）坤母者，太阴都候九灵之母，治在东海扶桑旸谷之渊，常总地机**轮转**元气，上应天关。（《太上灵宝诸天内音自然玉字》卷四，2/558c）

（3）赤明开图，运度自然。元始安镇，敷落五篇。赤书玉字，八威龙文。保制劫运，使天长存。梵气弥罗，万范开张。元纲流演，三十二天。**轮转**无色，周回十方。（《灵宝无量度人上品妙经》卷一，1/5a）

二是"轮回"的意思。

（1）诸天上圣、至真大神、诸天帝王及已过去尘沙之辈，得道之者，莫不由施散布德，作诸善功，功满德足，以致善报，**轮转**不绝。（《太上洞玄智慧上品大诫》，3/395c）

（2）精心奉经教，吐纳练五神。功德冠诸天，**轮转**成上仙。（《洞玄灵宝长夜之府九幽玉匮明真科》，34/381c）

（3）人禀气生，志有精粗，行有是非，心愿如是，形迷亦是。功过相籍，纤毫不失，皆明于天地，其理甚分。故人死无数，生亦不止，皆以**轮转**魂神往返相加，莫非先身，以之无极。（《太上玄一真人说三途五苦劝戒经》，6/869b）

（4）吾受元始真文旧经，说经度世万劫，当还无上宛利天。过世后五浊之中，运命不达，是男是女，不见明教，常处恶道，生寿无机，而忧恼自婴，多受枉横，自生自死，**轮转**五道，堕于三途八难之中，殃对相寻，无有极已，生死分离，无有豪贱，实为痛心。（《太上洞玄灵宝赤书玉诀妙经》卷上，6/184b）

【罗汉】

梵语Arhat（阿罗汉）的语音节译。小乘的最高果位。谓已断烦恼，超出三界轮回，应受人天供养的尊者。

　　盖闻沙门之为道也，舍家妻子，捐弃爱欲，断绝六情，守戒无为，得一心者，则万邪灭矣。一心之道，谓之罗汉，罗汉者真人也。（东汉·竺大力共康孟详译《修行本起经》卷下，3/467b）

灵宝经义："阿罗汉"的省称，指"已得神通灭度之人"。

　　阿罗汉谓已得神通灭度之人。夫罗汉去仙道犹尚远焉。（《太上太极太虚上真人演太上灵宝威仪洞玄真一自然经诀》卷上，P.2403）

[M]

【卖身】

佛经里指"萨陀波伦菩萨把自己出卖给别人以供养昙无竭菩萨的事"。

　　萨陀波伦菩萨便于城外园中止宿，自念："佛经实难得，何况乃闻耶？我当供养尽力于师。今我一身加复贫穷，亦无有珍琦好物及华香持用供养于师，如我无所有者，请且自卖身，持用供养于师。"（东汉·支娄迦谶译《道行般若经》卷九，8/472b）

中古灵宝经中的"卖身"指的是"把自己出卖给别人以供法"。

　　或卖身供法，或身投饿虎，或割肉饴禽，或杀身施虫，或质致妻子，或以头施人。诸如此例，终劫说之，亦不可尽，说亦无穷。（《太上洞玄灵宝智慧定志通微经》，5/893a）

【弥劫】

佛经义：长期，长久。

于时龙王请佛世尊及五百上首弟子，进膳毕讫坐莲华上，追讲本起所造罪福，皆由纤微转受报应，弥劫历纪莫能自济，侥值正觉，乃得度世。（西晋·竺法护译《佛五百弟子自说本起经》，4/190a）

灵宝经义：长期，长久。

（1）吾学道修斋读经，立功济物，事师恭勤，弥劫历年。（《太上洞玄灵宝本行宿缘经》，24/670b）

（2）妙哉灵宝囿，兴此大法桥。天真帝一宫，霭霭冠耀灵。流焕法轮纲，旋空入无形。虚皇抚云璈，众真诵洞经。高仙拱手赞，弥劫保利贞。（《洞玄灵宝玉京山步虚经》，34/626c）

（3）天师本行所历，亦弥劫勤苦，斋戒读经，弘道大度，高范玄真，耽味希微，转轮求道，尤过于吾，不可具。（《太上洞玄灵宝本行因缘经》，24/673b）

【妙法】

梵语su-dharma的仿译，su义为"妙"，dharma义为"法"，二者合起来字面意思就是"妙法"。佛经中指"义理深奥的佛法"。

昔佛在舍卫国祇洹精舍，为天人国王大臣广说妙法。（西晋·法炬共法立译《法句譬喻经》卷四，4/605c）

中古灵宝经中指的是"灵宝经"。

（1）吾于七百万劫奉修灵宝，立愿布施，持戒执斋，勤苦不退，展转生死，忍辱精进，断除异念，空受无想，积感玄寂，得作众圣道尊。常用慈念，欲令广度众生，是男是女，好愿至人，咸使

得见灵宝**妙法**。(《太上洞玄灵宝赤书玉诀妙经》卷上,6/183c)

(2)天有飞玄自然之气,合和五音,以成天中无量洞章,上演诸天之玄奥,赞大有之开明;中理自然之气,普度学仙之人;下度生死之命,拔出长夜之魂。元始**妙法**,亿劫长存。(《太上灵宝诸天内音自然玉字》卷三,2/546a)

【妙觉】

梵语su-buddhi的仿译,su义为"妙",buddhi义为"觉""智慧",二者合起来字面意思就是"妙觉"。佛经中指"使自己和他人觉悟真源的智慧"。

吾从无数劫经历三识处,除天、鬼、神、龙,何处无**妙觉**?(后秦·竺佛念译《中阴经》卷上,12/1063c)

灵宝经义:使自己和他人觉悟真源的智慧。

(1)无无曰道,义极玄玄,**妙觉**大度,弥劫历年,道素冥语而寄二篇,兆能长斋久思,讽诵洞经,叩齿咽液,吐纳太和,身作金华色,项负圆光,头簪日华,月英玄景,手把灵符十绝之幡,斯德巍巍,道之至尊,愔愔玄化,太上之真人矣。(《洞玄灵宝玉京山步虚经》,34/625c)

(2)思微定志之至理,务知三元**妙觉**无二,有道有地狱,祈请七玄苦,兼度未见者。(《太上洞玄灵宝智慧定志通微经》,5/890b)

(3)**妙觉**来去惠,魂神无暂灭。一生一死中,形魂不蹉跌,天地罪福门,缘对各归一。熟觉前身行,三途永难脱。(《太上玄一真人说三途五苦劝戒经》,6/872b)

【妙通】

梵语词ṛddhi,佛经里指"神奇的超自然力量"。

最胜声闻,有无数千,亿百千数,如江河沙。六通三达,得大

神足，于安住世，获致妙通。（西晋·竺法护译《正法华经》卷三，9/88b）

中古灵宝经中的"妙通"是动词，指"获得超自然的力量"。

若学神仙，思念无量，普得长生，身与我神，入定妙通。（《太上玄一真人说妙通转神入定经》，6/172c）

【灭度】

梵语词nirvāṇa的意译，佛教中谓通过修行达到超脱轮回，渡过苦海进入无生状态。

比丘破恶，一心思禅，荣利不移，志重若山，神通真人，犹复灭度。（东汉·昙果共康孟详译《中本起经》卷下，4/160c）

中古灵宝经中的"灭度"，指道教弟子死后尸体不坏，经过特定的年数后重生。①

（1）是善男子，善女人，精心尊奉，皆为十方大圣所有，洞达自然，身生水火，变化形影，飞升上清，功德未满，应经灭度，即为五帝所迎，径升天宫，不过泰山，化生贵门，与经道相遇，径得度世。（《太上洞玄灵宝赤书玉诀妙经卷》卷上，6/185a）

（2）夫欲安镇死人尸形，所在地官安慰抚恤，使得速还，更生福世，兴家致禄，世世不绝。当依明真科，天子公王以上金五两，以奉五帝，安镇五方；庶人则用铁五十斤，生死灭度因缘之信，其福无量。（《太上洞玄灵宝灭度五炼生尸妙经》，6/265b）

（3）灭度如脱胞，旷朗睹八清。转轮得神仙，缘我改心精。（《太上玄一真人说三途五苦劝戒经》，6/872b）

---

① 唐代孟安排《道教义枢》卷二"十二部义"中把"灭度"解释为"尸形不灰，如太一守尸，或经年岁，尸还成人也"。

【灭坏】

佛经义：破灭、消失。

若使自然，当有所有，便可灭坏，就于泥洹。（三国吴·支谦译《慧印三昧经》，15/467a）

灵宝经义：消失。

死则灭坏，归于寄胎父母，罪缘未尽，不得归于真父母也。（《太上洞玄灵宝三元品戒功德轻重经》，6/884a）

【愍济】

佛经义：同情救助，拯救。

昔我前世未为佛时，心弘普爱，愍济众生，犹若慈母育其赤子。（三国吴·康僧会译《六度集经》卷八，3/52a）

灵宝经义：同情救助，拯救。

（1）守仁不杀，愍济群生，慈爱广救，润及一切。（《太上洞玄灵宝赤书玉诀妙经》卷上，6/184b）
（2）常行慈心，愍济一切，放生度厄，其功甚重。（《太上洞玄智慧上品大诫》，3/393a）
（3）幸今遭会，得见道君，既不授以生道，是臣相命不得度世耳。如未哀者，复用暂生何为乎？惟乞愍济元元之心。（《太上灵宝五符序》卷下，6/341c）

【命根】

梵语词jivitendriya的仿译，jivita是"生命"的意思，indriya有"根、感官"的意思，二者合起来字面意思是"命根"，佛经里指"由前世之业所决定的维持今生寿命的依据"。也泛指"寿命"。

死为何等？所为人有，所为人有在生死，处处为舍身废坏灭，不复见命，已尽五阴、已舍命根、已灭死时，是名为死。(东汉·安世高译《四谛经》，1/815a)

灵宝经义：由前世之业所决定的今生生活状态的依据。

（1）恶恶相缘，善善相因，是曰命根。(《太极真人敷灵宝斋戒威仪诸经要诀》，9/872a)

（2）宿愿定命根，故致标高拟。(《洞玄灵宝玉京山步虚经》，34/626a)

（3）夫人生各有本行宿缘命根，种种相因，愿愿相随，以类相从，展转相生，祸福相引，是以世世不绝，玩好不同，用心各异，皆由先愿也。(《太上洞玄灵宝本行宿缘经》，24/666a)

（4）今当命使诸天神人说诸罪录，宣通法音，开悟群生，觉诸天人、善男子、善女人，令知身行罪恶命根因缘不绝，殃对相寻，流曳三途五道之中，魂形苦恼，亿劫无还。(《太上洞玄灵宝智慧罪根上品大戒经》卷上，6/889a)

【命过】

梵语词组vy-asanam āpanna的意译，vy-asanam有"死亡"的意思，āpanna有"陷入"的意思，二者合起来字面意思是"陷入死亡的境地"，意译作"命过"，犹"命终"。

彼鸟薄福，愁忧叫呼，声不休绝，缘是命过。(西晋·竺法护译《生经》卷一，3/73c)

灵宝经义：命终。

（1）师友命过，亦当修斋，行香诵经。(《灵宝无量度人上品妙经》卷一，1/6a)

（2）未得道者，名书太素玄台，命过升天，为太上之宾。

(《太上洞玄灵宝智慧罪根上品大戒经》卷下，6/891b）

（3）修飞仙之道，以本命之日，朱书上二字，向本命服之一年，生死皆与飞天齐功，**命过**不经地官，径登玄都上宫。(《太上洞玄灵宝诸天内音自然玉字》卷一，2/538b）

【魔】

梵语Māra以"魔"的形式进入汉语，一是指扰乱身心或破坏行善者和一切妨碍修行的心理活动。

复次，除诸法实相，余残一切法，尽名为<u>魔</u>。如诸烦恼、结、使、欲、缚、取、缠、阴、界、入，<u>魔</u>王、<u>魔</u>民、<u>魔</u>人，如是等尽名为<u>魔</u>。（后秦·鸠摩罗什译《大智度论》卷五，25/99b）

二是指欲界第六天他化自在天的坏人性命和妨碍修行的神灵。例如：

第九七法，当知。七现恩，一为若道行者意在佛，信入道根，生住无有能坏，若沙门、若婆罗门、若天、若<u>魔</u>、若梵，亦余世间行者。（东汉·安世高译《长阿含十报法经》卷上，1/236c）

在中古灵宝经中，"魔"也有两个意思：

一个是沿用佛经中的词义，指扰乱身心和一切妨碍修行的心理活动。

（1）道曰："尔有志心，发无上道意，欲度诸天人民善男善女，咸使得离三恶五道八难之中……当以八节甲子之日，投三元玉简，除宿罪簿，言名上天，事事三过……尔谛奉行，勿为懈怠，使**魔**坏尔真。"（《太上洞玄灵宝赤书玉诀妙经》卷上，6/186a、b）

（2）天书尊重，禁不轻传。今生男女，心不怀二，敬信自然。受之者，皆得升度。奉之者，皆得长年。轻财重法，致**魔**不言。（《太上洞玄灵宝诸天内音自然玉字》卷四，2/563b）

另一个意思是妨碍人们修行成仙的鬼神。

（1）九气青天，明星大神。焕照东乡，洞映九门。转烛扬光，扫秽除氛。开明童子，备卫我轩。收魔束袄，上对帝君。奉承正道，赤书玉文。九天符命，摄龙驿传。普天安镇，我得飞仙。(《太上洞玄灵宝真文要解上经》，5/905a)

（2）大劫交周，洪灾四冲，身得飞行，过度天灾八难之中，千凶万毒，莫不消亡，灭魔攘试，杀鬼斩奸，洞睹幽明，逆察吉凶，役使天官，坐召十方神仙自至化景炼形，坐在立亡，飞升上清，与九祖父母同登九天。(《太上洞玄灵宝赤书玉诀妙经》卷下，6/204b)

（3）又以五月五日中时，朱书第五、第六二字，向南服之，二十四年，皆得游行摩夷天中，召魔制灵，威伏百万。(《太上灵宝诸天内音自然玉字》卷一，2/538b)

【魔界】

佛经义：魔王居住的世界。

于是中想闻其决，欲有所得，当觉知魔为，其作想求者为堕魔界。(东汉·支娄迦谶译《道行般若经》卷四，8/447c)

灵宝经义：魔怪居住的世界。

魔见丘曾发心大愿，恐过魔界，因托作五帝老人，往告丘曾……(《太上洞玄灵宝真文度人本行妙经》，《无上秘要》卷十五，上/145)

【魔魅】

佛经义：魔怪。

佛告普观菩萨摩诃萨："若后末世遭灾祸者，为诸魔魅之所伤

犯，当净身口意，不啖杂食五辛之属。"（东晋·帛尸梨蜜多罗译《灌顶经》卷五，21/511b）

灵宝经义：魔怪。

（1）正真居其心，则**魔魅**远矣。不知上经大义，无以持检其心，邪魔鬼气入心中动作，其意无所不至。（《太极真人敷灵宝斋戒威仪诸经要诀》，9/872c）

（2）子欲保身形，别邪精**魔魅**，当得明镜图。（《太上无极大道自然真一五称符上经》，11/641a）

【魔王】

梵语词māreśvara的音译加意译，māra音译作"魔"，īśvara有"王"的意思，二者合起来字面意思就是"魔王"，佛经里指的是"欲界第六天他化自在天带领众魔坏人性命和妨碍修行的首领"。

吾本起学，欲度众生，欲界**魔王**，归伏道化。（东汉·昙果共康孟详译《中本起经》卷上，4/149c）

中古道经中的"魔王"有三个意思：
一是指影响学道之人修行者，名叫"摩罗"。

摩罗者，天中大魔之内讳也。郁馥一唱，则**魔王**束身，天开八方法轮之门，以度下世学者之身。（《太上灵宝诸天内音自然玉字》卷三，2/553a、b）

二是指"惩恶但助潜心修道者的鬼神之王"。

（1）青天**魔王**，巴元丑伯。赤天**魔王**，负天担石。白天**魔王**，反山六目。黑天**魔王**，监丑朗馥。黄天**魔王**，横天担力。五帝大魔，万神之宗，飞行鼓从，总领鬼兵，麾幢鼓节，游观太空，自号

赫奕，诸天齐功。上天度人，严摄北酆。(《灵宝无量度人上品妙经》卷一，1/4c)

（2）神霄王，**魔王**之主，常试教学道之人学正与不正。**魔王**恒作谣歌，以乱其心。固者，王即保举，得王保举，径升皇笳天中。缘遭，则南北二斗君之内讳。人有善功，则列言于南斗，南斗则度三界之难，拔九幽之苦，宣告**魔王**不敢败之也。人之行恶，三官列罗于北斗，北斗则告下于**魔王**，**魔王**而灭之焉。(《太上灵宝诸天内音自然玉字》卷三，2/552b)

（3）俯仰存太上，华景秀丹田。左顾提郁仪，右眄携结璘。六度冠梵行，道德随日新。宿命积福庆，闻经若至亲。天挺超世才，乐诵希微篇。冲虚太和气，吐纳流霞津。胎息静百关，寥寥究三便。泥丸洞明景，遂成金华仙。**魔王**敬受事，故能朝诸天。皆从斋戒起，累功结宿缘。飞行凌太空，提携高上人。(《洞玄灵宝玉京山步虚经》，34/626b)

三是"魔道"，即魔鬼所在的六天。

吾学道修斋读经，立功济物，事师恭勤，弥劫历年，或生王家，或生公门，或生贱人，或生诸天，或生**魔王**，或还堕地狱，徒作三官，经履十苦八难，而执志不亏，转轮求道，常为世人所笑，亦不与言。(《太上洞玄灵宝本行宿缘经》，24/670b)

*【摩罗】

佛经中把梵语Māra全译为"魔罗"，就是通常所说的"魔"。

问曰："何以名魔？"答曰："夺慧命，坏道法功德善本，是故名为魔。"诸外道人辈言："是名欲主，亦名华箭，亦名五箭，破种种善事故。佛法中名为**魔罗**。"(后秦·鸠摩罗什译《大智度论》卷五，25/99c)

中古灵宝经中的"摩罗"是天中大魔王的名字。南齐严东《度人经注》有细致的说明:"魔王讳摩,字罗也。"

摩罗者,天中大魔之内讳也。郁馥一唱,则魔王束身,天开八方法轮之门,以度下世学者之身。(《太上灵宝诸天内音自然玉字》卷三,2/553a、b)

[N]

【年劫】

佛经义:极久远的时间。

用因此罪,堕大地狱十八囹圄,受殃酷痛,弥历年劫。(西晋·聂承远译《超日明三昧经》卷下,15/547b)

灵宝经义:时间。

(1)济我六度行,故能解三罗。清斋礼太素,吐纳养云芽。逍遥金阙内,玉京为余家。自然生七宝,人人坐莲花。仰嚼玄都柰,俯酣空洞瓜。容颜耀十日,冥计年劫多……(《洞玄灵宝玉京山步虚经》,34/627a)

(2)下元三品,右宫名北丰都宫,一名罗丰宫,总主水中积夜死鬼谪役年劫及百鬼万灵事……(《太上洞玄灵宝三元品戒功德轻重经》,6/878b)

(3)学仙道欲长生久视,享无期之年劫,安宗庙,兴门族,度七世父母苦厄,升天堂,后世出贤明子孙,当受灵宝真文。(《太极真人敷灵宝斋戒威仪诸经要诀》,9/870b)

【念度】

佛经义:同"度脱",指的是"度越生死烦恼之苦,而得解脱"。

自能防制，念度苦原者，众行已具，便不履苦，越过苦表。何者苦表？灭尽泥洹是，彼无复众苦热恼。（后秦·竺佛念译《出曜经》卷十九，4/712c）

灵宝经义：使人解脱。

（1）生世敬信，修奉智惠上品十戒，积诸善功，供养法师，烧香燃灯，佐天光明，照耀十方，施惠有德，念度众生，死升东华，受号飞天，位比太和十转弟子，为众圣策驾，游行云中。（《洞玄灵宝长夜之府九幽玉匮明真科》，34/381a）

（2）此子累劫念道，致太极玉名，寄慧人中，将独步玉京，超逸三界，巍巍乎太上仙公之任矣。故慈心于天人，念度于后学也。（《太上洞玄灵宝智慧本愿大戒上品经》，6/155b）

[P]

【平等】

佛经义：相同、无差别。

吾忍如地，必得平等正觉。（东汉·昙果共康孟详译《中本起经》卷上，4/148c）

灵宝经义：相同、无差别。

（1）然三官相切，文墨纷纭，龙门受会，鸟母督仙，万圣显驾，昼夜无闲，功过平等，使生死无偏，此之昏闹，亦臣之忧矣。（《洞玄灵宝自然九天生神章经》，5/845a）

（2）若见净水，当愿一切洗垢清虚，平等其心。（《太上洞玄灵宝智慧本愿大戒上品经》，6/157a）

【菩提】/*【菩题】

佛经中有"菩提",是梵文bodhi的音译,用以指豁然彻悟的境界,又指觉悟的智慧和觉悟的途径。

> 汝岂不念"瞿昙沙门能说菩提。自能调伏,能调伏人;自得止息,能止息人;自度彼岸,能使人度;自得解脱,能解脱人;自得灭度,能灭度人?"(后秦·佛陀耶舍共竺佛念译《长阿含经》卷八,1/49a)

中古灵宝经中的"菩提"是神仙的名字,在三十二天的不同天中所指不同。在东方八天之"太明玉完天"中指的是"三元上圣"。

> (1)大明须灵会,延侍开玉真。明道梵玄路,百披入三便。法轮洞幽辽,揽觉大模新。菩提御网运,昙颐自回椿。(《太上灵宝诸天内音自然玉字》卷三,2/547c)
>
> (2)菩提[①],三元上圣,执九色之麾。(《太上灵宝诸天内音自然玉字》卷三,2/548a)

在南方八天之"玄明恭庆天"中,"菩提"是该天天帝龙罗的隐号。

> 玄明恭庆天,帝龙罗菩提。(《灵宝无量度人上品妙经》卷一,1/4a)

《太上灵宝诸天内音自然玉字》卷三还有"菩题"二字,是南方八天之"曜明宗飘天"飞天真人的隐号。

> 菩题者,飞天真人之隐号,有无数之众,飞于玉台之上。(《太上灵宝诸天内音自然玉字》卷三,2/551c)

[①] "菩提",道藏本《太上灵宝诸天内音自然玉字》卷三本作"菩昙",此据道藏本《元始无量度人上品妙经》四注改为"菩提"。

【普度】

梵语词 saṃtāraṇa 的意译，佛教谓广施法力使众生普遍得到解脱。

子如师子劝助愍哀，**普度**众生具足如意，所愿者得。（西晋·竺法护译《普曜经》卷三，3/503c）

中古灵宝经沿用了佛经中的"普度"，也是"广施法力使众生普遍得到解脱"的意思。

（1）感念十方天人受生，不能保度其身，长处苦恼，甘心履罪，展转五道，无能觉者。是故广明法教，开导愚蒙，咸使天人得入无上正真之门，**普度**一切。（《太上洞玄灵宝赤书玉诀妙经》卷上，6/184b）

（2）天有飞玄自然之气，合和五音，以成天中无量洞章，上演诸天之玄奥，赞大有之开明；中理自然之气，**普度**学仙之人；下度生死之命，拔出长夜之魂。（《太上灵宝诸天内音自然玉字》卷三，2/546a）

（3）天尊告一太上道君曰："今日普与十方至真、无极大圣众同生一劫，欢乐难譬，言不觉尽，心不觉现。说诸善恶禁戒科律，无所藏隐，诸天同庆，齐宣法音，**普度**无量。今生何幸！遇此经教，自发善心，命得长年，不横夭伤……"（《太上洞玄灵宝智慧罪根上品大戒经》卷下，6/894c）

在《灵宝无量度人上品妙经》中"普度"又写作"普渡"。

（1）三十二天，三十二帝，诸天隐讳，诸天隐名。天中空洞，自然灵章。诸天隐韵，天中之音。天中之尊，天中之神。天中大魔，天中之灵。九和十合，变化上清。无量之奥，深不可详。敷落神真，**普渡**天人。（《灵宝无量度人上品妙经》卷一，1/4b）

（2）夫天地运度，亦有否终。日月五星，亦有亏盈。至圣神人，亦有休否。末学之夫，亦有疾伤。凡有此灾，同气皆当齐心修斋，六时行香，十遍转经，福德立降，消诸不祥，无量之文，**普渡**无穷。(《灵宝无量度人上品妙经》卷一，1/5c、6a)

【普济】

梵语词pramocana的意译，佛经里指"广泛济度"。

众佑受施止顿，一时大化普济，靡不欣乐。(东汉·昙果共康孟详译《中本起经》卷上，4/153b)

中古灵宝经中的"普济"也是"广泛济度"的意思。

(1) 如是普济众生学与不学，教导三乘，广开法门，上理三光，中调阴阳，下开万生，皆从受覆荫，拔度七祖，开转穷魂，生死伤败，莫不成就，轮转不灭，如船度人。(《太上玄一真人说妙通转神入定经》，6/174c)

(2) 众怨既散，神明自佑。神明既降，天民归心。功德广载，福荫无穷，普济一切，护度群生。斯法妙重，难可具称。(《太上洞玄灵宝真文要解上经》，5/907c)

[Q]

【七宝】

梵语词sapta-ratna的仿译，sapta是"七"，ratna有"珍宝"的意思，二者合起来字面意思就是"七宝"，佛经里指"七种珍宝"，泛指"金银珠宝"。

迎遮迦越王法，庄严国土，面四十里，平治道路，香汁洒地，金银珍琦，七宝栏楯，起诸幢幡，缯彩花盖，城门街巷，庄严校饰，弹琴鼓乐，如忉利天，散花然灯，烧众名香，敬侍道侧。(东汉·竺大力共康孟详译《修行本起经》卷上，3/461c)

中古灵宝经中的"七宝"也是泛指"金银珠宝"。

（1）《元始五老赤书玉篇》，出于空洞自然之中，生天立地，开化神明。上谓之灵，施镇五岳，安国长存；下谓之宝，灵宝玄妙，为万物之尊。元始开图，上启十二灵瑞，下发二十四应。一者……十一者，是时悬下七宝神奇，以散诸地，资生兆民。十二者……（《元始五老赤书玉篇真文天书经》卷上，1/774c、775a）

（2）受度《诸天内音自然玉字》，当依明真典格，以朱书白素，上赍七宝，镇灵金缯，效心拜黄缯章表，告诸天度文，露于中坛三日三宿，不遇风雨，文不飞扬，合真以传。（《太上洞玄灵宝诸天内音自然玉字》卷一，2/536c）

（3）济我六度行，故能解三罗。清斋礼太素，吐纳养云芽。逍遥金阙内，玉京为余家。自然生七宝，人人坐莲花。（《洞玄灵宝玉京山步虚经》，34/627a）

又作"七宝林"的简称，指"神仙居住的上清大罗天玉京玄台的七宝林"。

（1）秋七月、八月、九月，当朱书文，向王叩齿七通，咒曰："飞玄八会，结气成真。六十四字，总灵天根。开度生死，朽骨还人。幽魂披散，受气上玄。今日时庆，万愿开陈。众真交会，我愿成仙。景与道合，我愿我神。得乘素云，上升帝晨。七宝欢乐，交友真人。"（《太上灵宝诸天内音自然玉字》卷二，2/544c、545a）

（2）上圣游七宝，飞天诵灵文。（《太上洞玄灵宝空洞灵章》，《无上秘要》卷二十九，中/416）

【七宝宫】
佛经义：华美的宫殿。

憍尸迦闻，即遣使下诣阿修罗而求此女。阿修罗言："汝天福德，汝能令我乘七宝宫，以女妻汝。"（东晋·佛陀跋陀罗译《观佛

三昧海经》卷一，15/647a）

灵宝经义：仙人所居的宫殿。

（1）大法开张，泽被十方，今生来世，男女善人，当得此恩。然按元阳玉匮，九天推数运行，灵关周回，三十二天一交，伪道出行，万姓心怀，诈共崇奉，此文当还大罗之上七宝宫中。（《太上洞玄灵宝诸天内音自然玉字》卷四，2/562b）

（2）元始灵宝西天大圣众、至真尊神、无极大道……常以月二十八日，上会灵宝太玄都玉京金阙七宝宫，奉斋朝天文，共集推校日月星辰分度，并得道人名。（《元始五老赤书玉篇真文天书经》卷下，1/795b）

【七宝光】

梵语词jyotiṣ-prabhā-ratna的仿译，jyotiṣ和prabhā都有"光明""光辉"的意思，ratna有"珍宝"的意思，三者合起来字面意思就是"宝光""七宝光"，义为"如珍宝散发的光芒"。

便感斯那二女，使于梦中见天下尽成为水，中有一花，七宝光色，须臾便萎，失其本色。（东汉·竺大力共康孟详译《修行本起经》卷下，3/469c）

灵宝经义：如珍宝散发的光芒。

灭度如脱胞，旷朗睹八清。转轮得神仙，缘我改心精。受报无穷量，志定入福庭。三十二相好，皆从身中明。项负七宝光，照耀诸天形。（《太上玄一真人说三途五苦劝戒经》，6/872b、c）

【七宝林】

梵语词ratna-yaṣṭi的仿译，ratna有"珍宝"的意思，yaṣṭi有"树""树林"的意思，二者合起来字面意思就是"宝林""七宝林"，佛

七宝林

经里指"珍奇的树林"。

一光照东南方,令东南方其地马瑙色,马瑙地上有虎魄山,虎魄山上生七宝林,七宝林间有十泉水,水十宝色,水色放光,普照东南方无量世界。(东晋·佛陀跋陀罗译《观佛三昧海经》卷三,15/658a)

中古灵宝经沿用了佛经中的"七宝林",也作"珍奇的树林"的意思。

(1)骞树玄景园,焕烂七宝林。(《洞玄灵宝玉京山步虚经》,34/626b)

(2)太上玄一第(按:当为"帝"之讹字)一真人颂曰:"众妙出洞真,焕烂耀太清。奉者号仙人,体元永长生。逍遥戏玄虚,宫殿罗其形。蒨灿七宝林,晃朗日月精……"(《洞玄灵宝玉京山步虚经》,34/627c)

也特指"神仙居住的上清大罗天玉京玄台的七宝林"。

(1)天尊告太上道君曰:"诸天上圣、至真大神、诸天帝王及已过去尘沙之辈,得道之者,莫不由施散布德,作诸善功,功满德足,以致善报,轮转不绝。皆得道真,超陵三界,逍遥上清大罗之天,玉京玄台七宝林中。"(《太上洞玄智慧上品大诫》,3/395c)

(2)龙汉多纯民,混心皆自然。五情不争竞,形有不死神。龙门断长河,三涂不役人。休息五道场,罢除刀剑山。荡荡元汉内,九幽无苦魂。不闻哭尸声,但闻长乐言。不见长夜鬼,但见飞天仙。斯世乐何乐,故诵兴乐篇。诸天稽首庆,同称庆劫年。玄都七宝林,十天普弥罗……(《太上洞玄灵宝智慧罪根上品大戒经》卷下,6/894a)

(3)灵宝神仙图曰:"下部八真神图,以元始灵宝洞神之气,化生自然下部八景下真,镇在人身中下元宫中,致下元生气。精思八年,下元八真使千乘万骑,运致神仙,羽盖载人,俱升七宝林中。"(《洞玄灵宝二十四生图经》,34/342a、b)

【七宝台】

梵语词saptaratnamaya kūṭāgāra的仿译，saptaratna有"七宝"的意思，kūṭāgāra有"高楼""高台"的意思，二者合起来字面意思就是"七宝台"，在佛经里有"用珍宝装饰的楼台"的意思。

所散诸花，当法上菩萨上，化作七宝台止于虚空。（西晋·无罗叉译《放光般若经》卷二十，8/144c）

灵宝经义：位于大罗天玉京山的"七宝台"。

（1）极瑶天中第一至第四，四字书玉京山七宝台上，主诸真人游行仪典。（《太上灵宝诸天内音自然玉字》卷二，2/541a）

（2）数尽大劫交，独为澄清晖。天地并化消，众圣皆竞归。旋绕七宝台，蹑空振羽衣。（《太上洞玄灵宝空洞灵章》，《无上秘要》卷二十九，中/417）

【七宝之树】

梵语词saptaratnamaya-vṛkṣa的仿译，saptaratna有"七宝"的意思，vṛkṣa有"树"的意思，二者合起来字面意思就是"七宝之树"，佛经里指"珍奇的树木"。

善男子！彼有菩萨名法上。在其国中央有宫殿舍，广纵四十里，皆以七宝作宫墙七重，所有栏楯七宝之树、园观、浴池亦复七重。（西晋·无罗叉译《放光般若经》卷二十，8/142b）

中古灵宝经沿用了佛经中的"七宝之树"，也是指"珍奇的树林"。

（1）玄都玉京山在三清之上，无色无尘，上有玉京金阙七宝玄台，紫微上宫中有三宝神经，山之八方，自然生七宝之树，一方各生一株，八株弥满八方，覆盖诸天，色罗三界，为无上大罗天。（《洞玄灵宝玉京山步虚经》，34/625b）

（2）灵宝玄都玉山处于上天之中，七宝之树垂覆八方。(《元始五老赤书玉篇真文天书经》卷中，1/790c)

【七世】

佛教认为一个人有七度转生，每一次转生所生活的时间称为一世。"七世"指七次转生生活在世间的七个时间段。

以是三结尽，便随道得一，不复堕恶处，当得度世。在人间天上，不过七世，已更七世便毕苦。(东汉·安世高译《一切流摄守因经》，1/813c)

中古灵宝经中的"七世"和佛经中的意思一样。

（1）子七世有惠，割口救穷，仁及鸟兽，福流后代，润洒子身。(《太上洞玄灵宝真一劝诫法轮妙经》，6/171b)
（2）今所以恨者，恨未得亲持斋诫读经，然灯行道，礼谢七世之愆疴耳，为我来生作桥梁者也。(《在上洞灵宝本行宿缘经》，24/671a)

【七世父母】

佛经义：过去七世中每一世生养自己的父母。

邪（神）反复往说昔受决事，并七世父母中外宗家姓字。(三国吴·支谦译《大明度经》卷五，8/498c)

中古灵宝经沿用了佛经中的"七世父母"，也是"一个人过去七世的父母"的意思。

（1）经不从师受，则无神气，修之不行，侍经仙童恒司考人，殃及七世父母。(《太上洞玄灵宝本行宿缘经》，24/670b)
（2）三洞大法师小兆臣某，今故立直，初捻上香愿以是功

德，为帝王国主，君臣吏民、普天七世父母，去离忧苦，上升天堂。（《洞玄灵宝长夜之府九幽玉匮明真科》，34/388b）

（3）子有宿命，得吾五符与白华，共致神精，慎勿轻泄与世人。子妄泄示，违负天气，殃致灭身，上及七世父母，下及七世子孙。（《太上无极大道自然真一五称符上经》，11/640b）

【七祖】

佛经中同"七世父母"，指"过去七世中每一世生养自己的父母"。

师又语言汝七祖为九幽所罗，魂在大山。当以匹帛随方之色，救赎汝等七祖之魂，拔除汝等七世之过。（东晋·帛尸梨蜜多罗译《灌顶经》卷一，2/499a）

中古灵宝经沿用了佛经中的"七祖"，也是"一个人七世的父母"的意思。

（1）夫学上法，思神念道，山居静志，修斋诵经，转度七祖，身求神仙，当行《五老赤书真文》上法。（《太上洞玄灵宝赤书玉诀妙经》卷上，6/189b）
（2）道德五千文，经之至赜，宣道之意，正真之教尽也。焕乎奇文矣。诵之千日，虚心注玄，白日升仙，上为太上四华真人，此高仙之宗也。亦能致庆于七祖矣。（《太上无极大道自然真一五称符上经》，11/641c）
（3）经语与世书语相似者，此非世流俗之常辞也。皆敷演玄真，寂畅自然，披散太上，蔚罗天尊，理颐希微，涤滞清神，住年回劫，遂成升仙，长存无极，七祖生天堂。（《太上洞玄灵宝本行宿缘经》，24/669c）

【绮语】

梵语词saṃbhinna-pralāpa的仿译，saṃbhinna有"杂秽""邪绮"的意思，pralāpa有"饶舌、杂谈"的意思，二者合起来可理解为"不着边际、华而不实的话",即"绮语",是佛教十恶业之一。

> 第五十法,可令减十事恶行。何等为十?一为杀、二为盗、三为犯色、四为两舌、五为妄语、六为粗语、七为<u>绮语</u>、八为痴、九为瞋、十为邪意。(东汉·安世高译《长阿含十报法经》卷下,1/241a)

中古灵宝经沿用了佛教中的"绮语",也作十恶业之一。

> (1)斋人若妄言、<u>绮语</u>,论及私鄙,罚香一斤,油五升,朱三两。(《太极真人敷灵宝斋戒威仪诸经要诀》,9/870a)
> (2)三元品戒罪目:学上道,不信经戒、怀疑两心之罪……学者及百姓子<u>绮语</u>、两舌不信之罪……(《太上洞玄灵宝三元品戒功德轻重经》,6/880a、b)

【悭贪】
佛经里指"吝啬而贪财"。

> 行般若波罗蜜,不持瞋恚意向人,不求他人短,心无<u>悭贪</u>,心不毁诫,心不怀恨,心不懈,心不迷乱,心不愚痴。(东汉·支娄迦谶译《道行般若经》卷八,8/465a)

中古灵宝经中的"悭贪"也是"吝啬而贪财"的意思。

> (1)末世伪薄,人情<u>悭贪</u>,唯知聚积,为己重担,莫能发心作此功德。(《太上洞玄智慧上品大诫》,3/395c)
> (2)<u>悭贪</u>惟欲得,不念施众生。死魂为饿鬼,后生六畜形。(《洞玄灵宝长夜之府九幽玉匮明真科》,34/383c)

【前身】
梵语词pūrva-deha的仿译,pūrva是"过去、前世"的意思,deha

是"身体"的意思,二者合起来字面意思就是"前身",佛经中指"前世""前一辈子"。

  目犍连曰:"天王!此处极为微妙,皆由前身所作福佑故,致此自然宝堂,犹如人间小有乐处,各自庆贺,如天官无异,皆由前身作福所致。"(东晋·僧伽提婆译《增壹阿含经》卷十,2/594a)

中古灵宝经中的"前身"也是"前世""前一辈子"的意思。

  (1)此人前身十生人道,恒无善行,生辄元逆,一气天君梵气诸灵官三界主司结其罪录,依玄都女青下宫右官律,万劫得还,生下人之身,作仆使,轮转十二万劫无数之周,乃得作南河都役使。(《太上洞玄灵宝智慧罪根上品大戒经》卷下,6/891a)
  (2)如此之德,皆由其前身行业,积善愿念所致。(《太上玄一真人说劝诫法轮妙经》,6/176a)
  (3)谨以三元大庆吉日,清斋烧香,首谢前身及乎今日积行所犯、天所不原、地所不赦、神所不哀、鬼所不放亿罪兆过,触犯三元百八十条、三官九府百二十曹、阴阳水火、左右中官考吏之罪。(《太上大道三元品诫谢罪上法》,6/582a、b)

【前生】
佛经中犹"前身"或"前世","前一辈子"的意思。

  前生异世,今生不同,是则至诚,不为妄语,如斯用时救彼女厄。(西晋·竺法护译《鸯掘摩经》,2/510a)

中古灵宝经中的"前生"也是"前世""前一辈子"的意思。

  (1)尔有善心,来归法门,由尔前生万劫已奉至真,功满德足,致生道世,值遇法兴。(《太上洞玄灵宝赤书玉诀妙经》卷上,6/183c)

（2）斯人前生不念慈心，三春游猎，张罗布网，放火烧山，刺射野兽，杀害众生，其罪深重，死受殃罚，身负槌打，万痛交行，驱驰百极，食息无宁。（《太上洞玄灵宝智慧罪根上品大戒经》卷下，6/893a）

（3）天尊以道眼遥见此人前生在世得为人师，而秘惜经典，故弟子于道之心亦复犹豫，因此微缘，缘犹可度。（《太上洞玄灵宝智慧定志通微经》，5/894c）

【前世】

梵语词pūrva，佛经中指"前生"，即"前一辈子"。

何等，比丘！流从见断？是闻，比丘！痴，不闻者，世间人不见贤者，亦不从贤者解，亦不从贤者解教诫，令如是非本念：前世我为有不？前世我为无有不？前世我为何等？前世我为云何？未来世我当有不？未来世我当无有不？未来世我当云何？未来世我云何为？（东汉·安世高译《一切流摄守因经》，1/813b）

中古灵宝经中的"前世"也是"前生""前一辈子"的意思。

（1）斯人前世不敬鬼神，不信经教，犯忤地祇、五岳四渎，罪非可纪。死受酷罚，幽沉地狱，自非明真科法拔度，万劫无原。（《太上洞玄灵宝智慧罪根上品大戒经》卷下，6/893b）

（2）夫学道，常净洁衣服，别靖烧香，安高香座，盛经礼拜，精思存真，吐纳导养，悔谢七世父母及今世前世重罪恶缘，布施立功，长斋幽静，定其本愿。（《太上洞玄灵宝本行宿缘经》，24/667c）

（3）夫为父母、兄弟、姊妹、夫妻、君臣、师保、朋友，皆前世所念，愿为因缘，展转相生也，莫不有对者哉，故曰倚伏难穷矣。（《太上洞玄灵宝智慧本愿大戒上品经》，6/156b）

【清戒】

梵语词brahma-carya的仿译，brahma音译作"梵"，"清净"义，carya有"行为"的意思，二者合起来字面意思是"行为清净、无缺陷"，即"清戒"，指"行为上严格的自我约束"。

佛经义：戒律。

> 梵志心然，宿命屡奉诸佛、执行清戒，今闻尊教，具解无上正真觉道，心垢寂尽，入三脱门，长离众苦。（《三国吴·支谦译《梵摩渝经》，1/886a）

灵宝经义：戒律。

> 修奉清戒，每合天心，常行大慈，愿为一切普度厄世，慊慊尊教，不得中息。（《太上洞玄灵宝赤书玉诀妙经》卷上，6/184c）

【清信】

佛经义：受三归、五戒得清净信心。

> 如维蓝惠，以济凡庶，毕其寿命，无日疲懈，不如一日饭一清信具戒之女，其福倍彼，不可筹算。（三国吴·康僧会译《六度集经》卷三，3/12b）

灵宝经义：信奉道教的人。

> 今日大庆，青天始阳，高驾临正，万道开通，甲乙受度，托尸玄房，太上清信，魂应上升。（《太上洞玄灵宝灭度五炼生尸妙经》，6/262a）

【清信士】

梵语词upāsaka的意译，指"不仅信佛，而且提供维持僧侣生活的衣食住药四种生活必需品的佛教居士"。

是时佛在摩竭提界善胜道场贝多树下，德力降魔，觉慧神静，三达无碍。度二贾客：提谓、波利，授三自归及与五戒，为<u>清信士</u>。（东汉·竺大力共康孟详译《修行本起经》卷下，3/472b）

灵宝经义：信奉道教的人。

（1）十天轮空洞，死生从中归。善恶各生根，缘对初无亏。昔见<u>清信士</u>，故得十天飞。（《太上洞玄灵宝智慧罪根上品大戒经》卷上，6/888c）

（2）玄都七宝林，十天普弥罗。紫烟观灵晖，云景秀玉阿。上有福德堂，宫室互参差。皆是<u>清信士</u>，真仙飞天家……（《太上洞玄灵宝智慧罪根上品大戒经》卷下，6/894a、b）

【清信士女】

梵语词upāsaka-upāsikā的仿译，upāsaka是"清信士"的意思，upāsikā是"清信女"的意思，二者合起来字面意思就是"清信士女"，指"不仅信佛，而且提供维持僧侣生活的衣食住药四种生活必需品的佛教男女居士"。

于时，世尊适已入城，诸天于上下诸宝盖执在虚空，佛即往到童子宝网家前坐其舍，与四部众比丘、比丘尼、<u>清信士女</u>悉在其中，次第而坐。（西晋·竺法护译《宝网经》，14/79b）

灵宝经义：信奉道教的男女。

今说是戒，护度天人，明识谛受，勤行勿忘。若清信士女，必能保持十戒，才力兼赡，欲勤行精进，广施众善者，可授十二可从，开示十善、十四持身之品也。（《太上洞玄灵宝智慧罪根上品大戒经》卷上，6/887c）

【卿等】
梵语词yuṣmat的意译新造词,"你们"的意思。

卿等持心,何无牢固?(三国吴·支谦译《太子瑞应本起经》卷下,3/480c)

灵宝经义:你们。

(1)卿等二贤已发大慈大悲,亦当同斯趣耶?(《太上洞玄灵宝智慧定志通微经》,5/888b)

(2)两半成一,其义有五,卿等知乎?(《太上洞玄灵宝智慧定志通微经》,5/889b)

(3)卿等颇忆往古鞠育之恩乎?(《太上洞玄灵宝智慧定志通微经》,5/892c)

【劝化】
佛经义:通过宣传教义使人感悟向善。

今我嘱累告汝等,佛慧无量知彼本,是等不独见一佛,亦不立此得其慧。彻照彼之宿世命,以曾更见八万佛,五百人等存在道,常解经义勉行成。劝助无数诸菩萨,常行慈哀护经法;劝化一切众人民,悉令逮得大道行。(东汉·支娄迦谶译《般舟三昧经》卷中,13/911b)

灵宝经义:通过宣传教义使人感悟向善。

(1)道言:"灵宝开法度人,有十二可从而得度世者,尔宜从之,自得正直,终入无为。一者……四者尊受师训,广开劝化,令入法门,远离盲道。五者……"(《太上洞玄灵宝赤书玉诀妙经》卷上,6/184c)

(2)运度促急,大法宜行,使有心者得于考算之中闻于法音,

开示于视听，劝化于未悟者也。(《洞玄灵宝自然九天生神章经》，5/845a）

（3）一切是辈并是得道真人，共作视见，劝化愚蒙，身不复痛，了见人理。(《太上洞玄灵宝智慧定志通微经》，5/893a）

【劝助】

"劝助"本是一个汉语词，义为"鼓励扶助"，如东汉王粲《羽猎赋》："遵古道以游豫兮，昭劝助乎农圃。"又为梵语词anu-modanā的意译。在佛经中有"以赞助他人的方式行善事"的意思。一般用作"布施"的代语。

新学菩萨摩诃萨，闻是或恐或怖。若菩萨摩诃萨欲作功德者，当云何劝助其福德作阿耨多罗三耶三菩？（东汉·支娄迦谶译《道行般若经》卷三，8/438b）

中古灵宝经中的"劝助"多指"在经济上赞助他人"。

（1）复有凡人，见道士静斋然灯，烧香礼拜，旋行济济，便发道心，欲供养三宝，其人家穷，无他珍肴，以数茎菜劝助中食。(《太上洞玄灵宝本行宿缘经》，24/668c）

（2）劝助香油众乏，令人世世芳盛，香洁光明，容眸绝伟，天姿高秀。(《太上洞玄智慧上品大诫》，3/393b）

（3）如此之行，皆由其前身供养道士，劝助师宗，奉香然灯，建立福田，损身施惠，救厄恤贫，功满德普，一灭一生，得如今之业。(《太上玄一真人说劝诫法轮妙经》，6/176b）

[R]

【饶益】

"饶益"本是汉语中的固有词语，义为"富裕"，如《史记·货殖列传》:"七十子之徒,赐最为饶益。"佛经中的"饶益"是梵语词anu-graha、artha、pari-trātṛ等词的意译,义为"使……受利"。

伏闻瞿昙,饶益一切,令得安隐。(东汉·昙果共康孟详译《中本起经》卷下,4/162a)

中古灵宝经中的"饶益"也是"使……受利"的意思。

(1)愿垂告诲,令众见明,饶益一切,普得安全。(《太上灵宝诸天内音自然玉字》卷三,2/545b)

(2)此法饶益一切求道之士也。(《太上洞玄灵宝本行宿缘经》,24/667b)

【人道】
梵语词māuṇṣya的意译,或māuṇṣya-gati的仿译,māuṇṣya的原形māuṇṣya是"人""人道"的意思,gati有"境界""道""趣"的意思,二者合起来字面意思也是"人道",是佛教五道或者六道之一,即人的道途,也就是"人间"的意思。

如是信者,心无有疑,不厌、不喜、乐闻,念不欲远离经师。譬如新生犊子,心终不远离其母。是菩萨从人道中来生是间,前世学人今来复得深般若波罗蜜,便信乐不远离也。(东汉·支娄迦谶译《道行般若经》卷五,8/451b)

中古灵宝经借用了佛经中的"人道",是与"仙道"相对的"五道"中的一道。

(1)仙道难固,鬼道易邪。人道者心,谅不由他。仙道贵实,人道贵华。尔不乐仙道,三界那得过?其欲转五道,我当复奈何?(《灵宝无量度人上品妙经》卷一,1/5c)

(2)夫人得还生于人道,濯形太阳,惊天骇地,贵亦难胜,天

真地神，三界齐临，亦不轻也，当生之时亦不为陋也。（《洞玄灵宝自然九天生神章经》，5/843c）

（3）或堕情欲，还随流俗，身没名灭，轮转死道，更诸苦恼。或失人身，忽去人道，未有还期也。（《太极真人敷灵宝斋戒威仪诸经要诀》，9/872a）

（4）无极世界男女之人，生世身行，发心举意，恒恶为先……死受恶对……万劫当还，生边夷之国，有人之形，无人之情，永失人道，长沦罪门，流曳五苦八难之中，不得开度，亿劫无还。（《洞玄灵宝长夜之府九幽玉匮明真科》，34/382a）

【忍辱】

佛教六种修行途径（六度）之一，具体表现为能忍，不起瞋恚，也就是"不恼怒怨恨"的意思。

佛告比丘："五恶不忍辱。何等为五？一者多怨，二者多谗，三者多不可意，四者十方不名闻恶行，五者已命尽身堕恶地狱，是为五恶不忍辱者。"（东汉·安世高译《七处三观经》，2/879b）

中古灵宝经中的"忍辱"是"修灵宝法成为道尊的一种操作"。

道告龙赐："吾于七百万劫奉修灵宝，立愿布施，持戒执斋，勤苦不退，展转生死，忍辱精进，断除异念，空受无想，积感玄寂，得作众圣道尊……"（《太上洞玄灵宝赤书玉诀妙经》卷上，6/183c）

【如来】

佛的别名，梵语tathā-gata的仿译。tathā有"如实"之义，gata有"往""来"之义，二者合起来字面意思就是"如来"，即从如实之道而来，开示真理的人。又为释迦牟尼的十种法号之一。

若有道弟子从如来受，随信本生立，无有能坏者。（东汉·安世

高译《长阿含十报法经》卷下，1/240b）

中古灵宝经中的"如来"同佛经义，指"开示真理的人"。

诸如来受太上教说法，使世界皆治道行。（《太上太极大虚上真人演太上灵宝威仪洞玄真一自然经诀》卷上，P.2356）

【汝等】
梵语词bhavat的意译新造词，"你们"的意思。

汝等见此童子不？（东汉·竺大力共康孟详译《修行本起经》卷上，3/462b）

灵宝经义：你们。

汝等勤为用心，谛识吾言。（《太上诸天灵书度命妙经》，1/800c）

【入定】
梵语词sam-āpatti，义为安心一处，毫无杂念且不昏沉。

于是菩萨安坐入定，弃苦乐意，无忧喜想，心不依善，亦不附恶，正在其中。（东汉·竺大力共康孟详译《修行本起经》卷下，3/470b）

灵宝经义：安心一处，没有杂念且不昏沉。

（1）自从无数劫来，积学已成真人高仙、自然十方道者，莫不从业行所致，制心定志，坐念思微，举动行止，念作转神，以得高仙也。其思甚微，其念甚广，弘普无量，行备入定，克得神仙也。（《太上玄一真人说妙通转神入定经》，6/172c）

（2）至于学士，身未入定，处于嚣尘，能无得失，举动施为，罪福并行。(《太上洞玄灵宝三元品戒功德轻重经》，6/885a）

（3）吾今为尔故，开门说妙经。如是经中言，亿劫皆受荣。伏从受劝戒，以经度我形。思念宿命根，拔出先身婴。超越过三罗，八难于是冥。魂返入定质，神操从是荣。(《太上玄一真人说三途五苦劝戒经》，6/872b）

[S]

【三宝】

在佛经汉译之前，汉语中已经有"三宝"一词，指的是"三种宝贵之物"，如《老子》："我有三宝，持而宝之，一曰慈，二曰俭，三曰不为天下先。"又如《六韬·六守》："太公曰：'大农、大工、大商谓之三宝。'"在佛经里，"三宝"是梵语词ratna-traya的仿译，ratna有"珍宝"的意思，traya义为"三"，二者合起来字面意思就是"三宝"，佛教把"佛、法、僧"称为"三宝"。

若有人来施我者，以先修治三宝，后乃而受其施。(东汉·安玄译《法镜经》，12/20a）

中古灵宝经中的"三宝"有两个意思：

一是指"道、经、师"三种宝贵之物，这应是受佛经"三宝"之"佛、法、僧"的影响。根据南朝宋陆修静《太上洞玄灵宝授度仪》，中古灵宝经中的"道、经、师"三宝具体分别为"太上无极大道""三十六部尊经""玄中大法师"。

（1）三宝者，谓道、经、师也。(《太上洞玄灵宝智慧本愿大戒上品经》，6/158a）

（2）言三宝者，道宝太上，经宝，师宝，是为三宝。(《太上洞玄灵宝本行宿缘经》，24/669c）

（3）生世念善，敬乐神明，供养三宝，礼受师宗，命过升天，为太上之宾。(《洞玄灵宝长夜之府九幽玉匮明真科》，34/379a)

二是"天宝君、灵宝君和神宝君"三尊神的合称。

（1）天宝君者……灵宝君者……神宝君者……此三号虽年殊号异，本同一也，分为玄元始三气而治，三宝皆三气之尊神，号生三气三号，合生九气，九气出乎太空之先，隐乎空洞之中，无光无象，无形无名，无色无绪，无音无声，导运御世，开辟玄通，三色混沌，乍存乍亡。(《洞玄灵宝自然九天生神章经》，5/843b、c)

（2）太上道君时于南丹洞阳上馆柏陵舍，稽首礼问元始天尊："自顾宿世福庆因缘，亿劫运通，得会圣明。昔蒙显擢，过忝上真，加见训喻三宝神经，赐以大戒，告以法音，过泰之欢，实为无量。"(《太上洞玄灵宝智慧罪根上品大戒经》卷上，6/885c)

【三乘】

梵语词tri-yāna的仿译，tri-义为"三"，yāna是"车乘"的意思，二者合起来字面意思就是"三乘"，佛教中一般指小乘（声闻乘）、中乘（缘觉乘）和大乘（菩萨乘），三者为浅深不同的解脱之道。亦泛指佛法。

修德无上，不为罪殃，孝亲敬君，奉承师长，归命三宝，三乘兴隆，三毒消索，所度无量，皆使得道。(西晋·竺法护译《生经》卷四，3/98a)

中古灵宝经中的"三乘"指道教经典。

（1）此经微妙，与天地长存，诸天元王，高仙上真，无亿数量，莫不奉命此经。如是普济众生，学与不学，教导三乘，广开法门，上理三光，中调阴阳，下开万生，皆从受覆荫，拔度七祖，开转穷魂，生死伤败，莫不成就，轮转不灭，如船度人。(《太上玄一

真人说劝诫法轮妙经》，6/174c）

（2）故元始记篇有一十二德，以崇宝于天真，标灵文之难穷。一者……十一者其德如真，教导三乘，绵绵长存，开张法门，普济万民。十二者……（《太上洞玄灵宝真文要解上经》，5/903c、904a）

（3）轮我三乘门，世世生仙王。（《太上洞玄灵宝空洞灵章》，《无上秘要》卷二十九，中/411）

【三恶】

佛经里"三恶"有两个意思：

一是指贪欲、瞋恚、愚痴三种妨碍人修行的心理。

第五三法，可舍本三恶：贪欲恶、瞋恚恶、愚痴恶。（东汉·安世高译《长阿含十报法行经》卷上，1/234a）

二是"三恶道"的简称。

鳖驰走入大海水者，谓犯十恶，没溺三恶——地狱、饿鬼、畜生之中，苦不可言。（西晋·竺法护译《生经》卷四，3/96a）

灵宝经里的"三恶"是"三恶道"的简称。

（1）受经未应宣传，便擅宣泄者，则七祖囚于地狱，身履三恶之考。（《太上洞玄灵宝本行宿缘经》，24/670c）

（2）修奉清戒，每合天心，常行大慈，愿为一切普度厄世，慊慊尊教，不得中怠。宁守善而死，不为恶而生。于是不退，可得拔度五道，不履三恶，诸天所护，万神所敬，长斋奉戒，自得度世。（《太上洞玄灵宝赤书玉诀妙经》卷上，6/184c）

（3）学士修行之法，当行十二可从之诫。能以一心行此善念，世世得见圣文，与道结缘。诸天女（按：当为"友"之讹字）识，独超三界，无所挂碍，长离三恶五道八难。（《太上洞玄智慧上品大诫》，3/392a）

【三恶道】

梵语词try-apāya的仿译，tri是"三"，apāya有"罪恶""恶道""危险"等意思，二者合起来字面意思就是"三恶道"。佛教把六道轮回中做恶业的人受生的地狱、饿鬼和畜生三道称为"三恶道"，又叫"三恶之道"，简称"三恶"或"恶道"，它们四个可以看成同义词关系。

菩萨终不还余道，会当得佛，终不归三恶道。（东汉·支娄迦谶译《道行般若经》卷九，8/470a）

灵宝经义：六道轮回中做恶业的人受生的地狱、饿鬼和畜生三道。

积庆藉福基，身拔五难峰。脱离三恶道，萧萧入闲空。（《太上玄一真人说妙通转神入定经》，6/174b）

【三恶之道】

佛经里是"三恶道"的别称。

天子！菩萨视一切人皆如堕海随水下流。有多力者逆水上行，断生死流，不毁其本行，而得等断于三恶之道。（西晋·竺法护译《须真天子经》卷三，15/107b）

灵宝经里也是"三恶道"的别称。

（1）祸之及也，彼我魂神俱致考罚，殃对无已，往返三恶之道，其苦难脱。罪竟后生，或堕六畜，失于人道。（《太上洞玄灵宝智慧本愿大戒上品经》，6/159b）

（2）行此道五年，则北岳灵官黑帝降真，致太玄玉女五人，给已使令，通致启乞，上闻九天。生死父母，罪名刑书，系属北岳，并蒙解除，得度三恶之道，上升天堂。（《太上洞玄灵宝赤书玉诀妙经》卷下，6/200c）

（3）员童，日中之生童，即灌其津，着生契于四极，治自然之

羽章，七祖欢于福堂，延年万岁，世生仙王，身度三恶之道，过度八难之场。(《太上灵宝诸天内音自然玉字》卷三，2/550b)

【三会】

佛经里指弥勒佛的三次说法大会。佛教称兜率天弥勒降生翅头城，学道成佛，在华林园龙华树下开三次法会。初会说法，九十六亿人得阿罗汉；第二大会说法，九十四亿人得阿罗汉；第三大会说法，九十二亿人得阿罗汉。

其有善男子、善女人，欲得见弥勒佛及三会声闻众及翅头城、及见蠰佉王并四大藏珍宝者，欲食自然粳米者，并着自然衣裳、身坏命终生天上者，彼善男子、善女人当勤加精进，无生懈怠。(西晋·竺法护译《弥勒下生经》，14/423b)

灵宝经义：听说法的大众。

（1）臣过承未天之先，于大劫之中殖真于九灵之府，禀液于五英之关，受生乎玄孕之胞，睹阳于冥感之魂，拔领太虚，高步长津，朗秀三会……(《元始五老赤书玉篇真文天书经》卷上，1/776a)

（2）夫以三元上吉之日修行三元品诚谢罪之法，则三官九府右别录籍，五帝保举，列名诸天，众真欢喜，万神开宥，宿对披散，罪根普解，三会感彻……(《太上大道三元品戒谢罪上法》，6/586c)

【三界】

梵语tisra-loka（=tri-loka）、tri-dhātuka、tri-bhava、tri-bhuva、traidhātuka的仿译，其中，tisra-、tri-和trai-是"三"的意思；loka、dhātuka和bhava义为"国界"。"三界"在佛教中指"众生轮回的欲界、色界和无色界"。

天上天下，唯我为尊。三界皆苦，吾当安之。(东汉·竺大力共康孟详译《修行本起经》卷上，3/463c)

灵宝经中"三界"的上下文常出现"诸天""诸地"之类的字眼，明确地把天上地下的世界分为三界，分别为欲界、色界和无色界。

（1）诸天之上，各有生门。中有空洞谣歌之章。魔王灵篇，辞参高真。
第一欲界飞空之音
…………
第二色界魔王之章
…………
第三无色界魔王歌曰
…………
此三界之上，飞空之中，魔王歌音，音参洞章，诵之百遍，名度南宫。(《灵宝无量度人上品妙经》卷一，1/5a、b、c)
（2）能行此善念，世世得见圣文，与道结缘，诸天友识，独步三界，无所挂碍，长离三恶五道八难。(《太上洞玄灵宝赤书玉诀妙经》卷上，6/185a)
（3）当其斋日，诸天大圣尊神……皆会玄都玉京之台紫微上官，持戒朝礼，旋行诵经。诸地上五岳神仙真人、四海水帝、北酆三官、三界地祇，一切神灵，莫不束带肃然持斋，尊道重法，以崇天真也。(《元始五老赤书玉篇真文天书经》卷下，1/799a)

在中古灵宝经中，"三界"还引申出新的词义：(居于三界的)众生。

（1）诵之一过，声闻九天。诵之二过，天地设恭。诵之三过，三界礼房……(《洞玄灵宝自然九天生神章经》，5/844b)
（2）学知天中之音，则三界所称也。(《太上洞玄灵宝诸天内音自然玉字》卷四，2/559a)
（3）天尊言："为道之本，欲度十苦八难之中，当受大诫，修

斋建德，立诸善功，为三界所称，诸天所观，身无不度，道无不成。"（《太上洞玄智慧上品大诚》，3/394a）

【三千大千世界】

梵语词tri-sāhasra-mahā-sāhasra-loka-dhātu的仿译，tri-sāhasra是"三千"的意思，mahā-sāhasra是"大千"的意思，loka-dhātu是"世界""国土"的意思，三者合起来字面意思就是"三千大千世界"。佛教认为以须弥山为中心、铁围山为外围，是一小世界；一千个小世界合成小千世界；一千个小千世界合成中千世界；一千个中千世界合成大千世界，总称"三千大千世界"，引申指"广阔无边的世界"。

甘露法鼓，闻于三千大千世界，谁应得闻？（东汉·昙果共康孟详译《中本起经》卷上，4/147c）

灵宝经义：广阔无边的世界。

是时，太上玉京玄都八方诸天、三千大千世界众圣真人亦来到。（《太上洞玄灵宝本行宿缘经》，24/669b）

【三十二天】

佛经义：欲界、色界和无色界三界诸天的总数。《法苑珠林》卷五引《婆沙论》云："欲界有十，色界有十八，无色界有四，合有三十二天也。"

案内观历三十二天，宫殿楼阁自然之数无有见者，唯得道人乃知之耳。（西晋·竺法护译《普门品经》，11/772b）

中古灵宝经中的"三十二天"有两个意思：

一是指东南西北四方各八天，具体是东方八天：黄曾天、玉完天、何童天、平育天、举文天、摩夷天、越冲天、蒙翳天；南方八天：和阳天、恭华天、宗飘天、皇笳天、堂曜天、端静天、恭庆天、极瑶天；

西方八天：孔升天、皇厓天、极风天、孝芒天、翁重天、江由天、阮乐天、昙誓天；北方八天：霄庆天、元洞天、妙成天、禁上天、常融天、玉隆天、梵度天、贾奕天。

（1）三十二天……四八天合三十二天。（《太上灵宝诸天内音自然玉字》卷三，2/545c、546a）

（2）我尝历观上方三十二天，游行三界。（《太上洞玄灵宝智慧罪根上品大戒经》卷下，6/893c）

（3）天尊颂毕，诸天上帝、无极太上大道君、十方无极至真大圣众……一时俱起，捻香散花，左回旋行三匝，还北向作礼，举手弹指。三十二天日月星宿，一时俱明，地下九幽无极洞渊，光景玄彻，无复暗冥，幽隐普见。（《太上洞玄灵宝灭度五炼生尸妙经》，6/261a、b）

道教灵宝派由于接受了佛教"十方"的方位观，所以虽然是"四方三十二天"，但有时候却将其说成"十方三十二天"。

二十四年，更生贵门，受气智慧，五心开聪，修奉经法，贱财重道，慈心一切，恭敬师宝，功德未全，复受灭度，上升南宫。朱陵度我命籍，三界书我功名。周流十方三十二天，交游上圣，为太上之宾，十年还在人中。（《太上灵宝诸天内音自然玉字》卷四，2/562a）

二是指"三十二天的天帝"。

（1）天尊告四座大圣众、无极太上大道君、三十二天、十方尊神等。（《太上洞玄灵宝诸天内音自然玉字》卷四，2/562c）

（2）今当普告三十二天，齐真合和，披诵灵章。（《无上秘要》卷二十九，中/400）

【三十二相】

梵语词dvātriṃśa-lakṣaṇa的仿译，dvātriṃśat是"三十二"的意思，lakṣaṇa是"相貌、体相"等意思，二者合起来字面意思就是"三十二相"。佛教中把佛陀具有的三十二种不同凡俗的显著特征称作"三十二相"。

尔时佛放身三十二相、八十种好光明，普照三千世界，如月盛满星中特明，威神堂堂。（东汉·竺大力共康孟详译《修行本起经》卷上，3/461a）

中古灵宝经中的"三十二相"指的是神仙身上发出的各种光明。

便投身火中，焚尔无着，身如蹈空，俄顷之间，已见女身化成男子，径至道前，于是受诫。元始即命南极尊神为女之师，授女真文，给太华玉女、金晨玉童各三百人，众好佩发三十二相，洞映女身。（《太上洞玄灵宝赤书玉诀妙经》卷下，6/194c、195a）

【三世】

梵语词triṣ-kāla的仿译，triṣ是"三"的意思，kāla有"时间""世代"的意思，二者合起来字面意思就是"三世"，佛经中指过去（前世）、现在（现世）与未来（来世）三个时间。

于是如来将归舍夷，与大比丘僧——皆得应真，神静通微，明晓三世众生行源。（东汉·昙果共康孟详译《中本起经》卷上，4/154a）

中古灵宝经沿用了佛经中的"三世"，也是指"过去（前世）、现在（现世）与未来（来世）三个时间"。

当知三界之中，三世皆空。知三世空，虽有我身，皆应归空。明归空理，便能忘身。（《太上洞玄灵宝智慧定志通微经》，5/889a）

【三涂】/【三途】/*【三徒】

梵语词trayo-durgatayh的仿译，trayo是"三"的意思，durgatayh是"险难、险恶"的意思，二者合起来字面意思是"三处险恶之处"，即"三恶道"。佛教指"六道轮回中作恶业的人受生的三道：地狱道、饿鬼道、畜生道"，因为又分别叫作"火途（地狱道）""刀途（饿鬼道）""血途（畜生道）"，故又称"三途"，又写作"三涂"。

（1）形不久住，色不久鲜，命如风过，少壮必衰，勿恃容姿，自处污行，世间迷惑，祸起色欲，<u>三涂</u>勤苦，智者能闭。(东汉·昙果共康孟详译《中本起经》卷下，4/161c)

（2）具清净戒圣众之道，其德汪洋，其有供养此等自恣僧者，现在父母、七世父母、六种亲属得出<u>三途</u>之苦，应时解脱，衣食自然。(西晋·竺法护译《盂兰盆经》，16/779b)

中古灵宝经沿用了佛教中的"三途"，也有"三涂"的写法，指的是"六道轮回中做恶业的人死后遭受苦痛的三种类型"。

（1）有违科律，则长充鬼役，不免<u>三涂</u>五苦之中。(《元始五老赤书玉篇真文天书经》卷中，1/795b)

（2）贤者戒其杀，亦莫怀杀想。众生虽微微，亦悉乐生长。如何害彼命，而用以自养？自养今一诗，累汝自然爽。长沦<u>三涂</u>中，辛苦还复生。(《太上洞玄灵宝智慧定志通微经》，5/895b)

（3）吾念来生末世男女，皆当随运自从，心迫情急，不觉生罪，罪根当生，沦于五道，一跌信路，无复还期，往返<u>三途</u>五苦之中，刀山剑树，飞血万里，无极寒冰，穷魂填夜，号咷长何，悲吟伤人。(《太上洞玄灵宝智慧罪根上品大戒经》卷下，6/894c)

在中古灵宝经里，"三途"又写作"三徒"。

（1）好寻世间非常，万物皆当归空，尽是法可缘之，度<u>三徒</u>之苦，以得道也。(《太上洞玄灵宝智慧本愿大戒上品经》，6/160c)

（2）赤明元年正月上寅一日午时，天光四朗，紫云回天，庆霄八会，灵风扫尘，日月吐辉，五星灌津，天地溟滓，流洒香华，河海静默，山岳藏烟。五苦咸解，三徒赦魂……（《洞玄灵宝二十四生图经》，34/343a）

（3）我过去后，天运转促，人心破坏，更相谋逆，嫉害胜己，争竞功名，不信经法，疑贰天真，口是心非，自作一法，淫祀邪神，杀生祈祷，迷惑不专，更相残害，自取夭伤，命不以理，寿无定年，致有罪禄恶种，展转五道八难之中，沉沦三徒，莫知命根。（《太上洞玄灵宝智慧罪根上品大戒经》卷上，6/886b）

【散花】

梵语词avakirṇa-kusuma的仿译，avakirṇa有"散布"的意思，kusuma是"花"的意思，二者合起来字面意思就是"散花"，在佛经里意思是"为供佛而散撒花朵"。

如来出门，地则肃震，诸天散花，烧众名香，乃作上乐，歌颂而从。（东汉·支曜译《成具光明定意经》，15/452b）

灵宝经义：为营造神圣庄严的气氛或者表达欢庆而撒花。

（1）太上无极，虚皇天尊之治也。其山林宫室皆列诸天圣众名籍，诸大圣帝王、高仙真人无央数众，一月三朝其上，烧自然旃檀反生灵香，飞仙散花，旋绕七宝玄台三周匝，诵咏空洞歌章。（《洞玄灵宝玉京山步虚经》，34/625b）

（2）依威仪具法开启，上请天仙地仙，真人飞仙……各九亿万骑，三十二天监斋直事，侍香金童，散花玉女，五帝直符等，各三十二人。（《洞玄灵宝长夜之府九幽玉匮明真科》，34/384c）

（3）皇道既明，是时天朗气澄，三景停轮，星宿洞耀，璇玑不行，河海静默，山岳吞烟，时和气清，金风拂尘，天无浮翳，日月灌津，五苦解脱，长夜开魂，枯树生华，死骸还人，麟舞凤翔，飞鸣欣欣，诸天踊跃，散花称善。（《太上洞玄灵宝灭度五炼生尸妙

经》，6/260c）

中古灵宝经中"散花"又写作"散华"。

（1）灵图既焕，万帝朝真，飞空步虚，旋行上官，烧香散华，口咏灵章。（《元始五老赤书玉篇真文天书经》卷上，1/774c）
（2）凡修上法，常以正月十五日、七月十五日、十月十五日平旦、正中、夜半三时，沐浴身形，五香自洗。临沐浴时，向西南，以金杓回香汤，东南左转三十二过。闭眼思日光在左目上，月光在右目上，五星缨络头上，五色之云，匝绕一身，青龙白虎，朱雀玄武，狮子白鹤，罗列左右，仙童执巾，玉女散华，飞仙乘骑，侍卫身形。（《太上大道三元品诫谢罪上法》，6/581c）

【色界】

梵语词rūpa-dhātu的仿译，rūpa有"形色"的意思，dhātu有"世界"的意思，二者合起来字面意思就是"色界"，是佛教中的三界之一，在欲界之上，无色界之下，有精美的物质而无男女贪欲。

拘邻之等五人比丘，六十亿天得法眼净，复八十亿色界天人得法眼净无上正真，八万世人来会观者亦法眼净，皆度众苦。（西晋·竺法护译《普曜经》卷七，3/530b）

中古灵宝经沿用了佛教的"三界"，"色界"是"三界"的第二界，处于"欲界"和"无色界"之间。参见"三界"条。

（1）渌色者，是色界上飞天真人也。常乘景云之车，驾九色之龙，游乎三界之上，出入玉清之中，荡除尘滓之气，开度善根之人。（《太上灵宝诸天内音自然玉字》卷四，2/555b）
（2）第二色界魔王之章
落落高张，明气四骞，梵行诸天。周回十方，无量大神，皆由我身……（《灵宝无量度人上品妙经》卷一，1/5b）

（3）凡是诸杂法，导引养生法术，变化经方，及散杂俗，并系六天之中、欲界之内，遇小劫一会，其法并灭，无复遗余。其是太清杂化符图，太平道经，杂道法术，诸小品经，并周旋上下十八天中，在色界之内。(《太上诸天灵书度命妙经》, 1/804a、b)

【沙门】/【桑门】
梵语词sramana的音译，指"出家修道的人"。

"何等为沙门？""盖闻沙门之为道也，舍家妻子，捐弃爱欲，断绝六情，守戒无为，得一心者，则万邪灭矣……"(东汉·竺大力共康孟详译《修行本起经》卷下, 3/467b)

中古灵宝经中的"沙门"也是对佛教出家修道者的称呼，又写作"桑门"。

（1）太极左仙公葛真人讳玄，字孝先，于天台山授弟子郑思远、沙门竺法兰、释道微、吴时先主孙权。(《洞玄灵宝玉京山步虚经》, 34/628b、c)

（2）是时，三侍臣同发愿：后生作道士，我为隐士，释道微、竺法兰愿为沙门，郑思远、张泰为道士，普志升仙度世……(《太上洞玄灵宝本行因缘经》, 24/672c)

（3）太上灵宝洞玄天书，道之至真，尊大无上，诸道士、沙门、百姓子、男女人，欲栖名山，清静无为……举身白日升天，而无是经，终不得上仙太真之道。(《太上太极太虚上真人演太上灵宝威仪洞玄真一自然经诀》卷上, P.2356)

【沙门尼】
佛经义：已受具足戒的女性，即比丘尼。

此沙门尼，盗度我妇反欲系我。(东晋·佛陀跋陀罗共法显译《摩诃僧祇律》卷三十六, 22/520a)

灵宝经义：已受具足戒的女性，即比丘尼。

若佛沙门尼，当言某沙门如干戒弟子，清信男女生。(《太上太极太虚上真人演太上灵宝威仪洞玄真一自然经诀》卷上，P.2452)

【善报】
佛经义：做善事而得到的好报。

有八善法是真利益，必得生天，获众善报。(三国吴·竺律炎译《摩登伽经》卷上，21/403c)

灵宝经义：做善事而得到的好报。

诸天上圣、至真大神、诸天帝王，及已过去尘沙之辈，得道之者，莫不由施散布德，作诸善功，功满德足，以致善报，轮转不绝。(《太上洞玄智慧上品大诫》，3/395c)

【善道】
梵语词su-gati的仿译，su有"善""好"的意思，gati有"道""境界"的意思，二者合起来字面就是"善道"，佛教里指"六道"中的天、人、阿修罗三道或"五道"中的天、人二道，是行善之人死后轮回的去处。

吾以慈心教化人物，令知善道，升生天上，悲怜伤愍，恐其堕恶。(三国吴·康僧会译《六度集经》卷八，3/50a)

中古灵宝经中的"善道"也指的是"行善之人死后轮回的去处"。

(1) 当作何功，拔赎罪身，使得还入善道之中？(《太上洞玄灵宝智慧罪根上品大戒经》卷下，6/893a)

(2) 无极世界男女之人，生世无道，乘暗而行，夜入人家，掠人妻妾……死受重罪，头脚锁械，幽闭三光，不见日月，考掠楚痛，非可堪忍。万劫当得还生下人之中，为人仆使，任人鞭杖……永去善道，恶根日深，长沦亿劫，不得开度。(《洞玄灵宝长夜之府九幽玉匮明真科》，34/383a)

【善根】

梵语词kuśala-mūla的仿译，kuśala有"善"的意思，mūla有"根""基础"的意思，二者合起来字面意思就是"善根"，佛教谓人所以为善之根性。善根指身、口、意三业之善法而言，善能生妙果，故谓之根。

　　尔时，世尊告阿难言："汝今当知，我于道场成阿耨多罗三藐三菩提。最初说法，度阿若、憍陈如等五人。今日在于娑罗林中，临般涅槃，最后说法，度须跋陀罗。诸天及人无复更应闻我说法而得度者；若有善根应得解脱，当来皆是我之弟子，展转相教……"(东晋·法显译《大般涅槃经》卷下，1/204b)

中古灵宝经沿用了佛教中的"善根"，也是指"为善之根性"。

　　(1) 涤色者，是色界上飞天真人也。常乘景云之车，驾九色之龙，游平三界之上，出入玉清之中，荡除尘滓之气，开度善根之人。(《太上灵宝诸天内音自然玉字》卷四，2/555b)

　　(2) 景皇四上真人萧蔚，亦是景霄仙人，并治玉京之台，常乘三色之云，历校长夜之中，料生死于简籍，开度善根之魂，万劫长对，并系之焉。(《太上灵宝诸天内音自然玉字》卷四，2/555c)

　　(3) 玄都七宝林，十天普弥罗。紫烟观灵晖，云景秀玉阿。上有福德堂，宫室互参差。皆是清信士，真仙飞天家。三界通玄路，五道清不邪。善根应缘生，累功享福多。(《太上洞玄灵宝智慧罪根上品大戒经》卷下，6/894a、b)

【善门】

梵语词svarga-gati的仿译,svarga有"善趣"之义,gati有"出口""境界"等义,二者合起来字面意思就是"善门",在佛经里有"给予行善的人的好去处"的意思。

如我解佛所说义趣,若有众生闻是经法,信解受持读诵之者,必得是法不疑,何况如说修行?斯人即为闭众恶趣,开诸**善门**,常为诸佛之所护念。(后秦·鸠摩罗什译《维摩诘所说经》卷下,14/556a)

灵宝经义:给予行善的人或做功德的人的好去处。

(1)乞今烧香,然灯忏谢,以自拔赎,光明普照长夜之府九幽地狱,解出幽魂,罪根散释,三官九署,不见拘闭,开度升迁,得入福堂,去离恶道,恒居**善门**,生世欢乐,普天安宁。(《洞玄灵宝长夜之府九幽玉匮明真科》,34/387a)

(2)此之悠悠,勤苦难言。欲使开度,还入**善门**,当依明真玉匮女青太阴宫科品,以黄纹之缯百二十尺,亦可一十二尺,金龙一枚,诣西北一气天君西北诸灵官,九幽之中拔赎罪魂。(《太上洞玄灵宝智慧罪根上品大戒经》卷下,6/892a)

(3)上首者,北斗四非之官也。运转天关,推会庆数,天数极则大劫交运,回跂五篇真文之化,乘大运之终而五篇明焉。空无而出,天地自开,人有善功,宿名玄都,即拔长夜,魂出九幽,更生**善门**,长离玄阴,生死福中。(《太上灵宝诸天内音自然玉字》卷三,2/549c)

【善男子】

梵语词kulaputra的仿译,kula有"良善之家"的意思,putra有"儿子""男子"的意思,二者合起来字面意思就是"出生于良善之家的男子",即"善男子",在佛经里指的是"出生于高贵家庭的在家信奉佛教的年轻男子"。

佛语释提桓因："若有善男子、善女人，其有学般若波罗蜜者，其有持者，其有诵者，是善男子、善女人，魔若魔天终不能得其便……"（东汉·支娄迦谶译《道行般若经》卷二，8/431a）

灵宝经义：信奉道教的男子。

（1）若善男子、善女人，能发自然道意，来入法门，受我十诫，行十二可从，则为大道清信弟子，皆与勇猛飞天齐功。（《太上洞玄智慧上品大诫》，3/392b）

（2）下方无极世界恒沙众生，已得道地仙五岳真人，及未得道见在福中善男子、善女人，修奉智慧上品十戒，功成德满。（《太上洞玄灵宝智慧罪根上品大戒经》卷下，6/893a）

（3）今当命使诸天神人，说诸罪录，宣通法音，开悟群生，觉诸天人、善男子、善女人，令知身行，罪恶命根，因缘不绝，殃对相寻，流曳三途五道之中，魂形苦恼，亿劫无还。（《太上洞玄灵宝智慧罪根上品大戒经》卷上，6/888c、889a）

【善念】
佛经义：皈依佛教的念头。

城内母人各生善念，悲泣自责："世尊还国，男子福德，独得见佛；我等罪蔽，不服法味，何苦如是？"（东汉·昙果共康孟详译《中本起经》卷上，4/155b）

灵宝经义：行善的念头。

（1）其有六觉之气，常通六惠，人识六通，则六觉明焉。制御六情，使人自然弃诸恶根，生诸善念，心体六慧，自得神仙。（《太上洞玄智慧上品大诫》，3/394a）

（2）道曰："子受灵宝大戒，当起北向，首体投地，礼于十方，东向伏听十戒。一者……三者，守贞让义，不淫不盗，常行

善念，损己济物……"（《太上洞玄灵宝赤书玉诀妙经》卷上，6/184b）

（3）玄都紫微宫中元格。灵宝真文，见众真修斋奉戒，朝礼天文，有一十二念。一念……八念家中大小，同学之人，福庆日升，善念日生……（《元始五老赤书玉篇真文天书经》卷下，1/798a）

【善女人】

梵语词kula-duhitṛ的仿译，kula有"良善之家""高贵之家"的意思，duhitṛ有"女人"的意思，二者合起来字面意思是"善女人"，在佛经里指的是"出生于高种姓家庭的在家信奉佛教的年轻女子"。

善男子、善女人学般若波罗蜜者，持者、诵者，若于空闲处，若于僻隈处，亦不恐、亦不怖、亦不畏。（东汉·支娄迦谶译《道行般若经》卷二，8/431a）

灵宝经义：信奉道教的女人。

（1）不受大诫，徒为长斋，或断谷休粮，隐遁山林，肉身求度，而无六通智慧之行，徒失尔功，无由成就。善男子善女人有至心者，勤求谛受。（《太上洞玄智慧上品大诫》，3/394a）

（2）东方无极世界恒沙众生，已得道过去及未得道见在福中善男子善女人，修奉智慧上品十戒，功满福报，致得乘空，白日飞行，驾景策龙，上登玉清，游行东极九气天中。（《太上洞玄灵宝智慧罪根上品大戒经》卷下，6/889b）

（3）诸所求愿，读诵此经，皆得成就。是善男子，善女人，精心尊奉，皆为十方大圣所有，洞达自然，身生水火，变化形影，飞升上清，功德未满，应经灭度，即为五帝所迎，径升天官，不过泰山，化生贵门，与经道相遇，径得度世。（《太上洞玄灵宝赤书玉诀妙经》卷上，6/185a）

【善因缘】
佛教里同"善缘",即"与佛门的缘分"。

日天子城郭下出五百光明,周匝复有五百光明,是为千光明,善因缘所致。(西晋·法立共法炬译《大楼炭经》卷六,1/305c)

中古灵宝经中的"善因缘"指"做善事,积善功,作为来生得善报的条件"。

(1)愿为分别解说命根,为说来生作善因缘,如蒙开悟,即受圣恩。(《洞玄灵宝长夜之府九幽玉匮明真科》,34/378b)

(2)此十善因缘上戒之律,十天神王所奉。能行之者,飞天齐功。(《太上洞玄灵宝智慧罪根上品大戒经》,6/887a)

【善缘】
佛教里指"与佛门的缘分"。

佛知法观梵志所生疑,是时便作一佛,端正形类无比,见者悉喜,有三十二大人相,金色复有光,衣法大衣,亦如上说。便向佛叉手,以偈叹言:"如因缘见有言,如已取悉说善,一切彼我亦轻,亦或致在善缘。少自知有惭羞,诤变本说两果,见如是舍变本,愿观安无变处……"(三国吴·支谦译《义足经》卷下,4/183a)

中古灵宝经中的"善缘"有四个意思:
一是指"与道家的缘分"。

(1)自无前生万劫宿有善缘,不得盼其音章。(《太上灵宝诸天内音自然玉字》卷三,2/551a)

(2)夫修学之士不行此法,功德不建,思无感彻,真灵不降,与善缘冥绝,福路既乖,仙何有日?(《太上洞玄灵宝真文要解上经》,5/904c)

（3）我历观诸天地狱之中男女责作幽牢穷魂，莫非先身不见明诫，见而不行，或行而不遵，回生悔心，还入罪门；或生而犯恶，不遇**善缘**；或不知施散，发心建功，广作福田，以拔宿根，唯知作罪，流曳三涂八难之中。(《太上洞玄智慧上品大诫》，3/396a）

二是同"善门"，指"给予行善的人或做功德的人的好去处"。

（1）是时天人莫不开悟，咸见命根，普思宿昔所行罪源，改心自励，修奉经文，宿责披散，九幽肃清，皆得更生**善缘**之中。(《洞玄灵宝长夜之府九幽玉匮明真科》，34/384a）

（2）如此之辈，受对几年，当得解脱，被赦之日，为还人中，为作何形，大慈之法，有何功德，可得解度，还于**善缘**。(《太上洞玄灵宝智慧罪根上品大戒经》卷下，6/890c）

（3）北方无极世界恒沙众生，已得道过去及未得道见在福中善男子善女人，修奉智慧上品十戒……五年皆得更生帝王之门，轮转福德，故恒居**善缘**。(《太上洞玄灵宝智慧罪根上品大戒经》卷下，6/892b）

三是指"做善事，积善功，作为来生得善报的条件"，与中古灵宝经中的"善因缘"同。

（1）夫为学者，修斋求道，开度天人，作诸善功，当行十二可从戒，而得度世者。尔宜从之，自得正真，终入无为，所愿皆成。十二可从戒者：一者……七者，勤诵大经，愿念一切，广开桥梁，为来生作**善缘**……(《太上洞玄灵宝智慧罪根上品大戒经》，6/887c、888a）

（2）无极世界男女之人，生世无道，不念**善缘**，三春游猎，放鹰走犬，张罗布网，放火烧山，刺射野兽，杀害众生，其罪酷逆，死充重殃。(《洞玄灵宝长夜之府九幽玉匮明真科》，34/383a）

（3）万万**善缘**生，亿亿恶根绝。(《太上洞玄灵宝空洞灵章》，《无上秘要》卷二十九，中/409）

四是指"善报"。

（1）今日大庆，万愿开陈，谨自首谢，归命天尊，乞神乞仙，与真合同门户，兴泰**善缘**，来生世世罔极，长享自然。（《太上大道三元品诫谢罪上法》，6/583a）

（2）自龙汉以来，至于赤明，得道者及见在福中，门户清贵，**善缘**来生，莫非积功累德，勋感诸天，以致交报及九幽长夜宿责之身。（《太上洞玄灵宝三元品戒功德轻重经》，6/884b）

（3）《智慧十善劝助上品大诫》：一者……七者，劝助斋静读经，令人世世不堕地狱，即升天堂，礼见众圣，速得反形，化生王家，在意所欲，玩服备足，七祖同欢，**善缘**悉会，终始荣乐，法轮运至，将得仙道……（《太上洞玄智慧上品大诫》，3/393b、c）

【上人】

梵语词sat-puruṣa的仿译，sat有"上善"之义，puruṣa有"人""男子"等意思，二者合起来字面意思就是"上人"，在佛经中表示对和尚的尊称。

从是本因缘已，已断本，上下不复见，后不复生，如是不比丘自如是譬，<u>上人</u>行者亦如是非一。（东汉·安世高译《七处三观经》，2/882c）

中古灵宝经中的"上人"指的是"天尊"，是"天尊上人"的简称。

（1）诸仙莫不释然……乃叹曰："天尊上人求道积久，弥劫历稔，故以得仙公之位，谅有由矣。"……仙公曰："我无所不履，非笔札所载，勤苦难说矣，始蒙今报也。"仙人问曰："前与上人俱入洞庭，看天王别宫，初登苍山，时见有一辈仙人求随上人看戏，尽何等仙人？乃多如此。"（《太上洞玄灵宝本行因缘经》，24/672c、673a）

（2）六天为三界，大魔王领六天神之事，魔王承奉太上众真天尊上人也。(《太上洞玄灵宝本行宿缘经》，24/670a）

【烧香】

佛经义：燃烧香料表示欢迎礼敬或崇敬。

王敕国中，太子当出，严整道巷，洒扫烧香，悬缯幡盖，务令鲜洁。(东汉·竺大力共康孟详译《修行本起经》卷下，3/466b）

灵宝经义：燃烧香料表示礼敬。

（1）烧香修法，存十方灵宝太上真教名，诵咏道经，愿念高仙飞行太极府八史，字清洁。(《太上无极大道自然真一五称符上经》，11/639b）

（2）其日有修奉灵宝真经，烧香行道，斋戒愿念，不犯禁忌，则司命长生司马注上生簿，延算益命，敕下地官营卫佑护，列为善民。(《元始五老赤书玉篇真文天书经》卷下，1/795a）

（3）启此间土地、四面真官，我今正尔烧香关启，愿得十方正真之气入我身中，令所启上闻，径御无上至真大圣尊神玉帝几前。(《太上洞玄灵宝赤书玉诀妙经》卷上，6/189a）

【舍利】

梵文sarīra的音译，佛经里指"佛或高行僧人焚化后的遗骨"。

若般泥洹后，持佛舍利起塔，自归作礼承事供养——名华、捣香、泽香、杂香、缯彩、华盖、旗幡，如是其福，何所为多者？(东汉·支娄迦谶译《道行般若经》卷二，8/432a）

中古灵宝经里的"舍利"指的是"高行道人焚化后的遗骨"。

（1）大道师玄寂，升仙友无英。公子度灵符，太一捧洞章。舍

利耀金姿，龙驾炊来迎。天尊眕云舆，飘飘乘虚翔。(《洞玄灵宝玉京山步虚经》，34/626b)

（2）夏至之日，南方无极之众不舍精进真人觉首，同来至真人离神月精，俱启之，随子**舍利**赤如丹，得如服之，寿四万劫。(《太上无极大道自然真一五称符上经》，11/639b)

（3）夫真**舍利**是金液之凝精，还丹之变化。(《道典论》卷四引《真一自然经诀》，24/857a)

【摄意】

梵语词dhyai，佛经义：收敛心神排除干扰。

随恶知识，不持戒、不受慧、不**摄意**、不受教，行不问。(东汉·安世高译《道地经》，15/231a)

灵宝经义：收敛心神排除干扰。

若见居家妻子，当愿一切早出爱狱，**摄意**奉戒。(《太上洞玄灵宝智慧本愿大戒上品经》，6/156b)

【神通】

佛经义：谓佛、菩萨、阿罗汉等通过修持禅定所得到的神秘法力。

诸天奉甘露，菩萨一不肯受，自誓日食一麻一米，以续精气。端坐六年……寂默一心，内思安般……无分散意，**神通**妙达，弃欲恶法，无复五盖。(东汉·竺大力共康孟详译《修行本起经》卷下，3/469c)

灵宝经义：通过修持禅定得到的神秘法力。

念度无边境，思定感**神通**。(《太上玄一真人说妙通转神入定经》，6/174b)

【生死栽】

梵语词saṃsāra-mūla的仿译，saṃsāra有"生死"的意思，mūla有"根""根本""根栽"的意思，二者合起来字面意思就是"生死栽"，在佛经里义犹"生命之根""生命之树"。"栽"有"树苗"的意思，如东汉王充《论衡·初禀》："朱草之茎如针，紫芝之栽如豆。"佛经里把生命比喻为有生命力的幼苗。

今值世尊顾临众生，矖我愚浊，安以净慧，<u>生死栽</u>枯，号曰真人。（西晋·法立共法炬译《诸德福田经》，16/777b）

中古灵宝经沿用佛经里的"生死栽"，也是"生命之树"的意思。

欲殖灭度根，当拔<u>生死栽</u>。（《太上洞玄灵宝真文要解上经》，5/908a）

【圣教】

梵语词śāsana的意译，佛教徒对佛教的尊称。

思惟解脱，受大小师，当愿众生，承<u>圣教</u>，所受不忘，自归于佛。（三国吴·支谦《菩萨本业经》，10/447c）

灵宝经义：道教徒对道教的尊称。

故说是诫，开度人天，善心信向，一意归命，尊奉<u>圣教</u>，闭诸恶门，则形入虚空，六通智慧。（《太上洞玄智慧上品大诫》，3/393a）

【圣众】

梵语词ārya-gaṇa或ārya-saṃgha的仿译，ārya有"圣人"的意思，gaṇa和saṃgha都有"僧众"的意思，二者合起来字面意思就是"圣众"，在佛经中义为"对修习佛教的僧人的尊称"。

梵摩渝从弟子闻天师之德……即兴正服，五体投地，三顿首曰："归佛、归法、归命**圣众**。愿吾残命有余，得在觐见稽首禀化。"（三国吴·支谦译《梵摩渝经》，1/884c）

灵宝经义：修行得道进入天界者。

今当普为四众开天妙瑞，度一切人，咸令四座闭目伏地。于是诸天**圣众**同时闭眼，伏地听命。（《太上灵宝诸天内音自然玉字》卷三，2/545c）

【施安】

梵语词sukha-upadhāna的仿译，sukha有"使人安宁"的意思，upadhāna有"布施"的意思，二者合起来即"施安"，义为"布施使人获得安宁"。

欲广**施安**，救诸世间，抚利宁济，乐使解脱。（三国吴·支谦译《太子瑞应本起经》卷下，3/480b）

中古灵宝经中的"施安"有两个意思：
一是"给予"。

元始**施安**灵宝五帝镇官宅上法，以施于上学好道之士，不行凡庶。（《元始五老赤书玉篇真文天书经》卷上，1/788a）

二是"献贡"。

（1）明旦，天值东井日，于户前长跪，自说："曾孙某甲，以今日沐浴毕，入室**施安**章拒。"（《太上无极大道自然真一五称符上经》，11/637c）

（2）奉此法，师弟子对斋九日，以上金五两，五帝纹彩五匹，以誓五老上帝，举盟五岳而受文。然后以佩身，**施安**所住如法，将

招大福于自然，度凶厄于穷年，安国宁家，享祚无穷也。(《元始五老赤书玉篇真文天书经》卷上，1/788a)

【师父】
佛教义：引导众生进入佛道的人。

汝为当来佛，号阿閦如来、无所著、等正觉，成慧之行而为师父，安定世间无上大人，为法之御、天上天下尊、佛、天中天。(东汉·支娄迦谶译《阿閦佛国经》卷上，11/753b)

灵宝经义：传授道法的人。

（1）学上道，毁谤师父、不崇天义之罪。(《太上洞玄灵宝三元品戒功德轻重经》，6/880a)
（2）上不敬诸天大圣尊神……下不敬师父尊长(《太上大道三元品诫谢罪上法》，6/582c)
（3）或呵风骂雨，及天地日月星辰、帝王国主、师父道士，轻慢四大，或骂鬼神，呼谓无知……诸如此等，莫大之罪，不可忆识，积世结固，缠绵不解，冤对不已。(《太极真人敷灵宝斋戒威仪诸经要诀》，9/869b)

【师宗】
梵语词ā-cārya，佛经义：因道业高深而受众人崇仰、堪称师表的法师。

闻师宗说，弟子必同。沙门瞿昙是汝师，故作如是说。汝是彼弟子，故作如是说……(东晋·僧伽提婆译《中阿含经》卷六十，1/801b)

在中古灵宝经里，"师宗"有两个意思：
一是指"传授道法的人"。

（1）十年还在人中，身作**师宗**，宣通法音，开度天人，教化群生。(《太上洞玄灵宝诸天内音自然玉字》卷四，2/562a）

（2）东南无极世界恒沙众生，已得道过去及未得道见在福中善男子善女人，修奉智慧上品十戒，功满福报，名书上清，或位登上圣，或为神仙，游行五岳，驾龙乘虚，见在世上，为人**师宗**，万姓所仰，三界所敬。(《太上洞玄灵宝智慧罪根上品大戒经》卷下，6/889c）

（3）若见好学，当愿一切得成**师宗**，养徒敷教。(《太上洞玄灵宝智慧本愿大戒上品经》，6/157a）

二是指"因道业高深而受众人崇仰、堪称师表的法师"。

（1）子积劫念行，损身救物，开度有生，惠逮草木，托身林阜，守情忍色，恭礼**师宗**，存弗厌极，苦志笃厉，乃有至德，致紫兰台金阙上清宫有琼文紫字，功德巍巍，行合上仙。(《太上洞玄灵宝真一劝诫法轮妙经》，6/171a）

（2）高上玄鉴，转度我身，既得化形，侍对天尊，复蒙南极，得训**师宗**。(《太上洞玄灵宝赤书玉诀妙经》卷下，6/195b）

（3）斯人虽犯科律，尝经法门，可令思念先身所行之恶，令更思善，广建功德，伏从**师宗**，度其西北之门，授其劝戒，令得还生人中，更受宝经。(《太上玄一真人说三途五苦劝戒经》，6/871c）

【十恶】

梵语短语daśa a-kuśalāni的仿译，daśa是"十"的意思，a-kuśalāni是"恶""不善"的意思，二者合起来字面意思就是"十恶"，佛教以杀生、偷盗、邪淫、妄语、两舌、恶口、绮语、贪欲、瞋恚、邪见为十恶。

祸之大，莫尚**十恶**；福荣之尊，夫唯十善矣。杀物者为自杀，活物者为自活。劳心念恶、口言恶、身行恶，莫若劳心念道、口言道、身行道。施善福追，为恶祸寻，犹响之应声、影之追形也。(三

国吴·康僧会译《六度集经》卷五，3/31c）

中古灵宝经中的"十恶"指的是"饮酒淫色，贪欲无已等十种极不好的行为"。

（1）十恶不可犯，一者饮酒淫色，贪欲无已；二者阴贼世间，讪谤道士；三者轻师慢法，傲忽三宝；四者窃取经书，妄宣道要；五者借换不还，欺诱万民；六者杀生贪味，口是心非；七者背恩违义，犯诸禁戒；八者诵经忽略，喷噶自是；九者责望人意，嗔恚四辈；十者臆断经旨，损益圣典，不信宿命，快情所为，秽慢四大，不念生道。（《太上洞玄灵宝本行宿缘经》，24/666c、667a）

（2）或复为师，初无教善之怀，强弱相凌，恒欲肆其虐意，意中唯贪妒谮害，淫盗诈伪，凶悖乱逆，此人身常有十恶。（《太极真人敷灵宝斋戒威仪诸经要诀》，9/871c）

（3）此十恶之戒不能离身。（《太上洞玄灵宝智慧罪根上品大戒经》，6/887c）

【十方】

梵语daśa-diś的仿译，其中daśa义为"十"，diś义为"方位"。佛经中谓"东南西北及四维上下"为"十方"，泛指各处。

为五福。何等五？一为不自欺身……四为<u>十方</u>名闻……（东汉·安世高译《七处三观经》，2/879a、b）

中古灵宝经沿用了"十方"在佛经中的意思，也是指"东南西北及四维上下"，泛指各处。

（1）嵯峨玄都山，十方宗皇一。（《洞玄灵宝玉京山步虚经》，34/626b）

（2）是善男子、善女人精心尊奉，皆为十方大圣所有，洞达自然，身生水火，变化形影，飞升上清。（《太上洞玄灵宝赤书玉诀妙

经》卷上，6/185a）

（3）生世敬信，修奉智惠上品十戒。积诸善功，供养法师，烧香燃灯，佐天光明，照耀十方，施惠有德，念度众生，死升东华，受号飞天，位比太和十转弟子，为众圣策驾，游行云中。（《洞玄灵宝长夜之府九幽玉匮明真科》，34/381a）

【十戒】/*【十诫】

佛经里指"十种防非止恶的规范"。它是梵语词daśa kuśala karmapatha的仿译，daśa是"十"的意思，kuśala有"正确"的意思，karmapatha有"行动的指引"的意思，三者合起来字面意思是"十个关于正确行事的指引"，即"十种防非止恶的规范"。东汉的译经中已经明确说明了十种防非止恶的规范（十戒）的内容：

当持十戒——不杀生、强盗、淫泆、两舌、嗜酒、恶口、妄言、绮语、不嫉妒、瞋恚、骂詈。（东汉·支娄迦谶译《道行般若经》卷六，8/454b）

中古灵宝经里的"十戒"也是"十种防非止恶的规范"的意思，不过具体内容与佛经中的有所不同，且各经中的内容也略有差别。

（1）十戒者，一者不得嫉妒胜己，抑绝贤明。二者不得饮酒放荡，秽乱三宫。三者不得淫犯他妻，好贪细滑。四者不得弃薄老病穷贱之人。五者不得毁谤善人，毁攻同学。六者不得贪积珍宝，弗肯施散。七者不得杀生，祠祀六天鬼神。八者不得意论经典，以为虚诞。九者不得背师恩义，欺诈新学。十者平等一心，仁孝一切。（《太上洞玄灵宝智慧罪根上品大戒经》，6/887b）

（2）一者不杀，当念众生。二者不淫，犯人妇女。三者不盗，取非义财。四者不欺，善恶反论。五者不醉，常思净行。六者宗亲和睦，无有非亲。七者见人善事，心助欢喜。八者见人有忧，助为作福。九者彼来加我，志在不报。十者一切未得道，我不有望。是为十戒。（《太上洞玄灵宝智慧定志通微经》，5/890a）

（3）来生男女，明自厄励，建立大功，以自拔赎，身受十戒，可免此厄。(《洞玄灵宝长夜之府九幽玉匮明真科》，34/383c）

中古灵宝经中的"十戒"又写作"十诫"：

（1）能奉此十诫，分明立愿，无不必报也。(《太上洞玄灵宝本行宿缘经》，24/666c）
（2）修斋求道，皆当一心请奉十诫。(《太上洞玄智慧上品大诫》，3/391a）

【十善】

梵语词daśa-kuśala的仿译，daśa是"十"的意思，kuśala有"有利""嘉善"等意思，二者合起来字面意思就是"十善"，佛经里认为"不犯十恶"就是十善。

所有道弟子，当受是八种行谛道，如说行可得道八行觉。谛见者信布施，后世得具福，信礼者见沙门道人作礼福，信祠者悬缯烧香散花然灯，信所行十善是为自然得福，信父母者信孝顺，信天下道人者喜受经，信求道者为行道。信谛行者断恶意，信谛受者不犯戒。(东汉·安世高译《八正道经》，2/505a）

中古灵宝经里的"十善"与佛经中的"十善"一样，指的也是"不犯十恶"。

（1）仙公敢问："斋之深浅、功德高卑、众恶十善、轮转运周无停，德深功成、入寂定虚，阶级缘何？"(《太上洞玄灵宝本行宿缘经》，24/667b）
（2）飞天神人说十善因缘功德报应毕，诸天童子欢喜作礼。(《洞玄灵宝长夜之府九幽玉匮明真科》，34/381b）
（3）吾昔受太极智慧十善劝助功德戒于高上大道虚皇，世世宗奉，修行大法，度人甚易，此自然之福田也。(《太上洞玄灵宝智慧

本愿大戒上品经》，6/158a）

【世界】
佛经里指"时空笼罩下的一切领域"。

佛复惟曰："甘露法鼓，闻于三千大千世界，谁应得闻？"（东汉·昙果共康孟详译《中本起经》卷上，4/147c）

中古灵宝经中的"世界"偏重于指空间。

（1）太上道君顾问西北世界飞天神人曰："我尝历观诸天。出游西北门，见西北无极世界地狱之中九江长夜寒冰夜庭，有百姓子男女人，涂炭流曳，身形楚挞，苦毒难言。如此比例，被责几年当得解脱？"（《太上洞玄灵宝智慧罪根上品大戒经》卷下，6/892a）

（2）天上天下，地上地下，无穷无极，弥罗世界，一切神灵，莫不范德，尊崇大圣，欣道开明，惟愿大法广度无终，福流亿劫，世世长存，庆加愿会，普得道真，不胜罔极。（《太上灵宝诸天内音自然玉字》卷三，2/547b）

【授度】
佛经义：传授佛法。

佛语天帝："此《灌顶章句结愿咒经》甚深微妙，不可妄说。诸佛世尊不妄宣授度与人也。"（旧题东晋·帛尸梨蜜多罗译《灌顶经》卷四，21/505a）

灵宝经义：传授道法。

今岁在某甲子某月某日，于某天中，依先师旧科明真大法，身登黄坛，七宝镇灵，五彩澄仙，授度虚无自然灵宝洞玄金书紫字玉文丹章，二十四真三八部图，神仙乘骑，某受大法，三界所举，灵

宝保明，身度五道，名入紫宫金简玉箓，位登真仙。(《洞玄灵宝二十四生图经》，34/343b、c）

【受报】
佛经义：得到果报。

佛天眼净，见人物死神所出生，善恶殃福，随行受报。(东汉·竺大力共康孟详译《修行本起经》卷下，3/472a）

灵宝经义：得到果报。

（1）见世行善而不报者，是其先世余殃未尽，殃尽而福至；或后生受报，不必在今世也。(《太上洞玄灵宝本行宿缘经》，24/666c）

（2）其六诫者，皆以心通智慧，能施其德，行合自然，庆福恒居其身，祸害常远其门。玩好不绝，世世因缘，一转受报，飞天齐功，超轮九转，渐入大道。(《太上洞玄智慧上品大诫》，3/393b）

（3）吾今为尔故，开门说妙经。如是经中言，亿劫皆受荣。伏从受劝戒，以经度我形。思念宿命根，拔出先身婴。超越过三罗，八难于是冥。魂返入定质，神操从是荣。灭度如脱胞，旷朗睹八清。转轮得神仙，缘我改心精。受报无穷量，志定入福庭。(《太上玄一真人说三途五苦劝戒经》，6/872b）

【受度】
佛经义：受佛的引导摆脱俗见，晓悟佛法。

又，族姓子！复有菩萨摩诃萨十法兴无量心慧。何谓十？谓为明解众生境界，度诸兴起，自了心起……谓遇诸佛，所入音声而受度之，显无数心……(西晋·竺法护译《等目菩萨所问三昧经》卷上，10/577a）

中古灵宝经中的"受度"有两个意思：
一是指"被灵宝大法引导超脱尘俗得道成仙"。

（1）我历观诸天，从亿劫以来至乎今日，上天得道高圣大神及诸天真人，三清九宫五岳飞仙之人，莫不悉从灵宝**受度**，而得为真仙者也。（《太上诸天灵书度命妙经》，1/804a）

（2）是时天尊开大宥之恩，诸天男女始学者莫不恭奉，修行大法，皆即**受度**，身得神仙，白日登虚，上升帝宫。（《太上大道三元品戒谢罪上法》，6/586b）

（3）一切**受度**，普入光明。有宝我文，世世化生。轻泄慢漏，风刀相刑。（《太上洞玄灵宝灭度五炼生尸妙经》，6/261a）

二是指"地下幽魂被度脱到仙境或获得某种职位"。

（1）**受度**之魂，既去九幽之对，而得度妙化之堂，便识宿命，其有始端，思缘并尽，逍遥欢乐之舍，与飞天而合真也。（《太上灵宝诸天内音自然玉字》，2/560c）

（2）百日三官削落罪簿，上天勒录于司命曹，幽魂则出长夜之户，**受度**更生福德之堂。（《太上洞玄灵宝诸天内音自然玉字》，2/537b）

（3）凡诵是经十过，诸天齐到，亿曾万祖，幽魂苦爽，皆即**受度**，上升朱宫，格皆九年，受化更生，得为贵人。（《灵宝无量度人上品妙经》，1/2c）

【受戒】/*【受诫】

佛经义：佛教信徒出家为僧尼，在一定的仪式下接受戒律。

当王群臣受五戒时，内外人马，寂然无声，诸婆罗门，感化心伏，皆前**受戒**，欢喜而退。（东汉·昙果共康孟详译《中本起经》卷上，4/153b）

灵宝经义：道教信徒在一定的仪式下接受戒律。

（1）太上道君于洞阳馆柏陵舍中**受戒**，见诸天福堂亿劫种亲，并逍遥无为，衣食自然，身有光明，飞仙同侣，无有忧戚，不知苦难。(《太上洞玄灵宝智慧罪根上品大戒经》，6/894b)

（2）仙公以元正之日**受戒**。(《太上洞玄灵宝智慧本愿大戒上品经》，6/160c)

受戒在中古灵宝经中常写作"受诫"。

（1）是其时也，道君**受诫**起，北向首体投地，回心十方，还向东而伏。(《太上洞玄智慧上品大诫》，3/391a)

（2）便投身火中，焚尔无着，身如蹈空，俄顷之间，已见女身化成男子，径至道前，于是**受诫**。(《太上洞玄灵宝赤书玉诀妙经》，6/194c)

（3）太上玄一真人告仙公曰："吾受太上命，使授子劝诫妙经，演法说教，事妙极此。其文秘于太上紫微宫中，自非仙公之任，其文弗可得见。今说其诫，以成子仙，子宜宝秘，勤行道成，当更迎子于太极宫也。"仙公稽首**受诫**，奉辞而去。(《太上玄一真人说妙通转神入定经》，6/175a)

【受生】

佛经义：获得生命。

受生尽行道意，作可作，不复来还。(东汉·安世高译《七处三观经》，2/875b)

灵宝经义：获得生命。

（1）臣过承未天之先，于大劫之中殖真于九灵之府，禀液于五英之关，**受生**乎玄孕之胞。(《元始五老赤书玉篇真文天书经》卷

上，1/776a）

（2）吾所以敷张玄旨，解说要言者何？感念十方天人受生，不能保度其身，长处苦恼，甘心履罪，展转五道，无能觉者。（《太上洞玄灵宝赤书玉诀妙经》卷上，6/183c、184a）

（3）其第七、第八二字题九夜之台，主死魂归灵，受生还人，生死算录，亿劫缘根。（《太上灵宝诸天内音自然玉字》卷一，2/538c）

【受诵】

佛经义：信受诵记佛经。

释提桓因从佛所闻般若波罗蜜即受诵，彼异道人即遥远远绕佛一匝，便从彼间道径去。（东汉·支娄迦谶译《道行般若经》卷二，8/433c）

灵宝经义：信受诵记道经。

（1）昔有妇人，受诵是经，夫恒愠怒之，终亦不退，妇遂白日升天，夫死入地狱受考。（《太上洞玄灵宝智慧本愿大戒上品经》，6/158c）

（2）世人受诵，则延寿常年，后皆得作尸解之道，魂神暂灭，不经地狱，即得返形，游行太空。此经微妙，普渡无穷。（《灵宝无量度人上品妙经》卷一，1/2c）

【水劫】

梵语词ap-saṃvartanī的仿译，ap是"水"的意思，saṃvartanī是"劫灾"的意思，二者合起来字面意思就是"水劫"，佛教"坏劫"（宇宙破坏）中的三大灾难（水、火、风）之一。佛教认为，在坏劫尽头，人们造尽恶业，洪水滔天，淹没世间一切，即为"水劫"。

四大中三大有所动作，故有三种劫——或时火劫起，烧三千大千世界，乃至初禅四处；或时水劫起，漂坏三千大千世界，乃至二禅八处；或时风劫起，吹坏三千大千世界，乃至三禅十二住处。是名大劫。（后秦·鸠摩罗什译《大智度论》卷三十八，25/339c）

灵宝经义：洪水带来的淹没世间一切的灾难。

仁安见王垂没，乃泛舟而往，以所佩真文授与国王。王敬而奉之，水劫即退，噏然得过。（《太上洞玄灵宝真文度人本行妙经》，《无上秘要》卷十五，上/136）

【睡眠】

梵语词ni-drā、middha和supta等的意译新造词，"睡觉"的意思。

第四五法，当舍五盖，一为爱欲盖，二为瞋恚盖，三为睡眠盖……（东汉·安世高译《长阿含十报法经》卷上，1/234c）

灵宝经义：睡觉。

有佩灵宝玉文，乃可即得更生始分之中，正如睡眠之顷尔。（《元始五老赤书玉篇真文天书经》卷中，1/790c）

【四辈】

梵语词catur parṣad的仿译，catur是"四"的意思，parṣad有"群体""团体"的意思，二者合起来即"四辈"，指"佛教在家和出家的男女信众，即比丘、比丘尼、优婆塞、优婆夷等四类信众"。

为跋陀和菩萨及四辈弟子说经，莫不欢喜者、莫不乐闻者、莫不欲闻者。（东汉·支娄迦谶译《般舟三昧经》卷下，13/915a）

灵宝经义：在家和出家的男女道教信徒。

（1）不得斗乱口舌，评详四辈。（《太上洞玄灵宝赤书玉诀妙经》卷上，6/184c）

（2）无极世界男女之人，生世悭贪，惟欲益己，不念施人，割夺四辈……死受恶对，为饿鬼畜生，吞火食炭，恒不得充。（《洞玄灵宝长夜之府九幽玉匮明真科》，34/382a）

（3）若见福食，当愿一切无不饱满，世享天厨，德流生人，如水归海，宗庙胤长，常居贵盛，世与四辈，俱生王家。（《太上洞玄灵宝智慧本愿大戒上品经》，6/157b）

【四大】

梵语词bhūta，佛教以地、水、火、风为构成身体的四大要素，四者分别包含坚、湿、暖、动四种性能，因此亦用作人身的代称。

人有四大，地、水、火、风，大有百一病，展转相钻，四百四病同时俱作，此人必以极寒、极热、极饥、极饱、极饮、极渴，时节失所，卧起无常，故致斯病。（东汉·竺大力共康孟详译《修行本起经》卷下，3/466c）

中古灵宝经中的"四大"也是指"人的身体"。

（1）手有大神，接生方盈，运人四大，观人败成。人不持诚，智慧不通，则摇动人心，众恶并生。手作不觉，贪窃自营，致有短命，不终天年。（《太上洞玄智慧上品大诫》，3/395a）

（2）其中一人，素性好酒，先曰："余者乃可，唯酒难断除，我本性所好，作不敢计，所以者何？我先服散，散发之日，非酒不解，是故敢耳。"化人曰："散发所须，此乃是药。将养四大，药酒可通。但勿过量。"（《太上洞玄灵宝智慧定志通微经》，5/894c）

【四众】

梵语词catasraḥ par-ṣad的仿译，catasraḥ是"四"的意思，par-ṣad有"徒众""部众"的意思，二者合起来字面意思就是"四众"。佛教里的

"四众"有多个意思,既指"佛门的四众弟子",又指"列座于佛陀说法会上听法的四类大众",还指"阿育王时代对佛法持不同意见的四类大众"。但常见的是指"佛门的四众弟子",包括出家二众"比丘和比丘尼"和在家二众"优婆塞、优婆夷"。

从今日始,不听诸尼捷入我家门,唯听世尊四众弟子,比丘、比丘尼、优婆塞、优婆夷入。(东晋·僧伽提婆译《中阿含经》卷三十二,1/630b)

中古灵宝经中的"四众"指的是"列座于天尊说法会四周听法的得道者"。

(1)天真皇人曰:"……此法高妙,难可称焉。四座大众,诸天童子,宜各宝之哉。"于是四众同时稽首伏地,称善而退。(《太上洞玄灵宝灭度五炼生尸妙经》,6/265c)

(2)天尊告四座大圣众,无极太上大道君,三十二天、十方尊神等,天真皇人曰:……是时四众一时作礼,稽首称善。(《太上洞玄灵宝诸天内音自然玉字》卷四,2/562c、563a)

【诵经】
佛经义:为积聚功德而念经。

语声哀鸾音,诵经过梵天,是故说法时,身安意得定。(东汉·竺大力共康孟详译《修行本起经》卷上,3/465a)

灵宝经义:为积聚功德而念经。

(1)夫末学道浅,或仙品未充,运应灭度,身经太阴,临过之时,同学至人为其行香诵经十过,以度尸形如法,魂神径上南宫,随其学功,计日而得更生,转轮不灭,便得神仙。(《灵宝无量度人上品妙经》卷一,1/6a)

（2）八节之日，是上天八会大庆之日也。其日诸天大圣尊神、妙行真人，莫不上会灵宝玄都玉京山上宫，朝庆天真，奉戒持斋，旋行诵经，各遣天真威神，周行天下四海八极，五岳名山，学人及得道兆庶，纠察功过轻重，列言上宫。(《元始五老赤书玉篇真文天书经》卷下，1/797a)

（3）又以入山请乞及诵经之日，皆朱书其第三、第四二字，向东北服之，则诵咏朗彻，上天遥唱，心神澄正，七年成仙。(《太上灵宝诸天内音自然玉字》卷二，2/542a)

【宿对】

佛经义：前世作恶的报应，即"恶报"。

何但此牛？世人亦尔。计于吾我不知非常，饕餮五欲养育其身，快心极意更相残贼，无常宿对卒至无期，矇矇不觉，何异于此也？(西晋·法炬共法立译《法句譬喻经》卷一，4/576a)

灵宝经义：恶报。

（1）我尝历观诸天，出游西门，见西方无极世界长夜之中九幽地狱，及三河九江诸山，责役男女鬼魂，流曳三涂，五苦备婴，斯人宿对缘何而来，而充此罚？(《太上洞玄灵宝智慧罪根上品大戒经》卷下，6/891b)

（2）吾今为汝解说妙音，可得依用，拔赎罪魂，开出长夜九幽八难，宿对披散，转入信根，生死欢乐，世世因缘。其法高妙，万劫一传，世有贤明，誓而告焉。密则福降，泄则恶臻。(《洞玄灵宝长夜之府九幽玉匮明真科》，34/384b)

（3）可令斯人念其前行，思念为善，度著法轮，授以劝戒，使得更生，还在人中，修吾此道，以解宿对，思作道行，广开法门，建立福田，功满德就，升入东门之中，见其宿命之根，更受灭度，以致飞仙也。(《太上玄一真人说三途五苦劝戒经》，6/869c)

中古灵宝经中的"宿对"还有"前世所做的恶业"的意思。

　　万劫当还，受形为犬，恒使吠人，任人打扑，纵横人中，当生边夷，非人之类，百恶所归，以报宿对，永失人道，无有归期，流连罪门，不得开度。(《洞玄灵宝长夜之府九幽玉匮明真科》，34/383b）

【宿福】
佛经义：前世注定的福分。

　　佛告瓶沙："宿福为王，今复增益，使王国界人民忠孝富乐，无忧福护，有德吉，无不利。"（东汉·昙果共康孟详译《中本起经》卷上，4/152b）

灵宝经义：前世注定的福分。

　　(1) 臣某甲丹心翘勤好尚，宿福所钟，得参灵文，披昒篇目，宜极道真。(《太上洞玄灵宝赤书玉诀妙经》卷下，6/204a）
　　(2) 夫王侯皆受前世宿福致富贵，才智精明，功德满足，乃当复好道，此皆宿罪已尽。(《太极真人敷灵宝斋戒威仪诸经要诀》，9/870b）

【宿根】
佛经义：前世的根性，前世的觉悟能力。

　　时说法比丘以诸妇女多著世乐，但为赞叹施戒之法。有一妓女宿根淳熟，不避王法分受其罪，即便拨幕到比丘所，白比丘言："佛所说者唯有施戒？更有余耶？"比丘答言："姊妹！我意不谓乃有如是利根之人，故作此说……"（后秦·鸠摩罗什译《大庄严论经》卷五，4/285c）

灵宝经义：前世种下的恶根。

（1）我历观诸天地狱之中，男女责作幽牢穷魂，莫非先身不见明诫，见而不行，或行而不遵，回生悔心，还入罪门，或生而犯恶，不遇善缘，或不知施散，发心建功，广作福田，以拔**宿根**。(《太上洞玄智慧上品大诫》，3/396a)

（2）其文妙重，皆授宿有玄名帝图，录字三清，应为仙公之人，自非其质，不得妄宣。见其篇句，皆由宿福积行所钟。能尽心供养，依法修行，**宿根**自灭，与善结缘。(《太上玄一真人说劝诫法轮妙经》，6/177b、c)

【宿命】

梵语词pūrva-nivāsa的仿译，pūrva有"前世""宿世"的意思，nivāsa有"存在"的意思，二者合起来字面意思就是"宿世的存在"，即"宿命"。在佛经中有"前世的生命"的意思。佛教认为世人过去之世皆有生命，辗转轮回，故称"宿命"。

佛言："**宿命**无数劫时，本为凡人，初求佛道以来，精神受形，周遍五道，一身死坏，复受一身，生死无量，譬喻尽天下草木，斩以为筹，计吾故身，不能数矣！"(东汉·竺大力共康孟详译《修行本起经》卷上，3/461b)

灵宝经义：前世。

（1）又以七月七日朱书下六字，向南服之二十四年，自然识其先身**宿命**因缘之根，生死皆得上升玉清之天欢乐之宫也。(《太上灵宝诸天内音自然玉字》卷二，2/544a)

（2）无极世界男女之人杀生淫祠，叛道入邪，诽笑道士，訾毁真人，轻慢三宝，弃法入伪，恣意无道，不信**宿命**，自作一法。(《洞玄灵宝长夜之府九幽玉匮明真科》，34/382c)

（3）众真侍坐，得闻法音，诸天踊跃，喜庆难胜，大法既兴，普度天人，来生男女当受此恩。然见世愚聋未见命根，不知罪福所从何来，虽加开悟，不信者众，已垂训喻，愿卒皇恩，普赐十方无极世界百姓子、男女人同时开悟，得见**宿命**善恶因缘、罪福报应，知有命根，普天获济，法教日隆。(《太上洞玄灵宝智慧罪根上品大戒经》卷上，6/888b、c）

【宿世】
梵语词为pūrva，在佛经中有"前世""前生"的意思。

此《正法华》，菩萨所行，吾本<u>宿世</u>习若干千亿百千姟偈，从彼如来而闻受之。(西晋·竺法护译《正法华经》卷九，9/125c）

灵宝经义：前世、前生。

（1）某以有幸，**宿世**因缘，九天之劫，转及某身，遭遇明运，道法流行，得以秽身参染灵文五篇赤书五符宝经。(《太上洞玄灵宝赤书玉诀妙经》卷下，6/202c）

（2）子**宿世**之善乃尔，吾何惜乎？可复坐，将告汝要道矣。(《太上洞玄灵宝五符序》卷下，6/342a）

（3）我等今尽见**宿世**所行功薄，受经少，那责求高仙乎？(《太上洞玄灵宝本行因缘经》，24/672c、673a）

【宿行】
梵语词pūrva-yoga的仿译，pūrva有"宿世"的意思，yoga有"活动""行为"等意思，二者合起来字面意思就是"宿行"，在佛经中有"过去的行为"的意思。

善书是经卷，为设坐阁，烧香敬礼，不失三时，当复加行十事：一者……四者在勤劳屈苦之地，当知是<u>宿行</u>所为，而无愠……(东汉·支曜译《成具光明定意经》，15/457b）

灵宝经义：过去的行为。

可令斯人思其宿行，念其所患，改之为善，内著法轮，授以劝戒，使得还生中国。(《太上玄一真人说三途五苦劝戒经》，6/870a）

【宿缘】
梵语词pūrvayoga-pratisaṃyukta的仿译，pūrvayoga有"宿世行为"的意思，pratisaṃyukta有"有联系""有关系"的意思，二者合起来字面意思就是"宿世有联系的行为"，"宿世因缘"，在佛经里有"前生的因缘"的意思。

遂在生死周旋往来无数之劫，不偿所负，至于今世，堕此牛中，所债所卖，数千两金，故来归佛，宿缘所牵。(西晋·竺法护译《生经》卷四，3/98b）

灵宝经义：前生的因缘。

（1）道语丘曾："尔今得师南极，岂不高乎？皆由尔身宿缘所致……"（《太上洞玄灵宝赤书玉诀妙经》卷下，6/195b）
（2）泥丸洞明景，遂成金华仙。魔王敬受事，故能朝诸天。皆从斋戒起，累功结宿缘。(《洞玄灵宝玉京山步虚经》，34/626b）
（3）世人皆有宿缘，当得供养太上三洞灵宝经法师一人。(《太上太极太虚上真人演太上灵宝威仪洞玄真一自然经诀》卷上，P.2403）

【宿罪】
梵语词pūrvakarma的仿译，pūrva有"宿世"的意思，karma有"罪业"的意思，二者合起来即"宿罪"，指"前世的罪业"。
佛经义：前世的罪业。

是彼善男子、善女人，彼所止处，当完坚无有娆者，除其宿罪不请，余不能动。(东汉·支娄迦谶译《道行般若经》卷二，8/435a）

灵宝经义：前世的罪业。

（1）明真科品，凡拔度亿曾万祖宿罪恶根，行道如法，则九幽开通，长徒死魂，身受光明大慈之道无量福田。(《洞玄灵宝长夜之府九幽玉匮明真科》，34/387a)

（2）不以下愚好乐至真升仙之道，而宿罪深积，结缚不解，今相率共修灵宝无上斋，请烧香转经，以求所愿，功曹使者、飞龙骑吏分别关奏，以时上达。(《太极真人敷灵宝斋戒威仪诸经要诀》，9/867c)

【随逐】

梵语词anu-gamin的仿译。anu-是放在动词名词之前的前缀，表示"跟随""伴随"，gamin有"走"的意思，二者合起来字面意思是"跟着走"，即"随逐"，义为"跟随""跟从"。

是等眷属过去未久，又有一水牛犊，寻从后来，随逐群牛。(西晋·竺法护译《生经》卷四，3/93c)

灵宝经义：跟着，跟从。

请下五岳真人兵马、四渎真人兵马……神仙飞仙乘骑各九亿万人，一合下入甲身中，分布官府，安镇身形五藏六府、九宫三元之内，随逐营卫，和魂检魄，保神养精。(《太上洞玄灵宝赤书玉诀妙经》卷下，6/204b)

[T]

【塔寺】

梵语词为stūpa，"塔"的意思。
佛经义：塔和寺庙。

（1）尔时佛前，七宝之塔从地涌出……其塔寺中自然发声，叹言："善哉！善哉！世尊，安住！……"（西晋·竺法护译《正法华经》卷六，9/102b）

（2）兴立塔寺，供养沙门，诵经论道口无四恶，诸毒歇尽，寿命益长。（三国吴·康僧会译《六度集经》卷三，3/14c）

在中古灵宝经中，"塔寺"是"寺庙"的意思。

沙门、比丘尼、五戒清信弟子、男女人，欲于塔寺精舍持戒，读佛《神咒》《大小品》《维摩诘》……仰希禁护，救济苦厄……而无是经，不能降福获庆，后世得道也。（《太上太极太虚上真人演太上灵宝威仪洞玄真一自然经诀》卷上，P.2356）

【檀越】
梵语词为dāna-pati，"施主"的意思。

佛将诸弟子到屠儿村中，至檀越舍，梵志大小皆共欢喜。（西晋·法炬共法立译《法句譬喻经》卷三，4/593c）

灵宝经义：施主。

生复为贵人，敬信尤精，而少之时乃发念烧香，愿我后生智慧精明，玄解妙义，死升福堂。后生中士家，遂为道士，被服法衣而行道，时经讲聪明，动为法师众人所推，檀越所敬。（《太上洞玄灵宝本行因缘经》，24/672b）

【弹指】
梵语词acchaṭā，原为印度风俗。捻弹手指作声，用以表示欢喜、许诺、警告、提醒等含义。

于是，文殊师利闻佛教诏，即从坐起，到其女所，至心弹指，

声扬大音，欲令女起，其女寂静，三昧不兴。（西晋·竺法护译《诸佛要集经》卷下，17/765c）

中古灵宝经中的"弹指"和佛经中的一样，也是捻弹手指作声，用以表示欢喜、许诺、警告、提醒等含义。

（1）于是四众上智童子欢喜作礼，同时举手，**弹指**称善。（《太上洞玄灵宝灭度五炼生尸妙经》，6/260a）

（2）天尊有命，诸天敬从。于是四众同起作礼，举手指上，俯手指下，无上无下，无极无穷，无深无远，无幽无隐，无大无小，无始无终，一切普度，同受光明，**弹指**告众，一切咸闻。（《太上灵宝诸天内音自然玉字》卷三，2/546c）

【汤煮】

佛经义：生前作恶者下地狱受到沸水烧煮的一种酷刑。

菩萨梦中见泥犁中火烧**汤煮**。（西晋·无罗叉译《放光般若经》卷十四，8/96a）

灵宝经义：生前作恶者下地狱受到沸水烧煮的一种酷刑。

（1）后生为贵人，乃复杀害众生，渔猎为事，死入地狱，经履刀山剑树，**汤煮**吞火，五苦备至。（《太上洞玄灵宝本行因缘经》，24/672a）

（2）谋逆虐君父，秽辱毁天真。死入镬**汤煮**，苦痛不得还。（《洞玄灵宝长夜之府九幽玉匮明真科》，34/383c）

【天魔】

梵语词devaputra-māra，devaputra义为"天子""神的儿子"，māra语音节译为"魔"，二者合起来就是"天子魔"，略称"天魔"，为欲界第六天主，常为修道设置障碍。

时阿耆达，**天魔**迷惑，耽荒五欲。（东汉·昙果共康孟详译《中本起经》卷下，4/163a）

中古灵宝经中的"天魔"指"天上的魔怪"。

（1）其下二十四字，主摄**天魔**北帝万鬼事。（《元始五老赤书玉篇真文天书经》卷上，1/783b）

（2）乐法以为妻，爱经如珠玉。持戒制七情，念道遣所欲。淡薄正气停，萧然神静默。**天魔**并敬让，世世享大福。（《洞玄灵宝玉京山步虚经》，34/628b）

（3）行此之法，依上真文施行，便向东北叩齿三十六通，闭气九息，而仰咒曰："三元开明，回转天常，运推数极，百六乘纲，大劫交会，万妖争行，北酆不拘，放逸鬼宗，群魔纵肆，祅闭天光，上帝有命，普告十方，演明**天魔**，法教开张，正道治民，扫除不祥，有何小妖，群聚为场，赤书玉文，检摄鬼乡，北酆三官，明速传行，千魔束爽，万鬼送形……"（《太上洞玄灵宝赤书玉诀妙经》卷上，6/190c）

【天人】

梵语词divya-mānuṣyaka的仿译，divya有"天上"的意思，mānuṣya有"人"的意思，二者合起来字面意思就是"天人"，在佛经里有"生活在天界的神灵"之义。

国中人民，男女大小，见太子者，或言**天人**，或言帝释梵王、天神龙王，欢喜踊跃，不知何神。（东汉·竺大力共康孟详译《修行本起经》卷下，3/468b）

灵宝经义：生活在天界的神灵。

（1）劝助一切人民，除嫉去欲，履行众善，令人世世安乐，祸乱不生，病者自愈，仕宦高迁，为众所仰，莫不吉佑，门户清贵，天

人爱育，神魔敬护，常生福地。(《太上洞玄智慧上品大诫》, 3/393c)

（2）后生人中，通灵彻视，坐致自然，三官所敬，天人所宗。(《洞玄灵宝长夜之府九幽玉匮明真科》, 34/379a)

（3）尔时空中有一天人，意疑天尊说此譬喻。(《太上洞玄灵宝智慧定志通微经》, 5/894b)

【天堂】

梵语词svarga-gati的仿译，svarga有"天""天国"之义，gati有"去""往""境界"之义，二者合起来字面意思就是"天堂"，在佛经中指人死后居住的美好的地方，跟"地狱"相对。

复以神通力，是人应以恐怖度者，以地狱示之："汝当生此中。"应以欢喜度者，示以天堂。(后秦·鸠摩罗什译《大智度论》卷九十四，25/717b)

灵宝经义：指人死后居住的美好的地方，跟"地狱"相对。

（1）后生为贵人，怨对将至，是时发愿念道，敬受经教，施行阴德，拯济危急，政事以道，慈心于物，供养道士，奉君以忠，使臣以礼，恒念辞荣弃禄，乃免怨家，寿终升天堂。(《太上洞玄灵宝本行因缘经》, 24/672b)

（2）天运之终而日童停光，拔度学者之人，灌以水母之精，导以太和之炁，摄召长夜之魂，得出九幽之户，皆上诣天门，受炼五神，进升朱陵之宫，受福禄于天堂。(《太上灵宝诸天内音自然玉字》卷四，2/558b)

【天下】

汉语中的"天下"本指"中国范围内的全部土地""全国"。例如，《书·大禹谟》："奄有四海，为天下君。"在早期汉译佛经中，"天下"与义为"天界"的"天上"相对，是对梵语词dvīpa的意译，是"世间"的意思。

已有佛在世间,念天上天下得道眼度世,便见是法除一切苦。(东汉·安世高译《七处三观经》,2/876c)

中古灵宝经中的"天下"也与义为"天界"的"天上"相对,是"世间"的意思。

(1)灵音既朗,诸天光明,天上天下,地上地下,十方无极世界,一切神灵,莫不崇奉。(《太上灵宝诸天内音自然玉字》卷四,2/563a)

(2)夫经信之报,随信多少,悉如良井,纵使天下大旱,百丈绝源,此井犹满。(《太上洞玄灵宝智慧定志通微经》,5/893c)

(3)某年某月某日,灵宝赤帝某君,佩元始上三天太上大道君制六天总地八威策文,召天下神,摄地束灵,封山呼云,制河上龙,承师某帝某甲元始之章。(《元始五老赤书玉篇真文天书经》卷中,1/788b、c)

【天眼】

梵语词divya-cakṣus的仿译,divya有"天""天上"的意思,cakṣus有"眼""视力"的意思,二者合起来字面意思就是"天眼",在佛经中指"能够超越时间和空间的视力",是佛教所说的神通之一。

佛为天眼已净过度人间,见人往来死生如有知。(东汉·安世高译《长阿含十报法经》卷下,1/241b)

中古灵宝经沿用了佛经中的"天眼",指的是"超凡的视力",是道教六通智慧之一。

天为洞视,则天眼智高,慧洞无穷。自上自下,四面八方,无所不照,无所不明,虽曰一通智慧,而五色总焉。(《太上洞玄智慧上品大诫》,3/394a)

【天中之天】

梵语词deva-deva或deva-ati-deva的仿译，deva有"天神"的意思，ati有"……之上""超越"等意思。"天中之天"在佛经里指的是"佛"。

　　昔者菩萨，位为天王，精存微行，志进若流，每到斋日，乘于马车巡四天下，宣佛奥典，开化众生，消其瑕秽，令崇如来、应仪、正真觉、天中之天、众圣中王、道教之尊，可离三涂众苦之原。（三国吴·康僧会译《六度集经》卷六，3/36c）

中古灵宝经中的"天中之天"是元始天尊的别号。

　　（1）有女名曰阿丘曾，厥年十六，时在浴室中浴香汤自洗，见金光明曲照，疑有不常，出宇登墙，南向望见道真神精炜烁，容景焕日。女意欢喜，叉手作礼，遥称："名丘曾，今遭幸会，身觐天尊，归身十方天中之天，愿赐禁戒，遵承法文，拔诸恶根，早得转轮，改为男形，万劫之后，冀得飞仙。"（《太上洞玄灵宝赤书玉诀妙经》卷下，6/194c）

　　（2）丘曾叉手向天言："十方无极天尊，今自归形骸天中之天，愿得时畅，如之散尘。"（《太上洞玄灵宝赤书玉诀妙经》卷下，6/194c）

【天尊】

在佛经中，"天尊"的意思同"世尊""释尊"，都是对佛的一种尊称。

　　久在恩爱狱，缚着名色械，今驰趣天尊，宁得解脱不？（东汉·昙果共康孟详译《中本起经》卷上，4/149a）

中古灵宝经中，"天尊"有三个意思：
一是"道教中地位最高的神元始天尊"的简称。

（1）上诣上清太玄玉都寒灵丹殿紫微上官，建天宝羽服，诣元始天尊金阙之下，请受《元始灵宝赤书玉篇真文》。于是**天尊**命引众真入太空金台玉宝之殿九光华房。(《元始五老赤书玉篇真文天书经》卷上，1/775c)

（2）元始天尊时与五老上帝、十方大圣众、无极至真诸君丈人，同于赤明世界柏陵舍坐香林园之中长桑之下。**天尊**回驾，诸天降席……(《太上灵宝诸天内音自然玉字》卷三，2/545b)

（3）元始天尊时在香林园中，与七千二百四十童子俱，教化诸法，度身威光。于是**天尊**放五色光明，彻照诸天长乐福堂、十方无极世界地狱。(《洞玄灵宝长夜之府九幽玉柜明真科》，34/377c)

二是对地位低于元始天尊的众多高级仙真的总称。

（1）夫学真仙白日飞升之道，皆以斋戒为立德之本矣……长斋久思，以期凌虚之道也。故灵宝无上斋，皇老**天尊**大圣，常奉修不倦。(《太极真人敷灵宝斋戒威仪诸经要诀》，9/867a)

（2）臣今故烧香，归身、归神、归命东方无极太上灵宝**天尊**。(《太上洞玄灵宝真文要解上经》，5/905c)

（3）清斋三日，宰鸿鹭之鸟，洁整身神，虚心伺迎上皇**天尊**。(《太上灵宝五符序》卷下，6/337a)

三是对众多天上仙真的敬称。

（1）仙公于天台山静斋念道，稽首礼拜，请问灵宝玄师太极太虚真人曰："弟子有幸，得侍对**天尊**，自以微言，弥纶万劫……近而未究人生宿世因缘本行之由，今愿天尊觉所未悟。"(《太上洞玄灵宝智慧本愿大戒上品经》，6/155b)

（2）时仙人有姓纪，字法成，仙公相之曰："彼既我前世弟子也，其未见宿命之根耳，吾能令汝见前世时事也。"法成曰："唯唯，**天尊**。"(《太上洞玄灵宝本行因缘经》，24/671c)

【退转】

佛经义：功行减退，道心退缩。

吾以四禅三昧而自娱乐，无有昼夜。何等为四？一者无形三昧，二者无量意三昧，三者清净积三昧，四者不退转三昧。（东汉·昙果共康孟详译《中本起经》卷下，4/161b）

灵宝经义：功行减退，道心退缩。

（1）若于福中不能勤心，纵情退转，还入恶门，施行凶逆，所作不忠，犯诸非法，沉轮恶根，一失善阶，无有还缘。（《洞玄灵宝长夜之府九幽玉匮明真科》，34/381b）

（2）百姓男女，并见命根、罪福缘对、善恶之报，莫不震惶，一时归心，宗奉大法，修行众善，投命天尊，伏从禁戒，无复退转，福德普匝，欢乐难言，不胜喜庆。（《太上洞玄灵宝智慧罪根上品大戒经》，6/888c）

（3）如此法轮，上士勤尚，广开法门，先人后身，救度国王，损口拯乏，裸形衣寒，仁及鸟兽，惠逮有生，恭师奉法，恒如对神，长斋苦思，精研洞玄，吐纳气液，心灰意勤，割弃色累，万想都泯，情和气柔，人神并欢，如此之行，一灭一生，志不退转，克成上仙，三师备足，身登太极，位加仙卿。（《太上玄一真人说劝诫法轮妙经》，6/175c）

[W]

【外道】

梵语词tīrthika，佛教徒对本教以外的宗教及思想的称谓。在佛经中，"外道"的种类说法不一，主要指释迦牟尼在世时的"六师外道"和"九十六种外道"。

若使女人不于我道作沙门者，天下人民，奉事沙门当如事日月、如事天神，过逾于诸外道异学者上。（东汉·昙果共康孟详译《中本起经》卷下，4/159b）

灵宝经义：指道教之外的宗教和思想。

……学者及百姓子信外道杂术邪见之罪……右六十条罪，由天官右宫右府十二曹、地官右宫右府十四曹、水官右宫右府十四曹太阴水官考吏主之。（《太上洞玄灵宝三元品戒功德轻重经》，6/882c、883a）

【万劫】

在佛经中，实指"一万劫"。

其开士大士逮得知人心念，一日百日一岁百岁、一劫百劫千劫万劫、亿劫无央数劫无央数亿亿百千劫，至于无限。十方世界诸佛国土，所念无量，不可称限、心无蔽碍，是谓开士大士知他人心所念往古游居神通明证之慧神通慧行。（西晋·竺法护译《光赞经》卷二，8/160a）

但在中古灵宝经中，"万劫"虚指极久远的时间。

（1）天致元精于太极，地保山岳于句芒，神运灵虚于寂台，人养五脏于唇锋，所以营溉之者无极，存之者不终。于是回万劫而更始，安国祚而方隆，采流霞于上官，却衰朽而童蒙。（《元始五老赤书玉篇真文天书经》卷上，1/784b）

（2）正一真人无上三天法师张天师颂曰："灵宝及大洞至真道经，王唯有五千文，高妙无等，奉行致飞仙，玄君治虚空，侍卫太上台，逍遥紫微宫，万劫犹电顷……"（《洞玄灵宝玉京山步虚经》，34/628a）

（3）右十二字则九气青天之名。导引青帝九气，服食青牙，皆朱书白纸上，存思讫而顿服之，则引九气而自降，青帝应声而见形，青牙坚固于东岳，肝府玉芝而自生。灵童赍真文于寝侧，青腰辅翼而使令九年，积感变化，立成神仙度世，**万劫**不倾也。(《太上洞玄灵宝赤书玉诀妙经》卷下，6/196a)

【枉横】
梵语词为vi-ṣama，在佛经中义为"无辜受害，遭受飞来横祸"。

若能改心礼敬贤者，威仪礼节供奉长老，弃恶信善，修己崇仁，四福日增，世世无患。何等为四？一者颜色端正，二者气力丰强，三者安隐无病，四者尽寿终，不**枉横**。(西晋·法炬共法立译《法句譬喻经》卷二，4/590a)

灵宝经义：飞来横祸。

吾受元始真文旧经，说经度世万劫，当还无上宛利天。过世后五浊之中运命不达，是男是女，不见明教，常处恶道，生寿无机，而忧恼自婴，多受**枉横**。(《太上洞玄灵宝赤书玉诀妙经》卷上，6/184b)

【妄言】
梵语词anṛta-vacana或mṛṣā-vāda的仿译，anṛta和mṛṣā都有"虚妄"的意思，vacana和vāda都有"言说"的意思，前后合起来字面意思就是"妄言"，是佛教四口业之一，指"说虚妄浮夸的话"。

十二因缘本从身十事，出身十事。七事成一，三事从四。七事成一者，杀、盗、淫、两舌、恶口、**妄言**、绮语，共从色为一。(东汉·安玄共严佛调译《阿含口解十二因缘经》，25/53b)

中古灵宝经沿用了佛教中的"妄言"，是十恶业之一，指"说虚妄浮夸的话"。

斋人若**妄言**、绮语，论及私鄙，罚香一斤，油五升，朱三两。（《太极真人敷灵宝斋戒威仪诸经要诀》，9/870a）

【妄语】
同"妄言"，佛教四口业之一，指"说虚妄浮夸的话"。

第三谛语为何等？不两舌、不传语、不恶骂、不**妄语**，是为谛语。（东汉·安世高译《八正道经》，2/505a）

中古灵宝经沿用了佛经中的"妄语"，也是指"说虚妄浮夸的话"。

（1）一人曰："余事犹可，**妄语**甚难。所以为难，或身有密事，或是尊长应为隐讳，而人见问，不得不欺，欺便犯戒。"（《太上洞玄灵宝智慧定志通微经》，5/894c）

（2）学者及百姓子嫉妒同学之罪，学者及百姓子浮华**妄语**之罪，学者及百姓子贪利入己无厌之罪……右六十条罪，由天官左官左府十二曹、地官左官左府十四曹、水官左官左府十四曹太阳火官考吏主之。（《太上洞玄灵宝三元品戒功德轻重经》，6/880c）

【违戒】
梵语词vinaya-atisārin的仿译，vinaya有"戒律"之义，atisārin有"违背"之义，二者合起来字面意思就是"违戒"，在佛经里义为"违反戒律"。

其于佛法出家，奉律行戒，不具现戒成就，**违戒**犯行，不舍直见，不堕地狱。如斯之类寿终已后皆生龙中。（西晋·竺法护译《海龙王经》卷二，15/143a）

灵宝经义：违反戒律。

问化人曰："云何先生持戒云易，不持反难？"化人曰："立身如戒，不畏天子，亦不畏鬼神，何为不易？如**违戒**者，是人悉畏，复畏鬼神，云何不难？"(《太上洞玄灵宝智慧定志通微经》，5/894c)

【无极世界】

佛经中指无量无边的佛国世界。佛教的世界观认为，东南西北等十方，每一方都有无量无边的佛国世界。

又心念言："吾当庄严**无极世界**，皆令佛土清和柔软，种种别异平等清净。"(西晋·竺法护译《度世品经》卷二，10/624a)

中古灵宝经中的"无极世界"指的是"无量无边的世界"。

(1) 今日侍座，太漠开昏，**无极世界**，一切见明，法音遐振，泽被十方。(《洞玄灵宝二十四生图经》，34/337b)

(2) 此十戒，普教十方**无极世界**，度一切人。(《太上洞玄灵宝智慧罪根上品大戒经》卷上，6/887b)

(3) 众真高仙，十方已得道四方**无极世界**尘沙而来真人，从无数劫来，莫不有师，皆从师奉受上清三洞宝经，而得为高仙上圣、十方导师也。(《太上洞玄灵宝真一劝诫法轮妙经》，6/171c)

【无色】

"无色界"的简称，佛教中的三界之一。解释参见"无色界"。

一念去，一念来；若水中泡，一滴灭一复兴；至于三界欲、色、**无色**，九神所止皆系于识，不得免苦。(三国吴·竺法护译《太子瑞应本起经》卷下，3/479c)

中古灵宝经中也有"三界"之说，"无色界"是"三界"中的第三界。

(1) 霄度天去元洞天九万九千气。霄度是元始始开之气，溟涬

无色之中。(《太上灵宝诸天内音自然玉字》卷四，2/558a)

（2）其玉清上道、三洞神经、神真虎文、金书玉字、灵宝真经，并出元始，处于二十八天无色之上。大劫周时，其文并还无上大罗中玉京之山七宝玄台，灾所不及。(《太上诸天灵书度命妙经》，1/804b)

（3）元始符命，时刻升迁，北都寒池，部卫形魂，制魔保举，度品南宫，死魂受炼，仙化成人，生身受度，劫劫长存，随劫轮转，与天齐年。永度三途、五苦、八难，超凌三界，逍遥上清，上清之天，天帝玉真无色之境梵行。(《灵宝无量度人上品妙经》卷一，1/3c)

【无色界】

梵语词ārūpya-dhātu的仿译，ārūpya是"无色"的意思，dhātu有"世界"的意思，二者合起来字面意思就是"无色界"，是佛教中的三界之一，在色界之上。此界无形体，无物质，但存识心。

彼受因缘有为三有：一、欲界，二、色界，三、无色界，是名为三有。(东汉·安世高译《阴持入经》卷上，15/174c)

中古灵宝经中也有三界之说，"无色界"是三界中的第三界。

（1）第三无色界魔王歌曰："三界之上，眇眇大罗，上无色根。云层峨峨，唯有元始，浩劫之家……"(《灵宝无量度人上品妙经》卷一，1/5b)

（2）应声无色界，霄映冠十方。回化轮无影，冥期趣道场……(《洞玄灵宝自然九天生神章经》，5/847a)

（3）无思无色界，眇眇元始初。(《太上洞玄灵宝空洞灵章·无思江由天颂》，《无上秘要》卷二十九，中/411)

【无上正真】

梵语词anuttarara-samyak的仿译，anuttarara义为"无上"，samyak义

为"正确、真的",二者合起来字面意思是"无上正真",佛经中指的是佛。

> 明晨当索<u>无上正真</u>、天中之天为吾师焉。(三国吴·康僧会译《六度集经》卷六,3/38b)

中古灵宝经中的"无上正真"义为"至高无上的"。

> 贤者欲修无为之大法,是经可转,及诸真人经传亦善也。唯道德五千文,至尊无上正真之大经也。(《太极真人敷灵宝斋戒威仪诸经要诀》,9/870c)

又指"至高无上的道家"。

> 是故广明法教,开导愚蒙,咸使天人得入无上正真之门,普度一切,生值此世,真以宿缘所从,真人皆得过度。(《太上洞玄灵宝赤书玉诀妙经》卷下,6/184b)

【无上正真之道】

梵语复合词anuttarara-samyak-saṃbodhi的仿译,anuttarara义为"无上",samyak-saṃbodhi义为"正觉""正等正觉""正真之道",整个复合词的字面意思就是"无上正真之道",即佛所觉悟的智慧,佛所觉悟的道。因其所悟之道至高无上,故称"无上正真之道"。所以,"无上正真之道"指的是佛所觉悟的道。

> 于是菩萨坐娑罗树下,便为一切志求<u>无上正真之道</u>。(东汉·竺大力共康孟详译《修行本起经》卷下,3/469c)

中古灵宝经中的"无上正真之道"义为"至高无上的道"。

> 吾历观诸天,从无数劫来,见诸道士、百姓子、男女人,已得

无上正真之道高仙真人，自然十方诸圣，皆受前生勤苦求道，不可称计。(《太上玄一真人说劝诫法轮妙经》，6/176b)

【无央数】/*【无鞅数】/*【无軮数】

梵语词a-saṃkhyeya的仿译，a-是表示否定的前缀，saṃkhyeya有"计算"的意思，二者合起来字面意思就是"无法计算"，即"无央数"，义为"无数"。

一切诸四天王、忉利天王、炎天王、兜术天王、尼摩罗提天王、波罗尼蜜天王、梵天王，乃至阿迦腻咤天王，各与无央数众，皆悉来会。(东汉·竺大力共康孟详译《修行本起经》卷上，3/461a)

中古灵宝经中"无央数"只有一个用例，义与佛经中同，为"无数"。

太上无极，虚皇天尊之治也。其山林宫室皆列诸天圣众名籍，诸大圣帝王、高仙真人无央数众，一月三朝其上。(《洞玄灵宝玉京山步虚经》，34/625b)

但中古灵宝经中常写作"无鞅数"。

（1）五亿五万五千五百五十五亿重道，五亿五万五千五百五十五亿万无鞅数至真大神，当灵宝大斋之日，莫不稽首，遥唱玉音，诸天伎乐，百千万种，同会云庭。(《元始五老赤书玉篇真文天书经》卷中，1/790c)

（2）臣今仰谢东方九气青天、太清玄元上三天无极大道……元老九玄主仙真人，无鞅数量，百千万重道气、千二百官君、太清玉陛下、青帝九气玉门神仙、四司真人、诸天至极上圣大神、东乡无极世界神仙正真。(《太上洞玄灵宝真文要解上经》，5/906a)

（3）道言："吾法轮妙经，从无鞅数中来，如洹沙之劫，不足为譬。"(《太上玄一真人说妙通转神入定经》，6/174b)

中古灵宝经中还写作"无鞅数"。

高皇玉帝、诸天大圣众、十万诸天大神、无极太一、南极上真、妙行真人、诸天日月星宿、璇玑玉衡、无鞅数众，一切尊神，常以正月十五日、七月十五日、十月十五日，一年三过集校诸天已得道、过去及未得道百姓子男女人灭度生死功过簿录。(《太上洞玄灵宝三元品戒功德轻重经》，6/875a）

【五道】

梵语gati-pancaka或panaca-gatika的仿译，其中pancake-/panca-是"五"的意思，gati-有"道""境界""得""趣""往来"等意思。"五道"在佛教中谓"天、人、畜生、饿鬼、地狱五处轮回之所"。

若当拾五道生死一切人，亦不那中作数，亦不想是，乃为难。（东汉·支娄迦谶译《文殊师利问菩萨署经》，14/438c）

中古灵宝经沿用了佛经中"五道"的意思，也指"天、人、畜生、饿鬼、地狱五处轮回之所"。

（1）运会遭遇，克得神仙，福延九祖，润流玄孙，皆得度脱三恶五道八难之中。斯文尊贵，妙不可胜。（《太上洞玄灵宝赤书玉诀妙经》卷上，6/185b）

（2）灵妃散华，金童扬烟，五道开涂，三界通津，徘徊云路，啸命十天。（《元始五老赤书玉篇真文天书经》卷上，1/775c）

（3）修奉诸诫，每合天心。常行大慈，愿为一切，普度厄世，谦谦尊教，不得中怠。宁守善而死，不为恶而生。于是不退，可得拔度五道，不履三恶，诸天所护，万神所敬，长斋奉诫，自得度世。（《太上洞玄智慧上品大诫》，3/391b）

【五戒】

梵语词pañca-śīla的仿译，pañca是数词"五"，śīla是"戒律"的意思，二者合起来即"五戒"，指在家信徒终生应遵守的五条戒律：不杀生、不偷盗、不邪淫、不妄语、不饮酒。

是时，佛在摩羯提界善胜道场贝多树下，德力降魔，觉慧神静，三达无碍，度二贾客：提谓、波利，授三自归，及与<u>五戒</u>，为清信士。（东汉·竺大力共康孟详译《修行本起经》卷下，3/472b）

灵宝经中的"五戒"有两个意思：
一是沿用佛教义，指佛教在家信徒终生应遵守的五条戒律。

沙门、比丘尼、<u>五戒</u>清信弟子、男女人，欲于塔寺精舍持戒，读佛《神咒》《大小品》《维摩诘》《法华》《宝妙》《三昧》诸经，仰希禁护，救济苦厄，积功取灭度，转轮生死求仙道，而无是经（按：此处指《道德经》等），不能降福获庆、后世得道也。（《太上太极太虚上真人演太上灵宝威仪洞玄真一自然经诀》卷上，P.2403）

二是指道教十戒中道教徒终生至少应遵守的五条戒律，无具体所指。

能受是十戒，修行如法，十方天官无不卫护，必致得道。子若遍世累，不尽心十者，九八七六，乃至于五，择其能者。然五戒之福，福亦难称。（《太上洞玄灵宝智慧定志通微经》，5/890b）

【五苦】
佛教中指人遭受的五种痛苦，常无固定所指。

心怀五盖，犹斯<u>五苦</u>，比丘见谛去离五盖，犹彼凡人免上五患，盖退明进，众恶悉灭，道志强盛即获一禅。（三国吴·康僧会译《六度集经》卷七，3/39c）

有时特指"在五道中所受的痛苦"。

世尊曰:"三界、五道生死不绝,凡有五苦。何谓五苦?一曰诸天苦,二曰人道苦,三曰畜生苦,四曰饿鬼苦,五曰地狱苦。"(东晋·竺昙无兰译《五苦章句经》,17/543c)

在中古灵宝经中,"五苦"有多个意思。一是指"身前作恶之人死后在地狱中经受的五种酷刑(抱铜柱、履刀山、循剑树、入镬汤、吞火食炭)所带来的痛苦":

此十恶之戒,不能离身。犯之者,身遭众横,鬼神害命,考楚万痛,恒无一宁。履善遇恶,万向失利。死入地狱,幽闭重槛,长夜之中,不睹三光,昼夜流曳。抱铜柱,履刀山,循剑树,入镬汤,吞火食炭,五苦备经……(《太上洞玄灵宝智慧罪根上品大戒经》卷上,6/887c)

但有时候"五苦"不是实指,而是指"多种酷刑给死后入地狱的人带来的痛苦":

(1)后生为贵人,乃复杀害众生,渔猎为事,死入地狱,经履刀山、剑树、汤煮、吞火,五苦备至。(《太上洞玄灵宝本行因缘经》,24/672a)
(2)是为十恶之戒。犯之者,或见为神所枉杀,阳官所考治,居安即危,履善遇恶,可事不偶;或死入地狱,幽闭重槛,不睹三光,昼夜拷毒,抱铜柱,履刀山,攀剑树,入镬汤,吞火烟,临寒冰,五苦备经。(《太上洞玄灵宝本行宿缘经》,24/667a)

例(1)中只列举了四种酷刑:刀山、剑树、汤煮、吞火,例(2)则列举了六种酷刑:抱铜柱、履刀山、攀剑树、入镬汤、吞火烟、临寒冰。

更多的时候,"五苦"可理解为"身前作恶的人死后在地狱中经受的各种痛苦":

（1）吾尝历观诸天，出游东南门，见有百姓子、男女人，身被髡钳，幽闭重槛，不睹三光，在五岳之中，一日三掠，铁杖乱考，无复数量，罪定，方谪死魂，捵诸山土石，填塞河海，大小流曳，五苦备婴，涂炭艰毒，非可忍见。(《太上玄一真人说三途五苦劝戒经》，6/871b)

（2）又以太岁之日，朱书其第七、第八二字，向太岁服之，生死皆得周旋无极世界，不拘五苦之难，逍遥欢乐之中。(《太上灵宝诸天内音自然玉字》卷二，2/539c)

（3）皇道既明，是时天朗气澄，三景停轮，星宿洞耀，璇玑不行，河海静默，山岳吞烟，时和气清，金风拂尘，天无浮翳，日月灌津，五苦解脱，长夜开魂，枯树生华，死骸还人，麟舞凤翔，飞鸣欣欣，诸天踊跃，散花称善。(《太上洞玄灵宝灭度五炼生尸妙经》，6/260c)

【五体】

佛经汉译之前，汉语中已有"五体"一词，指《春秋》记述史事隐寓褒贬的五种手法。如晋杜预《春秋经传集解序》："推此五体，以寻经传，触类而长之。"汉译佛经中的"五体"和汉语固有的"五体"一词只是同音词，没有意义上的联系，因为佛经中的"五体"是"两手、两足、两膝、额和胸五个部分"的统称，梵语词为aṣṭāṅga-pāta。

（梵志众等）闻命敬诺，恭肃尽虔，遥瞻如来，情喜内发，五体投地，退坐一面。(东汉·昙果共康孟详译《中本起经》卷下，4/157b)

中古灵宝经中的"五体"义为"身体"，是其佛经义的引申。

（1）斯人也，将长处地狱，履于五毒，刀山剑树，汤火炎燎，煮渍五体，求死不得。(《太上洞玄灵宝智慧本愿大戒上品经》，6/159c)

（2）吾尝历观诸天，出游北门，见有百姓子、男女人，裸形赤身，无大无小，相牵流曳，入镬汤之中，身被煮渍，百毒之汁以

灌其上，五体烂坏，非可得忍。(《太上玄一真人说三途五苦劝戒经》，6/870b）

（3）太上灵宝，生乎天地万物之先，乘于无象空洞大道之常，运乎无极无为而混成自然，贵不可称……在天，五星运气，日月耀光；在地，五岳致镇，山高海渊，王侯中原；在人，五体安全。(《太上无极大道自然真一五称符上经》，11/632b）

【五欲】

梵语词kāmaguṇa pañca的仿译，kāmaguṇa有"欲望"的意思，pañca是"五"的意思，二者合起来即"五欲"，指色、声、香、味、触五境生起的欲望"。

吾处富贵，极世所珍，饮食快口，放心自恣，淫于五欲，不能自觉，亦当有病，与彼何异。(东汉・竺大力共康孟详译《修行本起经》，3/466c）

灵宝经义：谓声、色、香、味、爱憎之欲。《云笈七签》卷十："五欲者，谓耳欲声，便迷塞不能止；目欲色，便淫乱发狂；鼻欲香，便散其精神；口欲味，便受罪入网罗；心欲爱憎，便偏邪失正平。"

龙汉荡荡，五欲不生。(《太上洞玄灵宝空洞灵章》，《无上秘要》卷二十九，中/407）

【五浊】

梵语词pañca-kaṣāya的仿译，pañca是"五"的意思，kaṣāya有"秽浊"之义，二者合起来字面意思就是"五浊"。佛教认为尘世之中烦恼痛苦炽盛，充满劫浊、见浊、烦恼浊、众生浊、命浊五种浑浊不净。佛经中以"五浊"指"污浊不净的尘世"。

以斯猛志，跨诸菩萨九劫之前，誓于五浊为天人师，度诸逆恶，令伪顺道。(三国吴・康僧会译《六度集经》卷一，3/2b）

从道经来看,其中的"五浊"也指"污浊不净的尘世"。

(1)吾受元始真文旧经,说经度世万劫,当还无上宛利天。过世后五浊之中,运命不达,是男是女,不见明教。(《太上洞玄灵宝赤书玉诀妙经》卷上,6/184b)

(2)来世之人,不见科戒,方当履向五浊毒汤,遭难遇害,不能度身,是男是女,皆当如今所见地狱囚徒饿鬼谪役之魂,亿劫涂炭而不得还,无知受对,甚可哀伤。(《洞玄灵宝长夜之府九幽玉匮明真科》,34/377c)

(3)沐浴毕,冠带衣服。又叩齿十二通,咒曰:"五浊已清,八景已明。今日受炼,罪灭福生。长与五帝,斋真上灵。"(《太上大道三元品诫谢罪上法》,6/581c)

[X]

【细滑】

梵语词ślakṣṇa,在佛经中有"细软光滑的感觉"之义。

知众生或五阴自蔽,一色像,二痛痒,三思想,四行作,五魂识,皆习五欲,眼贪色,耳贪声,鼻贪香,舌贪味,身贪<u>细滑</u>。(东汉·竺大力共康孟详译《修行本起经》卷下,3/471c)

灵宝经义:细软光滑的感觉。

十诫者,一者……三者不得淫犯他妻女,好贪<u>细滑</u>。(《太上洞玄灵宝本行宿缘经》,24/666c)

【遐劫】

佛经义:极久远的时间;生生世世。

尔时听聪以偈颂曰："惟念过去世供养为轻微，蒙报历遐劫，余福值天师……"（西晋·法立共法炬译《诸德福田经》，16/777b）

灵宝经义：极久远的时间。

无量结紫户，气尊天中王。开度飞玄爽，凝化轮空洞。故根离昔爱，缘本思旧宗。幽夜沦遐劫，对尽大运通。（《洞玄灵宝自然九天生神章经》，5/846b）

【下头】
佛经义：下面，下边。

数年之中，诸梵志法，知经多者得为上座。中有梵志年者多智，会中第一。时儒童菩萨亦在山中，学诸经术，无所不博。时来就会，坐其下头。（西晋·竺法护译《生经》卷五，3/107c）

灵宝经义：下面，下边。

当朱书三天太上召伏蛟龙虎豹山精文，著一银木板上。又书记年月、师姓讳，著一板上。合二板，内囊裹。朱书次文，著一板上，著囊外。凡三板，合封为神策……以绛纹之缯作囊，令长一丈二尺，衣之封外板上，下头印口中元始五老之章。（《太上洞玄灵宝赤书玉诀妙经》卷上，6/191c）

【先身】
佛经义：前世，前一辈子。

则王先身为侍者时，供给仙时，坐翘一脚，感结而终，宝屐堕水，一只着脚。（西晋·竺法护译《生经》卷一，3/78a）

灵宝经义：前世，前一辈子。

（1）我历观诸天地狱之中，男女责作幽牢穷魂，莫非**先身**不见明诚，见而不行，或行而不遵，回生悔心，还入罪门？（《太上洞玄智慧上品大诫》，3/396a）

（2）丘曾**先身**有幸，得生道世，获遇天真，曲逮幽室，光荫臭形，神启坛内，心应形外，投骸归命，万希一全。（《太上洞玄灵宝赤书玉诀妙经》卷下，6/195b）

（3）又以七月七日朱书下六字，向南服之二十四年，自然识其**先身**宿命因缘之根，生死皆得上升玉清之天欢乐宫也。（《太上灵宝诸天内音自然玉字》卷二，2/544a）

【见世】

佛经义：今生、今世。

复有五事，逮是功勋。何谓为五？智慧清净博闻无厌，以**见世**力得度世力，强而有势，救脱劣弱，以圣明力晓了清净，以净慧力畅达有无生死无为，是为五。（西晋·竺法护译《持人菩萨经》卷一，14/626c）

灵宝经义：今生、今世。

（1）报应之理，明如日月，或在**见世**，或在来生，但福报差移，不必同至。（《太上洞玄智慧上品大诫》，3/395c）

（2）玄都紫微宫下元格。灵宝真文，明见众真奉斋，朝礼天文，有一十二恩。一者解上世之考及**见世**之罪。二者……（《元始五老赤书玉篇真文天书经》卷下，1/798c）

（3）当尔之时，上方空中有人诵曰："此法实玄妙，免汝九祖役。是其人不授，令人与道隔。非人而趣授，**见世**被考责。死堕三涂苦，万劫悔无益。"（《太上洞玄灵宝智慧定志通微经》，5/890b）

（4）此法弘普，功加一切，得见其文，宿根自拔，五苦不经，三途解脱，长离八难，**见世**安康，世世富贵，家门兴隆，思念前生，与善因缘。（《太上玄一真人说三途五苦劝戒经》，6/872a）

*【见在】

梵语词pratyutpanna仿译作"现在"。Pratyutpanna是复合动词prati-ut-pad的过去分词，ut-pad是"出现"的意思，prati也有"在、出现"的意思，合起来就是"现在"，在佛经中指"现世""今生"。

　　于过去法知过去法，是曰为著。于当来法知当来法，是曰为著。于现在法知现在法，是曰为著。（东汉·支娄迦谶译《道行般若经》卷三，8/442c）

中古灵宝经中作"见在"，也是"现世""今生"的意思。

　　东方无极世界恒沙众生，已得道过去及未得道见在福中善男子善女人，修奉智慧上品十戒，功满福报，致得乘空，白日飞行，驾景策龙，上登玉清，游行东极九气天中。（《太上洞玄灵宝智慧罪根上品大戒经》卷下，6/889b）

【见在世】

佛经中的"现在世"同"现在"，"现世""今生"的意思。

　　令其城中一切众人犯地狱罪，悉使其人令现在世殃衅轻微弃捐诸恶不可思议。（西晋·竺法护译《离垢施女经》，12/93a）

中古灵宝经中作"见在世"，也是"现世""今生"的意思。

　　若善男子、善女人能发自然道意，来入法门，受我十诫，行十二可从，则为大道清信弟子，皆与勇猛飞天齐功。飞天，未得道者也，是大道十转弟子，飞天虚空，为诸天策驾。清信弟子见在世上可得免于忧恼，度于众苦，身入光明，形内澄正，招鬼使神，制伏魔精，十转即得上为飞天。（《太上洞玄智慧上品大诫》，3/392b）

【相好】

梵语词lakṣaṇa或vy-añjana，佛经称释迦牟尼佛有三十二种相，八十二种好，后把"相好"用作对佛相貌的敬称。

龙大欢喜，出水左右顾视，睹佛坐树下，身有三十二相，紫磨金色，光明奕奕，过月逾日，相好端正，如树有华。（三国吴·康僧会译《六度集经》卷七，3/42b）

也指"美好的相貌"。

生有上圣之智，不启而自明，颜景跨世，相好希有，力干势援，兼人百倍，言音之响，有若师子之吼。（三国吴·康僧会译《六度集经》卷三，3/14b）

中古灵宝经中的"相好"指的是"美好的相貌"。

（1）夫受灭度，因缘不绝，得生人道，声色端伟，相好具足，才智明达，解了玄义。（《太上玄一真人说劝诫法轮妙经》，6/176a）
（2）转轮得神仙，缘我改心精。受报无穷量，志定入福庭。三十二相好，皆从身中明。项负七宝光，照耀诸天形。（《太上玄一真人说三途五苦劝戒经》，6/872b、c）

【消魔】

佛经义：消除魔障。

于时菩萨有光明，名消魔官场，演斯光明普照三千佛国，靡不周遍，曜魔官殿皆使覆蔽。（西晋·竺法护译《普曜经》卷五，3/516c）

在灵宝经中，"消魔"指的是"以治疗疾病和升仙为目的，以服药、诵经等手段消除魔障的行为"。

诸道士、沙门、百姓子、男女人，欲栖名山……读"道德五千文""洞真玄经"卅九章、**"消魔智慧"**，举身白日升天，而无是经，终不得上仙太真之道。(《太上太极太虚上真人演太上灵宝威仪洞玄真一自然经诀》卷上，P.2356)

【小乘】

佛经中"小乘"是hīna-yāna的仿译，hīna有"劣小"之义，yāna有"车乘"之义，二者合起来字面意思就是"小乘"。公元一世纪左右，佛教中出现了主张"普度众生"的新教派，自称"大乘"，而称原有的"重视自度"的教派为"小乘"。

佛亦如是，先现<u>小乘</u>，一时悦我，然今最后，普令四辈比丘、比丘尼、清信士、清信女，天上世间一切人民，显示本宜。(西晋·竺法护译《正法华经》卷三，9/81b)

古灵宝经中的"小乘"有两个意思：

一是沿用了佛经中的意思，指的是"只求度身、不念度人的做法"。

子辈前世学道受经，少作善功，唯欲度身，不念度人，唯自求道，不念人得道，不信大经弘远之辞，不务斋戒，不尊三洞法师，好乐小乘。(《太上洞玄灵宝本行因缘经》，24/671b)

二是指"'三洞经书'之外的经法"。

(1) 太极真人曰："观世为道，希有欲斋戒转经、寻明师受读、请问义理、信用奉行之者。多是浮华浅薄之人，声色在心，志无大雅，好学小乘法。"(《太极真人敷灵宝斋戒威仪诸经要诀》，9/872c)

(2) 昔正一真人学道时，受灵宝斋。道成后，谓此斋尊重，乃撰灵宝五称文，中出斋法，为旨经教，大同小异，亦次本经斋法也。太乙斋法，于此大斋，玄之玄矣，教初学小乘之阶级耳。(《太

上洞玄灵宝本行因缘经》，24/667b、c）

（3）小乘之学故与大乘乖，不为因缘，妙绝玄流也。（《太极左仙公请问经》卷上，S.1351）

【小劫】

佛教中以"劫"（劫波）为假设的记时之号。谓人的寿命从十岁增至八万，再从八万还至十岁，经二十返为一小劫。不过，关于"小劫"的具体说法有不同，但"小劫"合成"大劫"的说法则是相同的。

　　阿弥陀作佛已来，凡十小劫。（三国吴·支谦译《阿弥陀三耶三佛萨楼佛檀过度人道经》卷上，12/303b）

中古灵宝经中的"小劫"有两个意思：

一是指时间，所代表的时间比起佛教中的短，且数量具体，指的是天关回山三千三百度，而天关回山一度需要三百三十天，因此，道经中的"小劫"就是一百零八万九千天，如按现在的阳历计算，将近三千年；按阴历计算，则是三千零二十五年。

　　日月交回，七星运关，三百三十日，则天关回山一度，三百三十度，则九天气交，三千三百度，天地气交。天地气交为小劫交，九千九百度则大劫周。此时则天沦地没，九海溟一，金玉化消，豪末无遗。（《太上洞玄灵宝真文要解上经》，5/903b）

二是指"小的灾难"。

（1）九天王长安飞符，道人佩之，以履阳九百六，千毒不加身。昔夏禹藏之于石碛，以传理水傅伯长桑，甲子李廓光马平石山。大劫至，佩其前。小劫会，佩其后。（《太上灵宝五符序》卷下，6/339b）

（2）三天真生神符，出元始通景玄光气后赤书五劫，见于玄都玉京上馆玄都紫微上宫旧格黑书黄缯上，以佩身，履小阳九、小百六，小劫之交，万灾四充，佩之千害不加身，过万疠之中，得见太平，为圣君种民。(《元始五老赤书玉篇真文天书经》卷中，1/789b)

【晓了】

梵语词ko-vida、buddhi、vicārita和vi-bhāvana等词的意译，"明了""明白"的意思。

佛所说尽者，愚痴不见不知，智者晓了之。(东汉·支娄迦谶译《般舟三昧经》卷中，13/908c)

灵宝经义："明了""明白"。

后下生于世，乃学大道经，聪明洞达，为世法师，无不晓了。(《太上洞玄灵宝本行宿缘经》，24/668a)

【邪魔】

"邪魔"是梵语词māra pāpīyas的音译加意译，māra音译作"魔"，pāpīyas是"邪恶"的意思，二者合起来即"邪魔"，义为"邪恶的魔怪"。

佛言："汝母罪根深结，非汝一人力所奈何！汝虽孝顺，声动天地，天神、地神、邪魔、外道、道士、四天王神亦不能奈何……"(西晋·竺法护译《盂兰盆经》，16/779b)

灵宝经义：邪恶的魔怪。

（1）凡学道有所求愿，及修行上法，不先关启，则为邪魔所干，不得上达，所修无感，神明不鉴，徒劳无益。(《太上洞玄灵宝赤书玉诀妙经》卷上，6/189a)

（2）道士、百姓子，不能修法行道，但家有此符经，刻石安镇，施种章祀，身光自至，令人长生，心开内发，甚若日月，百病皆愈，魍魉**邪魔**，凶恶灾害消亡。(《太上无极大道自然真一五称符上经》，11/639c)

（3）凡欲修道求仙致真，安国宁家，截诸不祥，当奉行自然卫灵神咒。常以本命、太岁、甲子、庚申及修斋之日，常东向诵之一遍，则神朗气正，宫宅肃清，**邪魔**摧灭，五老降真，万试宾伏，妖灾丧亡，长斋修诵，克成真人。(《太上洞玄灵宝真文要解上经》，5/905b)

【邪念】

佛经义：不正当的念头。

吾以国为怨窟，以色声香味华服**邪念**，为六剑截吾身，六箭射吾体，由斯六邪轮转受苦，三涂酷烈难忍难堪，吾甚厌之。(三国吴·康僧会译《六度集经》卷五，3/28a)

灵宝经义：不正当的念头。

若见媱人，当愿一切除弃**邪念**，翘心禁戒。(《太上洞玄灵宝智慧本愿大戒上品经》，6/156b)

【懈退】

梵语词khid的新造意译词，义为"懈怠退缩"。

于众生得清净，而无厌倦，利养普世，亦无**懈退**。(西晋·竺法护译《等目菩萨所问三昧经》卷三，10/588c)

灵宝经义：懈怠退缩。

（1）清信弟子……十转即得上为飞天。若在一转，而行精进，心不**懈退**，作诸功德，长斋苦行，晨夕不倦，即得飞天。(《太上洞

玄智慧上品大诫》，3/392b）

（2）我界难度，故作洞文。变化飞空，以试尔身。成败**懈退**，度者几人？（《灵宝无量度人上品妙经》卷一，1/5b）

【心口相应】

佛经义：想的与说的一致。

第四戒者，一日一夜持，心如真人，无妄语意，思念至诚、安定徐言，不为伪诈、**心口相应**，如清净戒以一心习。（三国吴·支谦译《斋经》，1/911a）

灵宝经义：想的与说的一致。

（1）至学之士，常当斋戒行香，朝礼事竟，仍东向行愿，**心口相应**，无有异念。（《太上洞玄灵宝真文要解上经》，5/904c）

（2）信向之士，**心口相应**，捻香感愿，已彻诸天，生死罪对，靡不散释。（《洞玄灵宝长夜之府九幽玉匮明真科》，34/387a）

【信根】

梵语sraddhā-indriya的仿译。sraddhā为"诚信、信仰"的意思，indriya是"机能、能力"之义，因草木的根具有成长发展的能力，能生起枝与干，整株植物就是生发于这一点上，"根"与"机能、能力"便建立了联系。佛教中的"信根"义为"信仰正道而生起一切无漏的禅定解脱"，通俗地讲就是"信仰正道是获得解脱的根源"。

舍利曰："便说从一增起至十法，皆聚成无为。从苦得要出，一切恼灭。第一一法……第六五法，当增道。五根，一为**信根**、二为精进根、三为意根、四为定根、五为慧根。第七五法……"（东汉·安世高译《长阿含十报法经》卷上，1/233c、235a）

中古灵宝经中的"信根"义为"虔诚修法做功德而获得福报"。

（1）臣宿命因缘，生值法门，玄真启拔，得入信根，先师盟授三宝神经，法应度人九万九千，位登至真。(《洞玄灵宝长夜之府九幽玉匮明真科》，34/388a)

（2）今故立斋，烧香然灯，愿以是功德照曜诸天，普为帝王国主、君官吏民、受道法师……一切众生，普得免度十苦八难，长居无为，普度自然，某家亿曾万祖，囚徒先魂，开诸光明，咸得解脱，转入信根，去离五道，开度因缘，死者长乐，生世蒙恩，天下太平，道德兴隆，今故烧香。(《洞玄灵宝长夜之府九幽玉匮明真科》，34/385a、c)

（3）未得道者，生世富贵，位为人尊，年命长远，并无夭伤。东方青帝皆即列名，奏言九气上天九气天官，告下东方三官九署地牢之中，削落青元九幽玉匮长夜之函宿世罪根。青天司命勒录诸天神仙簿中，七祖皆得上升天堂，衣食自然，随年更生帝王之门，世世欢乐，恒居福中，因缘不绝，故得信根。(《太上洞玄灵宝智慧罪根上品大戒经》卷下，6/889b)

【信心】

佛经义：虔诚信仰佛教之心。

其菩萨本生信心，有所修行，无量清净。(西晋·竺法护译《度世品经》卷二，10/627c)

灵宝经义：虔诚信仰道教之心。

卿今弟子，纵使分卫，以乞求度人，人无与者，更益彼罪，信心无表，何由得度？(《太上洞玄灵宝智慧定志通微经》，5/893c)

【行道】

梵语词carita，在佛经中有"修行"的意思。

行道弟子，是身自守，得喜乐。(东汉·安世高译《长阿含十报

法经》卷上，1/234b）

中古灵宝经中的"行道"有两个意思：
一是同佛经中一样，也有"修行"的意思。

（1）儒教则有三坟五典、八索九丘，皆以师训文学之士，尚复承师以致明达。况子今学上清之道，希求升腾，永享无量之福乎。慢师行道，求肉飞之举，谓投之夜光，失尔一往也。（《太上洞玄灵宝真一劝诫法轮妙经》，6/171c）

（2）行道千日，心尽于玄，必能降真人，见圣得道也。（《太极真人敷灵宝斋戒威仪诸经要诀》，9/870a）

二是"举行仪式"。

（1）行道之日，皆当香汤沐浴，斋戒入室。（《灵宝无量度人上品妙经》，1/255a）
（2）其日有修奉灵宝真经，烧香行道，斋戒愿念，不犯禁忌，则司命长生司马注上生簿，延算益命，敕下地官营卫佑护，列为善民。（《元始五老赤书玉篇真文天书经》卷下，1/795a）
（3）建斋行道，四天帝王皆驾飞云绿軿，八景玉舆，侍从真人玉女手把华幡，前导凤歌，后从天钧，白鹤狮子，啸歌雍雍，烧香散华，浮空而来。（《太上洞玄智慧上品大诫》，3/392b）

【行业】
佛经义：恪守戒律的操行。

善业言："甚深，天中天！斯乃宝将中王与虚空战，勇德难胜，令佛行业传之无穷。"（三国吴·支谦译《大明度经》卷三，8/490a）

中古灵宝经里的"行业"指的是"引发报应的行为"的意思。

（1）如此之德，皆由其前身行业，积善愿念所致。(《太上玄一真人说劝诫法轮妙经》，6/176a)

（2）并由人生时而学、行业深浅、功德大小计品，受今之报也。(《太上洞玄灵宝本行宿缘经》，24/670c)

【行愿】

在佛经里，"行愿"有两个意思：

一是"发愿"。

此童子于无数劫，所学清净，降心弃命，舍欲守空，不起不灭，无倚之慈，积德行愿，今得之矣！(东汉·竺大力共康孟详译《修行本起经》卷上，3/462b)

二是"身之所行和心之所愿"。这是对梵语词caryā-praṇidhāna的仿译。caryā是"所行"的意思，praṇidhāna是"所愿"的意思，二者合起来字面意思就是"所行和所愿"。这样看来，佛经里的"行愿"实际上是两个词，"发愿"义的"行愿"是一个动宾式的复合词，"身之所行和心之所愿"义的"行愿"是一个并列式的复合词。

佛所本行愿，精进百劫勤；四等大布施，十方受弘恩。(三国吴·支谦译《太子瑞应本起经》卷下，3/480a)

中古灵宝经里的"行愿"同佛经中的一样，也有两个意思：

一是"发愿"。

至学之士，常当斋戒行香，朝礼事竟，仍东向行愿，心口相应，无有异念。(《太上洞玄灵宝真文要解上经》，5/904c)

二是"身之所行和心之所愿"。

此实由宿世本行，积念累感，功济一切，德荫万物，因缘轮转，罪福相对，生死相灭，贵贱相使，贤愚相倾，贫富相欺，善恶相显，其苦无量，皆人行愿所得也。(《太上洞玄灵宝智慧本愿大戒上品经》，6/155c)

【修法】
佛经义：按佛法修行。

于时阿难与谆那俱往诣佛所，稽首足下，退坐一面，叉手白佛："我身羸极，无复力势，柔弱疲劣，不能修法。"(西晋·竺法护译《生经》卷二，3/80a)

灵宝经义：按道经修行。

(1)烧香修法，存十方灵宝太上真教名，诵咏道经，愿念高仙，飞行太极府。(《太上无极大道自然真一五称符上经》，11/639b)

(2)道士、百姓子，不能修法行道，但家有此符经，刻石安镇，施种章拒，身光自至，令人长生，心开内发，甚若日月。(《太上无极大道自然真一五称符上经》，11/639c)

【修行】
"修行"本是一个汉语词，指"修养品德的行为、过程"，在佛经汉译中，用以意译梵语词bhāvitva，指"修习佛法"。

尔时阎浮利国有王名智力，常修行佛三事。(三国吴·支谦译《月明菩萨经》，3/411b)

中古灵宝经中的"修行"指"修炼道法"。

(1)长斋修行二十四年，身得神仙。(《元始五老赤书玉篇真文天书经》卷上，1/787a)

（2）凡学道有所求愿，及**修行**上法，不先关启则为邪魔所干，不得上达，所修无感，神明不鉴，徒劳无益。(《太上洞玄灵宝赤书玉诀妙经》卷上，6/189a)

（3）**修行**之法，千日长斋，不关人事，诸尘漏尽，夷心默念，清香执戒，入室东向，叩齿九通，调声正气，诵咏宝章。(《洞玄灵宝自然九天生神章经》，5/844b)

【修斋】

佛经义：会集僧人供斋食，做法事。

汝今何为不自忧虑？何不广施持戒**修斋**？(后秦·竺佛念译《出曜经》卷二，4/618c)

灵宝经义：会集道徒供斋食，做法事。

（1）修飞仙之道，当以八节之日，朱书上四字，向王服之，**修斋**行道，万神侍卫，诵咏朗彻，众真下降。(《太上灵宝诸天内音自然玉字》卷二，2/541a)

（2）洁身持戒，**修斋**建功，广救群生，咸得度脱。(《太上洞玄灵宝赤书玉诀妙经》卷上，6/185a)

（3）学者以其月随科**修斋**，功记三官五帝，列名上天，六年克得拜谒太上，七祖皆升福堂，神灵佑护，万灾不干。(《元始五老赤书玉篇真文天书经》卷中，1/794a)

【须弥】

梵语词sumeru的音译，印度神话中的山名。

难陀白王："兄如**须弥**，难陀如芥子，实非其类。"(东汉·竺大力共康孟详译《修行本起经》卷上，3/465c)

中古灵宝经中的"**须弥**"是"有无数仙人居住的一座名山名"。

（1）子不见昆仑、蓬莱、钟山、嵩高、须弥、人鸟诸大山洞室，仙人无数矣。(《太上洞玄灵宝本行因缘经》，24/673a)

（2）（山水神）治于须弥之山，以山镇固于巨海，遏断于长源，则地机而不沦，保劫而长存。(《太上洞玄灵宝诸天内音自然玉字》卷四，2/558c)

[Y]

【雅妙】

对梵语词susaṃsthita的翻译，义为"优雅奇妙"。

世世所生，舌无有患，牙齿坚固，未曾堕落……鼻耳姝好，无有缺减，唇口<u>雅妙</u>，面常鲜洁。(西晋·竺法护译《正法华经》卷八，9/118c、119a)

灵宝经义：优雅奇妙。

山上七宝华林，光色炜烨，朱实璨烂，悉是金银珠玉，水晶琉璃，砗磲玛瑙，灵风振之，其音自成宫商，雅妙宛绝。(《洞玄灵宝玉京山步虚经》，34/625b)

【洋铜】

"洋铜"的"洋"本字作"烊"。"洋铜"是"熔化的铜水"的意思。佛教认为，生前作恶下地狱的人会受到向口中浇灌熔化的铜水的酷刑。

然饥渴于六欲，犹海不足于众流，以斯数更太山烧煮诸毒众苦；或为饿鬼，洋铜沃口，役作太山。(三国吴·康僧会《六度集经》卷三，3/15c)

灵宝经义：熔化的铜水。

何不受盗戒？不受盗亦难。孰云暗中昧，中有记盗官？取一年年倍，倍倍殊不宽。以手捧洋铜，烧口煮心肝。(《太上洞玄灵宝智慧定志通微经》，5/895a）

【业】

梵文karman（羯磨）的意译，指"引发报应的行为"。

第五四法，可减。四失，戒失、意是失、行失、业失。(后汉·安世高译《长阿含十报法经》卷上，1/234a)

中古灵宝经中的"业"是"报应"的意思。

（1）如此之行，皆由其前身供养道士，劝助师宗，奉香然灯，建立福田，损身施惠，救厄恤贫，功满德普，一灭一生，得如今之业。(《太上玄一真人说劝诫法轮妙经》，6/176b）
（2）修吾此道，解其宿对，思念作善，广建福田，更受开度，入吾西门，见诸天人受其行功之业，永享无量之报也。(《太上玄一真人说三途五苦劝戒经》，6/870a）
（3）灵宝大慈之道，施惠种福，为人结因，其功广大，其报难称，斯福之上业，功感诸天，有见此法，立应自然，勤心修行，生死获仙。(《太上洞玄灵宝真文要解上经》，5/904c）

【业行】

佛经义：行为、言语、思想等方面的活动。

于时菩萨省诸伎乐，宣法音时出大官殿，有大讲堂号演施法，升彼讲堂坐师子床，其诸天子学大乘业行等慈者，亦复俱升此大讲堂，各从本位次第而坐。(西晋·竺法护译《普曜经》卷一，3/485a)

灵宝经义：行为、言语、思想等方面的活动。

　　自从无数劫来，积学已成真人高仙、自然十方道者，莫不从业行所致，制心定志，坐念思微，举动行止，念作转神，以得高仙也。（《太上玄一真人说妙通转神入定经》，6/172c）

【一念】

梵语词ekacittôtpādena的仿译，eka-有"一"的意思，cittôtpādena有"想、转念"的意思，二者合起来即"一念"，指"极短促的时间"。北魏昙鸾《无量寿经优婆提舍愿生偈注》卷上："六十刹那为一念。"《仁王般若波罗蜜经·观空品》："九十刹那为一念。"

　　身无常主，神无常形，神心变化，燥浊难清，自生自灭，未曾休息。一念去一念来，如流草木，若水中泡，一适灭，寻一复兴。（西晋·竺法护译《普曜经》卷七，3/527b）

灵宝经义：指极短促的时间。

　　玉章度促年，灵歌五神开。长魂无绝景，一念入九围。（《太上诸天灵书度命妙经》，1/804c）

【一劫】

佛教里把天地的一成一毁谓"一劫"。

　　夫极天地之始终，谓之一劫。（东汉·竺大力共康孟详译《修行本起经》卷上，3/461b）

亦泛指一段很长的时间。

　　譬如须延头如来转法轮，于三乘无有菩萨可教发阿耨多罗三耶三菩者，便般泥洹，后令化佛教授众生一劫。（西晋·无罗叉译《放

光般若经》卷十七，8/124b）

中古灵宝经中的"一劫"只有佛经中的实指用法，指"天地的一成一毁"。

（1）南上感其丹至，朱官书其紫名，化其形骸于元君之胞，一<u>劫</u>乃生，得为男身。(《太上洞玄灵宝赤书玉诀妙经》卷下，6/195a）

（2）灵宝君者，则洞玄之尊神。灵宝丈人，则灵宝君之祖气也。丈人是赤混太无元玄上紫虚之气，九万九千九百九十九万气，后至龙汉开图，化生灵宝君，经一<u>劫</u>，至赤明元年，出书度人时，号上清玄都玉京七宝紫微宫。(《洞玄灵宝自然九天生神章经》，5/843b）

（3）我过去后，一<u>劫</u>交周，天地又坏，复无光明，幽幽冥冥。(《太上洞玄灵宝智慧罪根上品大戒经》，6/886a）

【已】

佛经义：用在动词后表示动作完成的助词，是对义为"……了以后"的梵语绝对分词（又叫独立式；Absolutive, Gerund）的意译。

适斗争<u>已</u>，便出宫去。(西晋·竺法护译《生经》，卷一，3/70b）

灵宝经义：用在动词后表示动作完成的助词，义为"……了以后"。

（1）次以戊己王相日，若四季之时，行中称万福符，心召中央黄帝乘黄龙来，迎已，共之中岳嵩高山之上。(《太上无极大道自然真一五称符上经》，11/636c）

（2）作是念<u>已</u>，天尊即知。(《太上洞玄灵宝智慧定志通微经》，5/894b）

【亿劫】

梵语词kalpa-koṭi的意译加音译，kalpa音译作"劫"，koṭi为"一亿"的意思，二者合起来就是"一亿劫"。在佛经里义为"极长久的时间"。

  天尊难遇，亿劫时有，其所当为，善令清净。（东汉·支曜译《成具光明定意经》，15/452a）

灵宝经义：极长久的时间。

  （1）天书玉字……炼水火于生死，与亿劫而长存，开八垣于幽纽，植灵光于太阳，二仪持之以判，三景持之以分。（《太上洞玄灵宝诸天内音自然玉字》卷一，2/532a）
  （2）生世炼真，服御神丹，五石镇生，神室五官，功微德侠，运未升天。身受灭度，而骸骨芳盈，亿劫不朽，须臾返形，便更受生，还为人中。（《洞玄灵宝长夜之府九幽玉匮明真科》，34/378c）
  （3）我过去后，天地破坏，无复光明，男女灰灭，沦于延康，幽幽冥冥，亿劫之中，至赤明开光，天地复位，我又出世，号无名之君，出法教化，度诸天人。（《太上洞玄灵宝智慧罪根上品大戒经》卷上，6/886a）

【因】

梵语词hetu、kāraṇa、bījatva等都意译作"因"，指"使事物生起、变化和坏灭的主要条件"，辅助条件为"缘"。

  因缘所合致神识者，此皆无常，无有根本。此神识者，依倚无常而有妄想，故有缘起十二因也，皆归于尽、无常、苦、空、毁坏、别离、离欲、灭尽。（西晋·竺法护译《圣法印经》，2/500b）

灵宝经义：使事物生起、变化和坏灭的主要条件。

  （1）使者到鲁国，奉书，跪于丘前曰：吴王昔命驾出游，瞻望海津，息卒于东林之丘，游宴乎北包之山。于是秣驷戢舆，忽有赤乌游翔其间，衔此素书，堕王车前。大人元吉，灵瑞自天，繨国万纪，金石长存。使臣出国，奉赍天文，愿告祯祥来福之因。(《太上灵宝五符序》，6/317c)

(2) 斯罪人也，其前身所行，恶口赤舌，评论道德，攻伐师主，更相谗击，或杀害无道，不念众生，酷虐为行，心怀阴恶，诛戮无度，嫉妒胜己，抑绝贤明，致招今对，诸苦备经。万劫当还生非人之道，其因如此。(《太上玄一真人说三途五苦劝戒经》，6/869c)

(3) 妙通转我神，弘普无量功。道成天地劫，轮化发九重。灭度更死生，缘对各有宗。孰悟去来因，形魂无始终。(《太上玄一真人说妙通转神入定经》，6/174b)

【因缘】

在佛教传入中国之前，汉语中就有"因缘"一词，义为"机会"，如《史记·田叔列传》："〔任安〕少孤贫困，为人将车之长安，留，求事为小吏，未有因缘也。"后来佛经翻译者把梵文的nidāna译作"因缘"，析言之，使事物生起、变化和坏灭的主要条件为"因"，辅助条件为"缘"。浑言之，"因缘"就是导致事物变化或事件发生的原因和条件。

若有问："有老死因缘？"问是，便报："有因缘。"(东汉·安世高译《人本欲生经》，1/242a)

中古灵宝经中的"因缘"有三个意思：
一是沿用了佛教中"事情得以形成所依赖的原因和条件"的意思。

(1) 道曰："生死因缘，轮转福愿，莫不由身。"(《太上洞玄灵宝赤书玉诀妙经》卷上，6/183c)

(2) 七祖被幽而更始，死户更华琳琅之方，因缘不绝，世世为仙王也。(《太上灵宝诸天内音自然玉字》卷三，2/548b)

（3）依元阳玉历，当于三代更料有心积善建功、为三界所举、五帝所保、名在上天者取十万人以充其任，又当别举一十二万人以充储官，如此之例，或以宿名玄图，或以骨像合，或以灭度因缘转轮。(《洞玄灵宝自然九天生神章经》，5/844c、845a）

二是"因修道获得的功德"。

七祖父母，上生天堂，解结散滞，或反胎人间侯王之家，我身升仙，恒保福根者，是七世父母因缘之报。(《太上洞玄灵宝本行宿缘经》，24/669c）

三是"结缘"，用作动词。

（1）五老帝君与灵宝因缘，生死亿劫，世世相值，教化不绝。(《太上诸天灵书度命妙经》，1/802c）

（2）书文佩身，神明交游，灾不加身，与五帝同俦，子孙昌炽，世享王侯，与善因缘，何虑何忧？(《元始五老赤书玉篇真文天书经》卷上，1/787c）

（3）能如是者，见世门户隆盛，咸得康强，地祇侍卫，三界司迎，七祖魂神上升南宫，衣饭天厨，早得更生，还于人中国王之门，世世不绝，与道因缘。(《太上洞玄智慧上品大诫》，3/392b）

【影响】
汉语固有词，本义为"影子和回声"，如《书·大禹谟》："惠迪吉，从逆凶，惟影响。"孔传："吉凶之报，若影之随形，响之应声。"在汉译佛经中，"影响"有"善恶业报"的意思。

假使有眼而无所著，耳无所听，鼻香口味，身更心法，悉无所著，非汝部界，不同劳侣，无力不乐，则无魔业，亦无影响。(西晋·竺法护译《如幻三昧经》卷上，12/142a）

灵宝经义：善恶业报。

（1）斯功至重，德报自然，三官记识，无失毫分。**影响**相酬，其理甚明。(《元始五老赤书玉篇真文天书经》卷下，1/798a)

（2）生死罪福，莫不先由身神，**影响**相应，在乎自然也。(《太上洞玄灵宝三元品戒功德轻重经》，6/879c)

【祐护】/ *【佑护】

佛经义：保佑护卫。

于是天帝**祐护**其国，鬼妖奔迸。（三国吴·康僧会译《六度集经》卷四，3/18c）

灵宝经义：保佑护卫。

夫欲安身治国，使门户清贵，天神**祐护**，地祇敬爱，当修善功，勤心斋戒，广施法门。(《太上洞玄灵宝智慧罪根上品大戒经》，6/886b)

在中古灵宝经中，"祐护"又作"佑护"。

（1）学者以其月随科修斋，功记三官五帝，列名上天，六年剋得拜谒太上，七祖皆升福堂，神灵**佑护**，万灾不干。(《元始五老赤书玉篇真文天书经》卷中，1/794a)

（2）七日有修奉灵宝真经，烧香行道，斋戒愿念，不犯禁忌，则司命长生司马注上生簿，延算益命，敕下地官营卫**佑护**，列为善民。(《元始五老赤书玉篇真文天书经》卷下，1/795a)

【欲界】

梵语词kāma-ava-cāra的仿译，kāma有"欲望"的意思，ava-cāra有"界限""范围"的意思，二者合起来字面意思就是"欲界"，是佛教中的三界之一。

> 吾本起学，欲度众生，欲界魔王，归伏道化。(东汉·昙果共康孟详译《中本起经》卷上，4/149c)

中古灵宝经也有"三界"之说，"欲界"是其中的第一界，一共有六天。

（1）第一欲界飞空之音：人道渺渺，仙道莽莽，鬼道乐兮。当人生门，仙道贵生，鬼道贵终……(《灵宝无量度人上品妙经》卷一，1/5a)
（2）竺颜则是魔王之都伯也。恒在欲界之上诵咏空洞之歌。(《太上灵宝诸天内音自然玉字》卷四，2/556b)
（3）凡是诸杂法，导引养生法术，变化经方及散杂俗，并系六天之中、欲界之内，遇小劫一会，其法并灭，无复遗余。(《太上诸天灵书度命妙经》，1/804a)

【缘】

在佛教里，"缘"是相对"因"而言的概念，事物生起或坏灭的主要条件为因，辅助条件为缘。

> 若从身因缘生罪恼忧，缘生罪恼忧已，从是解止不著度，不复从是因缘更痛。道弟子如是，从身得要出。(东汉·安世高译《长阿含十报法经》卷上，1/235a)

中古灵宝经沿用佛教中的"缘"，也是指"事物生起或坏灭的辅助条件"。

（1）宿命有福庆，卓拔在昔缘。(《洞玄灵宝玉京山步虚经》，34/627c)
（2）七者勤诵大经，愿念一切广开桥梁，为来生作缘。(《太

上洞玄灵宝赤书玉诀妙经》卷上，6/184c）

（3）恶奕者，天王之内名，住于龙汉之中，诸缘并尽，而得过度三界之庭，升入太虚之馆，受九仙之炼，而得进登大圣之号。赤明开运，元始锡为梵度天王，故奕奕而升灵门也。(《太上灵宝诸天内音自然玉字》卷四，2/560c）

【缘对】

梵语词ā-lambana，在佛经中有"因缘报应"的意思。

观诸因缘报应之业本无缘对，是曰忍辱。(西晋·竺法护译《贤劫经》卷六，14/43c）

灵宝经义：因缘报应。

（1）斯人有何缘对，宿命所由，犯何神明，谁生无罪，其独如此？(《太上玄一真人说三途五苦劝戒经》，6/871b）

（2）龙汉之前，在延康之中，随运生死，至于龙汉，乃受缘对，魂形艰苦，涂炭三官，缘尽根断，得入福门。(《太上灵宝诸天内音自然玉字》卷四，2/562c）

（3）诸天大圣，莫不称善，故作颂曰："十天轮空洞，死生从中归。善恶各生根，缘对初无亏。昔见清信士，故得十天飞……"(《太上洞玄灵宝智慧罪根上品大戒经》卷上，6/888c）

【缘会】

佛经义：相会的缘分。

分明晓了心之所入，亦无有心、亦不见心、亦无缘会。(西晋·竺法护译《等集众德三昧经》卷中，12/980c）

灵宝经义：相会的缘分。

（1）三宝尊重……有其**缘会**，当赍金宝奉师效心，依科盟受闭心奉行，慎勿轻泄风刀考身。(《洞玄灵宝自然九天生神章经》，5/844b）

（2）无上洞玄灵宝弟子某岳先生臣某，宿世**缘会**，得生道化，蒙三洞法师先生某所见启拔，开度腐骸，参以经法，过泰之恩，实在罔极。(《太上大道三元品诫谢罪上法》，6/582a）

（3）太上灵宝洞玄自然至真大道无上弟子……宿命**缘会**，以某年月日从灵宝法师王甲，于某山赍金信拜受《太上灵宝至真五篇太真道上经》。(《太上太极太虚上真人演太上灵宝威仪洞玄真一自然经诀》卷上，P.2452）

【缘结】

佛经义：因果报应带来的束缚、烦恼。

九住菩萨修习定意一心解门，三昧正受而不耗损，于净不净常若一心，虽处尘劳恚恨之中，不兴乱想生若干念，观知众生心意识著，<u>缘结</u>苦恼之所系缚，所因报应而致此患。（后秦·竺佛念译《最胜问菩萨十住除垢断结经》卷三，10/985b）

灵宝经义：因果报应带来的束缚、烦恼。

复有贵人居政，以道善作功德，斋诚施惠，然灯悔罪，解七世父母宿对**缘结**，供养三宝，愿我后生世为贵人，辗转福缘，姿容艳悦，才识洞达，恒值贤明，供养三宝。(《太上洞玄灵宝本行宿缘经》，24/668a、b）

【圆光】

梵语词 prabhā-maṇḍala、bhā-maṇḍala 和 raśmi-piṇḍa 等复合词的仿译，三个词的第一个词根 prabhā、bhā 和 raśmi 都有"光"的意思，一、二词的第二个词根 maṇḍala 和第三词的词根 piṇḍa 都有"圆"的意思，三个复合词的前后词根合起来的字面意思就是"圆光"。"圆光"在佛经中有"佛和菩萨头部后面的圆轮金光"的意思。

是时,文殊师利身如紫金山,正长丈六,圆光严显,面各一旬,于圆光内有五百化佛。(西晋·聂道真译《文殊师利般涅槃经》,14/480c)

灵宝经义:得道真人颈部的圆轮金光。

(1)兆能长斋久思,讽诵洞经,叩齿咽液,吐纳太和,身作金华色,项负圆光,头簪日华,月英玄景,手把灵符十绝之幡,斯德巍巍,道之至尊,悒悒玄化,太上之真人矣。(《洞玄灵宝玉京山步虚经》,34/625c)

(2)三真并集,皆项有圆光,映照十方。(《太上洞玄灵宝真一劝诫法轮妙经》,6/171a)

【怨对】
佛经义:冤家对头。

复次,慈有善利,断瞋恚法,开名称门,施主良田,生梵天因,住离欲处,除却怨对及斗诤根。(后秦·鸠摩罗什译《坐禅三昧经》卷下,15/282b)

灵宝经义:冤家对头。

(1)后生为贵人,怨对将至,是时发愿念道,敬受经教,施行阴德,拯济危急,政事以道,慈心于物,供养道士,奉君以忠,使臣以礼,恒念辞荣弃禄,乃免怨家,寿终升天堂。(《太上洞玄灵宝本行因缘经》,24/672b)

(2)无极世界男女之人,生世所犯,手杀君父,谋反师主,贼害人命,恃强抑弱,攻击善人,官府怨酷,横罹无端,枉者称诉,怨对弥天。(《洞玄灵宝长夜之府九幽玉匮明真科》,34/382b)

【愿念】

佛经义："愿望""心愿"，名词。

观于内法，见于内法，行无所愿；观于外法，见于外法，专无<u>愿念</u>；观内外法，见内外法，行无愿念。彼则于身得四意止，思惟非常、苦、空、非身，具足成就如来之身，而不断绝身之善德以解痛痒则获意止。（西晋·竺法护译《宝女所问经》卷三，13/464a）

灵宝经义："立愿""许愿"，动词。

（1）昔有凡人奉持此戒，念道不亏，延寿益算，家门隆盛，<u>愿念</u>后生大学聪明经典，终入仙道。（《太上洞玄灵宝本行宿缘经》，24/668a）

（2）其日有修奉灵宝真经，烧香行道，斋戒<u>愿念</u>，不犯禁忌，则司命长生司马注上生簿，延算益命，敕下地官营卫佑护，列为善民。（《元始五老赤书玉篇真文天书经》卷下，1/795a）

（3）烧香祝愿毕，于是白烧香已讫，斋人一时向东拜，自陈言："臣等今归命东方无极太上灵宝天尊，赐所愿随心，求欲克得。"次向南方、次向西方、次向北方，次向东北……次向上方，次向下方。是谓十方<u>愿念</u>。（《太极真人敷灵宝斋戒威仪诸经要诀》，9/868c）

[Z]

【在在】

梵语词组yato yatas的仿译，yatas是"从某地"的意思，yato是yatas的强调形式，二者合起来字面意思是"不论什么地方"，也就是"处处""到处""每一处"的意思。

<u>在在</u>人人，闻是法者，快得善利。（三国吴·支谦译《维摩诘

经》卷下，14/535b）

灵宝经义：处处，到处，每一处。

我信彼亦信，在在无不安。(《太上洞玄灵宝智慧定志通微经》，5/895a）

【旃檀】

梵语词candana的音译，是一种木质密而有香味的树木。

若热病，医言："当须旃檀香涂。"尔时得用香涂。(东晋·佛陀跋陀罗共法显译《摩诃僧祇律》卷三十三，22/494b）

中古灵宝经中的"旃檀"和佛经中的一样，也是"一种木质密而有香味的树木"。

太上无极，虚皇天尊之治也。其山林宫室皆列诸天圣众名籍，诸大圣帝王、高仙真人无央数众一月三朝其上，烧自然旃檀反生灵香，飞仙散花，旋绕七宝玄台三周匝，诵咏空洞歌章。(《洞玄灵宝玉京山步虚经》，34/625b）

【展转】

"展转"本是一个汉语词，表示"翻来覆去貌"，又引申出"流转迁徙"等意思。在汉译佛经中，"展转"还是梵语词pari-vṛtta的意译，有"轮回"的意思。

原于人本，从痴有形，从形生情，从情生识，从识生欲，从欲有父子，从父子生恩爱，从恩爱生忧悲，展转五道无有休止。(东汉·昙果共康孟详译《中本起经》卷上，4/153a）

灵宝经中的"展转/辗转"也有"轮回"的意思。

（1）生者欢乐，死者蒙还，诸天人民，宿对种亲，是男是女，善恶命根，无始以来，至于今生，生死展转，殃对相牵，天地成败，功过难明。(《太上灵宝诸天内音自然玉字》卷三，2/546c)

（2）我过去后，半劫之中，来生男女，心当破坏，转相疑贰，不信经教，生诸嫉害，争竞胜己……是男是女……自取残伤，身入恶道，履诸苦难，生寿无几，而忧恼自婴，展转三涂五道之中。(《太上诸天灵书度命妙经》，1/804a)

（3）我过去后，天运转促，人心破坏，更相谋逆，嫉害胜己，争竞功名……迷惑不专，更相残害，自取夭伤，命不以理，寿无定年，致有罪禄恶种，展转五道八难之中。(《太上洞玄灵宝智慧罪根上品大戒经》，6/886b)

【正法】

梵语词sad-dharma，佛教里特指佛法。

能仁菩萨，承事锭光，至于泥曰。奉戒清净，守护正法，慈悲喜护，惠施仁爱，利人等利，救济不惓，寿终上生兜术天上。（东汉·竺大力共康孟详译《修行本起经》卷上，3/462c）

中古灵宝经中的"正法"指的是"道法"。

（1）灵文既振，道乃行焉。天地开张，正法兴隆，神风遐著，万气扬津。(《元始五老赤书玉篇真文天书经》卷上，1/775b)

（2）十二可从戒者：一者，见真经正法，开度一切，便发道意，心愿后世得登大圣。二者……(《太上洞玄灵宝智慧罪根上品大戒经》，6/888a)

（3）万魔罗天布，群凶竞吐威。兆民负灾冲，积尸令人悲。妙哉正法文，理劫明不衰。至时奉相迎，契在九天飞。(《洞玄灵宝自然九天生神章经》，5/846a)

【执戒】

佛经义：同"持戒"，即遵行戒律。

　　昔者菩萨为清信士，所处之国其王行真，劝导臣民令知三尊，执戒奉斋者捐赋除役。（三国吴·康僧会译《六度集经》卷四，3/16c）

灵宝经义：遵行戒律。

　　修行之法，千日长斋，不关人事，诸尘漏尽，夷心默念，清香执戒，入室东向，叩齿九通，调声正气，诵咏宝章。（《洞玄灵宝自然九天生神章经》，5/844b）

【执斋】

佛经义：同"持斋"，指"按教规以不享乐的方式保持身心净洁"。

　　大夫人持斋，独不应命，反复三呼，执斋不移。（西晋·法炬共法立译《法句譬喻经》卷四，4/604a）

灵宝经义：按教规以不享乐的方式保持身心净洁。

　　（1）当此之月，天下、地上莫不振肃，执斋持戒，尊奉天真。（《元始五老赤书玉篇真文天书经》卷中，1/794a）
　　（2）请遣五体真官、三魂七魄、三宫真人，上到九天，奉迎九天之宫、三天之官……八方五帝真人之庭，通宣所启，执斋奉礼，虚心注仰，愿回灵驾，暂降某处，临映丹诚，降五符之真，歆享微礼薄馔。（《太上洞玄灵宝赤书玉诀妙经》卷下，6/202b）

【智慧】

智慧在汉语里的本义是"聪明才智"，如《墨子·尚贤中》："若此之使治国家，则此使不智慧者治国家也，国家之乱，既可得而知已。"

在佛经里指的是"超越世俗虚幻的认识，达到把握真理的能力"，也指"佛的思想"。

> 度世<u>智慧</u>解脱亦有本，不为无有本。何等为度世智慧解脱本？谓七觉意为本。（东汉·安世高译《本相猗致经》，1/820a）

中古灵宝经中的"智慧"除了具有汉语中的本义，还沿用了佛经中的意思：超越世俗虚幻的认识，达到把握真理的能力。

> （1）其六诫者，皆以心通<u>智慧</u>，能施其德，行合自然，庆福恒居其身，祸害常远其门。（《太上洞玄智慧上品大诫》，3/393b）
> （2）此人宿命前世时不与仙圣作缘、贤人结因，今生无大智慧，故不得预贤圣之蕴韵矣。（《太极真人敷灵宝斋戒威仪诸经要诀》，9/871c）

【终劫】

梵语词kalpa-atyaya或kalpa-anta的音译加意译，kalpa音译作"劫"，atyaya和anta都有"终末"的意思，二者合起来字面意思就是"终劫"，在佛经中有"一劫到头""全劫""整个一劫"的意思。

> 若族姓子、族姓女学菩萨乘，诸佛世尊住世一劫咸共供养，布施所有……假使众人加之痛害皆能忍，元元精进，行如救头所火然炽……奉敬诸佛如是<u>终劫</u>……佛叹此等六度无极皆为备悉，疾逮无上正真之道为最正觉。（西晋·竺法护译《阿差末菩萨经》卷七，13/611a、b）

中古灵宝经中的"终劫"有两个意思：
一是"一劫到头，全劫，整个一劫"。

> （1）夫如此辈有何限量？或卖身供法，或身投饿虎，或割肉饴禽，或杀身施虫，或质致妻子，或以头施人。诸如此例，终劫

说之，亦不可尽，说亦无穷。(《太上洞玄灵宝智慧定志通微经》，5/893a)

（2）今三元大庆，开生吉日，诸天回驾，众圣同集，推校生死功过录籍，道法普慈，爱民育物，见其罪者名入死目，<u>终劫</u>相牵，永无解脱，学而无益，甚可痛焉。(《太上大道三元品诫谢罪上法》，6/586b)

二是"结束的时间"。

（1）神图启灵会，玉书应景生。天真通妙趣，五和合成经。琅琅玉音响，飘飘翠上清。开度无<u>终劫</u>，九幽受光明。(《太上灵宝诸天内音自然玉字》卷三，2/546b)

（2）三真生一景，变化形自分。一见万神归，摄气景高奔。上登日月宫，出入观八门。龙汉无<u>终劫</u>，妙哉灵宝文。(《洞玄灵宝二十四生图经》，34/340b)

（3）洞关运天纲，五气轮三微。紫户吐琼简，金门纳神晖。八会交真风，晃朗重明开。天际九清外，落落高神回。三色返空无，四候应玉籨。河侯已鼓笔，五行潜相推。六度无<u>终劫</u>，运极乘气归……(《洞玄灵宝自然九天生神章经》，5/846a)

【种根】
佛经义：罪根。

菩萨自知，已弃恶本，无淫怒痴，生死已除，<u>种根</u>已断，无余栽枿，所作已成，智慧已了。(三国吴·支谦译《太子瑞应本起经》卷二，3/478b)

灵宝经义：前世作恶所留的恶根，罪根。

（1）今日上告，万愿开陈，请投玉简，乞削罪名，千曾万祖，九族种亲，罪根连染，及得我身，普蒙削除，绝灭<u>种根</u>。(《太上洞

玄灵宝赤书玉诀妙经》卷上，6/185b）

（2）于是天尊命召十方飞天神人，开九幽玉匮长夜之函，出生死罪录、恶对种根，十方飞天，各说因缘，以告太上大道君焉。（《太上洞玄灵宝智慧罪根上品大戒经》，6/886a）

【众魔】

梵语词为māra-maṇḍala，māra音译作"魔"，maṇḍala义为"团体""群众"，二者合起来就是"众魔"，在佛经中义为"各个魔怪"。

菩萨心以如空者乃伏众魔，便能为佛，能为一切作护。（东汉·支娄迦谶译《阿阇世王经》卷上，15/392a）

灵宝经义：各个魔怪。

第三无色界魔王歌曰："三界之上，眇眇大罗。上无色根，云层峨峨，唯有元始，浩劫之家，部制我界，统乘玄都。有过我界，身入玉虚。我位上王，匡御众魔……"（《灵宝无量度人上品妙经》卷一，1/5b）

【诸天】

在佛教中有两个意思：

一是指地狱、饿鬼、畜生、修罗、人间、天上六趣（又称"六道"）中的"天上"，因这个"天上"又分为"欲界""色界""无色界"三界，故称"诸天"。

其日世尊起于竹园，与比丘僧千二百五十人俱，威神感动诸天侍从，始入舍夷。（东汉·昙果共康孟详译《中本起经》卷上，4/155a）

二是梵语词devatā的意译，指护法众天神。佛经言"欲界"有六天，"色界"之四禅有十八天，"无色界"之四处有四天，其他尚有日天、月天、韦驮天等诸天神，总称之为"诸天"。

　　川中道士名为斯那，教授弟子等五百人修其所术。于是菩萨坐娑罗树下，便为一切志求无上正真之道。**诸天**奉甘露，菩萨一不肯受。(东汉·竺大力共康孟详译《修行本起经》卷下，3/469c)

中古灵宝经中的"诸天"也有三个意思：
一是指"天空""天上"。

　　（1）犹如三界，晻冥不消，是经如日之出，普照**诸天**，无不朗彻。(《太上玄一真人说妙通转神入定经》，6/174c)
　　（2）天帝自下者，日月星宿、天上天下、地上地下、五岳四渎、河海神灵，莫不惨然俱下，周行**诸天**地上，察校学士兆民功过轻重，列言青宫。(《元始五老赤书玉篇真文天书经》卷下，1/794c)
　　（3）元始天尊当说是经，周回十过，以召十方，始当诣座。天真大神，上圣高尊，妙行真人，无鞅数众，乘空而来，飞云丹霄，绿舆琼轮，羽盖垂荫，流精玉光，五色郁勃，洞焕太空，七日七夜，**诸天**日月星宿，璇玑玉衡，一时停轮。(《灵宝无量度人上品妙经》卷一，1/1c)

二是由"天空""天上"引申而来的"仙界"。

　　（1）说经一遍，**诸天**大圣同时称善，是时一国男女聋病，耳皆开聪。(《灵宝无量度人上品妙经》卷一，1/1c)
　　（2）太上无极，虚皇天尊之治也。其山林宫室皆列**诸天**圣众名籍，诸大圣帝王、高仙真人无鞅数。(《洞玄灵宝玉京山步虚经》，34/625b)
　　（3）一时生神九过为一遍，一遍周竟，二（按：当为"三"之讹字）界举名，五帝友别，称为真人。十遍通气，制御万灵，魔王保举，列上**诸天**。百遍通神……(《洞玄灵宝自然九天生神章经》，5/844b)

三是"仙界的神灵"。

（1）诵之一过声闻九天，诵之二过天地设恭，诵之三过三界礼房……诵之九过**诸天**下临，一切神灵莫不卫轩。(《洞玄灵宝自然九天生神章经》，5/844b)

（2）灵宝玄都玉山处于上天之中，七宝之树垂覆八方，有十方至真尊神，妙行真人，朝卫灵文于玉山之中，飞空步虚，诵咏洞章，旋行玉山一匝，**诸天**称善。(《元始五老赤书玉篇真文天书经》卷中，1/790c)

（3）山上七宝华林光色炜烨，朱实璨烂，悉是金银珠玉，水晶琉璃，砗磲玛瑙，灵风振之，其音自成宫商，雅妙宛绝，**诸天**闻声而飞腾，勿辍弦止歌，叹味至音，不能名状。(《洞玄灵宝玉京山步虚经》，34/625b)

【转度】
佛经义：助人超脱苦海，拯救。

闻者当守净行，可疾得佛身三十二相、十种力、四无所畏、四事不护、十八不共，得法轮，<u>转度</u>十方人。(三国吴·支谦译《大明度经》卷六，8/505a)

灵宝经义：助人超脱苦海，拯救。

（1）夫学上法，思神念道，山居静志，修斋诵经，**转度**七祖，身求神仙，当行《五老赤书真文》上法。(《太上洞玄灵宝赤书玉诀妙经》卷上，6/189b)

（2）高上玄鉴，**转度**我身，既得化形，侍对天尊。(《太上洞玄灵宝赤书玉诀妙经》卷下，6/195b)

【转经】
佛经义：唱诵佛经。

菩萨见帝王时，心念言："十方天下人皆使自致为经中王，自然**转经**，说道无有休绝时。"（西晋·聂道真译《诸菩萨求佛本业经》，10/453a）

灵宝经义：唱诵道经。

（1）凡有此灾，同气皆当齐心修斋，六时行香，十遍**转经**，福德立降，消诸不祥。（《灵宝无量度人上品妙经》卷一，1/6a）
（2）观世为道，希有欲斋戒**转经**，寻明师受读，请问义理，信用奉行之者。（《太极真人敷灵宝斋戒威仪诸经要诀》，9/872c）

【转轮】
梵语词cakra-vartin的仿译，cakra是"轮"的意思，vartin有"可转动的"之义，二者合起来字面意思就是"转轮"。佛经里指"转法轮，说教法"。

法之供养者，顺若如来所说经典深妙优奥，开化一切世间人民，难受难见出家舍利，志求菩萨诸箧之藏，旷邈处中，以总持印而印之，精进力行不退**转轮**，现于六度无极之慧。（西晋·竺法护译《正法华经》卷六，9/99b）

中古灵宝经中的"转轮"有两个意思：
一是"运转"义。

开大衍之数，天地未光，有九分之关，**转轮**三气，九度明焉。（《太上灵宝诸天内音自然玉字》卷四，2/556c）

二是"转生""转回"义。

（1）夫学上道，希慕神仙及得尸解，灭度**转轮**，终归仙道，形与神同，不相远离，俱入道真。（《洞玄灵宝自然九天生神章经》，5/844a）

（2）但佩此文，亦得尸解，**转轮**成仙。(《元始五老赤书玉篇真文天书经》卷上，1/787a)

（3）女意欢喜，叉手作礼，遥称："名丘曾，今遭幸会，身觐天尊，归身十方天中之天，愿赐禁戒，遵承法文，拔诸恶根，早得**转轮**，改为男形，万劫之后，冀得飞仙。"(《太上洞玄灵宝赤书玉诀妙经》卷下，6/194c)

【转轮圣王】

梵语词cakravarti-rājya的仿译，cakravarti有"转轮"的意思，rājya有"王"的意思，二者合起来字面意思就是"转轮圣王"。"转轮圣王"是印度古代神话中的国王，此王即位时，自天感得轮宝，转其轮宝，威伏四方。佛教采用其说，说世界到一定时期，有金、银、铜、铁四轮王先后出现，他们各御宝轮，转游治境，故名。亦泛指有威德的国王。

太子生多奇异，形相炳著，当君四天下为**转轮圣王**，四海颙颙冀神宝至。何弃天位，自投山薮？(东汉·竺大力共康孟详译《修行本起经》卷下，3/468b)

中古灵宝经中的"转轮圣王"指的是"有威德的国王"。

道德五千文，经之大也。是道也，故通乎天地人，万物从之以终始也。上士受诵为太上仙王，中士受诵为飞仙，下士受诵生**转轮圣王**家，不经地狱，常生福国。(《太上洞玄灵宝智慧本愿大戒上品经》，6/158c)

【转身】

梵语词parivṛtta-janman或jāti-vinivṛtto的仿译，parivṛtta有"辗转""轮回"之义，janman有"出生"之义，二者合起来字面意思就是"转身"；jāti有"再生"之义，vinivṛtto有"转身、回去"之义，二者合起来字面意思也是"转身"，在佛经里有"转世再生"之义。

时优波罗越王治国五千岁已后终亡。傍臣左右闻淫女人**转身**作男子，念言："正当立此作国王，为王者当以正法治国。"（西晋·法炬译《前世三转经》，3/449a）

灵宝经义：转世再生。

（1）复有女人行是功德，愿**转身**为男，后生即为男子。（《太上洞玄灵宝本行宿缘经》，24/668b）
（2）女子闲寂，思念是经，得**转身**为男。（《太上玄一真人说妙通转神入定经》，6/174c）
（3）因长斋持戒，思念愿得**转身**为男。（《太上洞玄灵宝真文度人本行妙经》，《无上秘要》卷十五，上/134）

【自度】

在佛教中"自度"是一个与济度他人使之超越苦难的"度人"相对的概念，指的是"济度自身超越苦难"，是被主张济度众生的大乘佛教否定的行为。

罗汉、辟支佛所作布施之福持戒自守，但欲自调、但欲自净、但欲**自度**……菩萨但欲调众生、欲净众生、欲度众生。（西晋·无罗叉译《放光般若经》卷八，8/57a）

在中古灵宝经中，"自度"指的是"济度自己使自己成仙"，是关于修道目的的一种表述。

中央元洞大帝之山，上出黄气，下治地门……天地守以不亏，阴阳用兹不倾，天气柔顺而无极，人漱唇齿以不零……尔乃虬步八域，上升云路，超群萃以凌昿，挹天气以**自度**，友真仙于太微，后三光而告暮。（《太上灵宝五符序》，6/319a）

【自己】

反身代词"自己"在早期汉译佛经中表示领属义，作定语。

　　察于外死身，内省自己躯。（西晋·竺法护译《佛五百弟子自说本起经》，4/193b）

灵宝经中的"自己"则为宾语。

　　太极真人曰："玄素之道也，古人修之延年益命，以致长生矣，今人为之，消年损命，以招早死矣。可复怨术邪，罪自己也，不亦悲哉？"（《太上洞玄灵宝智慧本愿大戒上品经》，6/159b、c）

【自然】

"自然"本是一个汉语词，甚至可以说就是一个道家词语，是"天然、非人为、本然如是"的意思，如《老子》："人法地，地法天，天法道，道法自然。"佛经翻译者用"自然"一词来表示"随人意愿而天然具有"等意思。

　　遮迦越罗典领四域，飞行案行，七宝导从，虽寿千年，亦死过去。诸天食福，肴膳自然，至其禄尽，亦复磨灭。（东汉·昙果共康孟详译《中本起经》卷下，4/160c）

中古灵宝经中的"自然"也有佛经中"随人意愿而天然具有"的意思。

　　（1）若寄气而行，学得此法，可坐致自然。（《洞玄灵宝自然九天生神章经》，5/844a）
　　（2）又以七月七日朱书第七、第八二字，向南服之，南斗拔取死魂而炼度生宫，入自然福堂，受录天厨也。（《太上灵宝诸天内音自然玉字》卷一，2/539a）
　　（3）今日上告，万愿开陈，请投玉简，乞削罪名，千曾万祖，九族种亲，罪根连染，及得我身，普蒙削除，绝灭种根，记名水府，言上帝前，七祖父母，去离八难，上登九天，衣食自然，我罪释散，万神咸闻，请以金钮，关明（按："明"疑为"盟"之讹）水官，请如斯陈，金龙驿传。(《太上洞玄灵宝赤书玉诀妙经》卷上，6/185b、c）

【罪报】

梵语词组an-iṣṭa vipākaḥ的仿译，an-iṣṭa有"罪""恶"的意思，vipākaḥ有"果报"的意思，二者合起来字面意思就是"罪报"，在佛经里义为"做恶所得的报应"。

辞亲学道，山居静志，云何复取非其财物，贪欲忘道，快心放意？不计无常，生世如寄，罪报延长。（西晋·法炬共法立译《法句譬喻经》卷一，4/584a）

灵宝经义：做恶所得的报应。

（1）天地水三官、九宫九府一百二十曹，三品相承、生死罪福、功过深重、责役考对、年月日限，无有差错，其学仙善功、行恶罪报，各随所属考官悉书之焉。(《太上洞玄灵宝三元品戒功德轻重经》，6/879b）

（2）长夜之府九幽玉匮明真科律，一十四条罪报之目，先身积行，负逆恶对，善善相系，恶恶相续，往返相加，以致不绝。(《洞玄灵宝长夜之府九幽玉匮明真科》，34/383c）

【罪对】

佛经义：罪报。

用消恶，故得道。数息、相随、止、观、还、净，行三十七品经尚得作佛，何况罪对在十方积如山。精进行道，不与罪会。（东汉·安世高译《大安般守意经》卷下，15/170a）

灵宝经义：罪报。

（1）其人也，皆受先世罪对，而从六畜中来，始还人道故也。（《太上洞玄灵宝智慧本愿大戒上品经》，6/159b）

（2）太上以普教天人，令各得本愿，始入法门，长存无为，不更十苦八难，罪对罢散，地狱休息，三官宁闲，世世荣乐，咸脱罗网。（《太上洞玄灵宝智慧本愿大戒上品经》，6/158a）

（3）修斋之道，常行十善念：第一为道念四大，令得七世父母免脱忧苦，上升天堂，衣食自然……第八念，首谢前世今世生死罪对，立功补过……（《太极真人敷灵宝斋戒威仪诸要解经诀》，9/874a）

【罪根】

梵语词abhimāna akuśalamūla的仿译，abhimāna有"害人的意图"之义，akuśalamūla有"罪恶、邪恶"的意思，二者合起来就是"罪根"，即"导致获罪的根源"，比如 "导致获罪的各种习性"就是罪根，因为它像生长出植物的根一样生长出罪报，故名"罪根"。

学道勤苦，罪根难拔。分卫乞食，受辱难堪。又此山中无供养者，琐琐积年，恒守俭约，唐自困苦，道不可得。且欲还家广求利业，大作资财，后老求道。（西晋·法炬共法立译《法句譬喻经》卷三，4/599b）

灵宝经义：同佛经中的"罪根"，指"导致获罪的各种习性"。

（1）夫以三元上吉之日修行三元品诫谢罪之法，则三官九府右别录籍，五帝保举，列名诸天，众真欢喜，万神开宥，宿对披散，罪根普解……（《太上大道三元品戒谢罪上法》，6/586b、c）

（2）龙汉之年，我出法度人。其世愚聋，不知法音，唯用纯朴，无有恶心，不识礼义，无有君臣，不识宿命，不知因缘；以法训喻，渐入法门，专心信向，无为罪根，命皆长远，不有夭伤。

(《太上洞玄灵宝智慧罪根上品大戒经》卷上，6/886a)

（3）无极世界男女之人，生世富贵，凌虐贫贱，夺人所爱，离人种亲，分隔骨肉，各在一方。或六亲通同，淫犯骨肉，斯罪深重，死受破裂，身形分离，头首异处，魂鬼髡截，银铛锁械，往返铁针之上，食息不得，一日三掠，乃得还生牛马之身，以报宿冤，永失人道，长沦罪根，不得开度，亿劫异形。(《洞玄灵宝长夜之府九幽玉匮明真科》，34/382a)

【罪垢】

梵语词upāyāsa或māna，在佛经中有"罪孽"之义，盖以其如污垢玷人自性。

斯土闿士大士悉具足供养诸佛，破坏众恶，以等行如一，降伏邪党、弃捐重担，所有福德罪垢都寂。(三国吴·支谦译《大明度经》卷二，8/486b)

灵宝经义：罪孽。

天尊俄然，初不顾眄，思念万兆造化之始，胎禀是同，各因氤氲之气凝而成神。神本澄清，湛然无杂，既授纳有形，形染六情。六情一染，动之弊秽，惑于所见，昧于所著，世务因缘，以次而发。招引罪垢，历世弥积，轮回于三界，飘浪而忘反，流转于五道，长沦而弗悟。(《太上洞玄灵宝智慧定志通微经》，5/888a)

【罪门】

佛教中指"遭受苦难和造作罪恶的开始处"。

有异心者，心罪甚重，开其罪门，工学邪术，殃害剧贼，观贾人貌，则上其船。(西晋·竺法护译《慧上菩萨问大善权经》卷下，12/163c)

中古灵宝经中的"罪门"就是"罪恶之中"的意思。

（1）来生男女，虽受人形，而六情不纯，未见经教，不闻法音，形不自觉，沉迷罪门，致命短促，不竟天年，长处恶道，甚可哀怜。(《太上洞玄智慧上品大诫》，3/392c)

（2）思念宿命根，积善以自拔。今化生人中，始悟运不绝。建立开福田，广救加一切。功满德亦普，超度无群匹。身享无数数，神欢形亦悦。放浪随运迁，逍遥无为室。顾看罪门臭，与尔长离别。(《太上玄一真人说三途五苦劝戒经》，6/872b)

（3）无极世界男女之人，生世身行，发心举意，恒恶为先，苦酷无度，谄害忠良，毁善长恶，谤击贤人，死受恶对，牛头狩身，昼夜考掠，楚毒难言，身体脓坏，无复人形，万劫当还，生边夷之国，有人之形，无人之情，永失人道，长沦罪门，流曳五苦八难之中，不得开度，亿劫无还。(《洞玄灵宝长夜之府九幽玉匮明真科》，34/381c、382a)

【罪缘】

梵语词vipāka的翻译，指"造作罪恶的原因"。

弊魔化作佛像，往诣菩萨摩诃萨所，而谓之言："……卿之所学，终不逮阿耨多罗三耶三菩阿惟三佛！"如是色像魔之罪缘，不能观察亦不觉了知，是菩萨摩诃萨恶师。(西晋·竺法护译《光赞经》卷四，8/177b)

灵宝经义：恶业。

身犯百恶，罪竟而死，名曰死也。死则灭坏，归于寄胎父母，罪缘未尽，不得归于真父母也。(《太上洞玄灵宝三元品戒功德轻重经》，6/884a)

【尊经】

佛教徒对佛经的尊称。

我曹蒙大恩,乃得闻尊经好语。(东汉·支娄迦谶译《道行般若经》卷十,8/476a)

中古灵宝经中的"尊经"是对"道经"的尊称。

(1)是时千二百仙童玉女见二人受经得道,便各解身上宝珠璎珞,奉上左玄真人,求受尊经。(《太上洞玄灵宝智慧定志通微经》,5/894b)

(2)叩头自搏,各二百八十过止。谢水官毕,次向北三拜,谢三宝神经,长跪言:"臣某今归命太上无极大道至真无上三十六部尊经、三宝灵文、神仙图箓符章、自然天书、金书玉字、侍经玉童玉女、三部威神,乞丐谢如东岳法。"(《太上大道三元品诫谢罪上法》,6/585b)

【坐莲花】

梵语词padma-niṣaṇṇa的仿译,padma有"莲花"之义,niṣaṇṇa有"坐"的意思,二者合起来字面意思就是"坐莲花",在佛经中指"坐在莲花形的座位上"。"莲花"指的是佛和菩萨的座位。

诸菩萨即受其佛教,持神足飞到竹园中,前为佛作礼,皆却坐莲花上。(三国吴·支谦译《慧印三昧经》,15/461a)

灵宝经义:比喻坐在神仙的座位上。"莲花"比喻神仙的座位。

(1)太上震响法鼓,延宾琼堂,安坐莲花,讲道静真,清咏洞经,敷释玄文,远味希夷,喜动群仙。(《洞玄灵宝玉京山步虚经》,34/625b)

(2)控辔适十方,旋忔玄景阿。仰观劫仞台,俯眄紫云罗。逍

遥太上京，相与坐莲花。(《洞玄灵宝玉京山步虚经》，34/626b)

（3）济我六度行，故能解三罗。清斋礼太素，吐纳养云芽。逍遥金阙内，玉京为余家。自然生七宝，人人坐莲花。(《洞玄灵宝玉京山步虚经》，34/627a)

【作缘】

梵语词pratyayī-bhū的仿译，pratyayī有"因缘""缘"的意思，bhū有"作""创造""修行"等意思，二者合起来字面意思就是"作缘"，在佛经里有"为未来奠定好的因缘"的意思。

从无明故，致诸行矣，从作缘故，致众行耳，如是有余。(西晋·竺法护译《渐备一切智德经》卷三，10/476c)

灵宝经义：与……结下缘分作为未来得度的因缘。

（1）已既不信，便嫉诸人经学及导养之道，皆言不然。此人宿命，前世时不与仙圣作缘、贤人结因，今生无大智慧，故不得预贤圣之蕴韵矣。(《太极真人敷灵宝斋戒威仪诸经要诀》，9/871c)

（2）灵宝开法度人，有十二可从而得度世者，尔宜从之，自得正直，终入无为。一者……七者勤诵大经，愿念一切，广开桥梁，为来生作缘。八者……(《太上洞玄灵宝赤书玉诀妙经》卷上，6/184c)

参考文献

柏夷，2015.道教研究论集［M］.田禾，译.上海：中西书局.
陈义孝，1994.佛学常见词汇［M］.银川：宁夏人民出版社.
大渊忍尔，1978.敦煌道经目录编［M］.东京：福武书店.
大渊忍尔，1998.论古灵宝经［M］.刘波，译//陈鼓应.道家文化研究（第十三辑），北京：生活·读书·新知三联书店.
荻原云来，1979.汉译对照梵和大辞典［M］.台北：新文丰出版公司.
丁福保，1984.佛学大辞典［M］.北京：文物出版社.
杜晓莉，2013.道教"古灵宝经"中的佛教词语［J］.西昌学院学报（4）.
方一新，高列过，2012.东汉疑伪佛经的语言学考辨研究［M］.北京：人民出版社.
顾满林，2015.佛经语料与佛经用语散论［M］.北京：中国社会科学出版社.
贺碧来，2002.佛道基本矛盾初探［J］.万毅，译//《法国汉学》丛书编辑委员会.法国汉学：第七辑，北京：中华书局.
胡孚琛，1995.中华道教大辞典［M］.北京：中国社会科学出版社.
江蓝生，1988.魏晋南北朝小说词语汇释［M］.北京：语文出版社.
蒋礼鸿，1997.敦煌变文字义通释：增补定本［M］.上海：上海古籍出版社.
蒋绍愚，2001.《世说新语》、《齐民要术》、《洛阳伽蓝记》、《贤愚经》、《百喻经》中的"已"、"竟"、"讫"、"毕"［J］.语言研究（1）.
蒋绍愚，2008.语言接触的一个案例——再谈"V（O）已"［M］//陆俭明.语言学论丛（第三十七辑），北京：商务印书馆.

李维琦，1993. 佛经释词 [M]. 长沙：岳麓书社.

李维琦，1999. 佛经续释词 [M]. 长沙：岳麓书社.

李维琦，2004. 佛经词语汇释 [M]. 长沙：湖南师范大学出版社.

李运富，2013. 佛缘复合词语的俗解异构 [J]. 中国语文（5）.

梁晓虹，1994. 佛教词语的构造与汉语词汇的发展 [M]. 北京：北京语言学院出版社.

梁晓虹，2001. 佛教与汉语词汇 [M]. 台北：佛光文化事业有限公司.

刘屹，2018. 六朝道教古灵宝经的历史学研究 [M]. 上海：上海古籍出版社.

刘屹，刘菊林，2007. 论《太上妙法本相经》的北朝特征——以对佛教因素的吸收为中心 [J]. 首都师范大学学报（3）.

刘祖国，2018. 魏晋南北朝道教文献词汇研究 [M]. 济南：山东大学出版社.

罗竹风，1997. 汉语大词典：缩印本 [M]. 上海：汉语大词典出版社.

吕澂，1979. 中国佛学源流略讲 [M]. 北京：中华书局.

吕澂，1980. 新编汉文大藏经目录 [M]. 济南：齐鲁书社.

任继愈，1981. 宗教词典 [M]. 上海：上海辞书出版社.

任继愈，1991. 道藏提要 [M]. 北京：中国社会科学出版社.

圣严法师，1989. 正信的佛教 [M]. 台北：东初出版社.

索安，2002. 西方道教研究编年史 [M]. 吕鹏志，陈平，等译. 北京：中华书局.

王承文，2002. 敦煌古灵宝经与晋唐道教 [M]. 北京：中华书局.

王梵志，1991. 王梵志诗校注 [M]. 项楚，校注. 上海：上海古籍出版社.

王皓月，2017. 析经求真：陆修静与灵宝经关系新探 [M]. 北京：中华书局.

王克非，2021. 翻译研究拓展的基本取向 [J]. 外国语（2）.

王云路，方一新，1992. 中古汉语语词例释 [M]. 长春：吉林教育出版社.

吴汝钧，1992. 佛教大辞典 [M]. 北京：商务印书馆.

夏先忠，2008. 六朝道典用语佛源考求举例 [J]. 西南民族大学学报（11）.

项楚，2003. 柱马屋存稿 [M]. 北京：商务印书馆.

项楚，2006. 敦煌变文选注：增订本 [M]. 北京：中华书局.

萧登福, 1989. 汉魏六朝佛道两教之天堂地狱说 [M]. 台北: 台湾学生书局.

萧登福, 2005. 道家道教影响下的佛教经籍 [M]. 台北: 新文丰出版公司.

萧登福, 2008. 六朝道教灵宝派研究 [M]. 台北: 新文丰出版公司.

小林正美, 2001. 六朝道教史研究 [M]. 李庆, 译. 成都: 四川人民出版社.

谢世维, 2011. 梵天、梵书与梵音: 道教灵宝经典中的"梵"观念 [J]. 辅仁宗教研究 (22).

谢世维, 2012. 古灵宝经中的大乘之道: 论中古时期道教经典型态之转变 [J]. 成大中文学报 (36).

辛岛静志, 2016. 佛典语言及传承 [M]. 裘云青, 吴蔚琳, 译. 上海: 中西书局.

颜洽茂, 1998. 试论佛经语词的"灌注得义" [M] // 四川大学汉语史研究所. 汉语史研究集刊 (第一辑): 上. 成都: 巴蜀书社.

叶贵良, 2007. 敦煌道经写本与词汇研究 [M]. 成都: 巴蜀书社.

叶贵良, 2009. 敦煌道经词语考释 [M]. 成都: 巴蜀书社.

俞理明, 1994. 从《太平经》看道教称谓对佛教称谓的影响 [J]. 四川大学学报 (哲学社会科学版) (2).

俞理明, 2001.《太平经》正读 [M]. 成都: 巴蜀书社.

俞理明, 2016. 汉魏六朝佛道文献语言论丛 [M]. 北京: 中国社会科学出版社.

俞理明, 顾满林, 2013. 东汉佛道文献词汇新质研究 [M]. 北京: 商务印书馆.

周作明, 2013. 中古上清经行为词新质研究 [M]. 北京: 中国社会科学出版社.

周作明, 俞理明, 2015. 东晋南北朝道经名物词新质研究 [M]. 北京: 中国社会科学出版社.

朱芾煌, 1987. 法相辞典 [M]. 台北: 台湾商务印书馆.

朱冠明, 2007. 从中古佛典看"自己"的形成 [J]. 中国语文 (5).

朱庆之, 1992. 佛典与中古汉语词汇研究 [M]. 台北: 文津出版社.

朱庆之, 梅维恒, 2004. 荻原云来《汉译对照梵和大辞典》汉译词索引 [M]. 成都: 巴蜀书社.

朱越利，1991. 道经总论［M］. 沈阳：辽宁教育出版社.

辛岛静志，1998. *A Glossary of Dharmarakṣa's Translation of the Lotus Sutra* (《正法华经词典》)［M］. Tokyo: The International Research Institute for Advanced Buddhology at Soka University.

辛岛静志，2001. *A Glossary of Kumārajīva's Translation of the Lotus Sutra* (《妙法莲华经词典》)［M］. Tokyo: The International Research Institute for Advanced Buddhology at Soka University.

辛岛静志，2010. *A Glossary of Lokakṣema's Translation of the Aṣṭasāhasrikā Prajñāpāramitā* (《道行般若经词典》)［M］. Tokyo: The International Research Institute for Advanced Buddhology at Soka University.

BOKENKAMP S R, 2006. "The Viśvantara-jātaka in Buddhist and Daoist Translation"［M］// Benjamin Penny .*Daoism in History: Essays in Honor of Lin Ts'un-yan*. London and New York: Routledge.

CAMPANY R, 2005. The Meanings of Cuisines of Transcendence in Late Classical and Early Medieval China［J］. *T'oung Pao*（91）.

ZÜRCHER E, 198. Buddhist Influence on Early Taoism: A Survey of Scriptural Evidence［J］.*T'oung Pao:* 66（1-3）.

附录一 本书所引佛教译经

一、东汉译经

安世高译经11部：《八正道经》《本相猗致经》《长阿含十报法经》《大安般守意经》《道地经》《漏分布经》《七处三观经》《人本欲生经》《四谛经》《一切流摄守因经》《阴持入经》。

支娄迦谶译经6部：《阿阇世王经》《道行般若经》《般舟三昧经》《内藏百宝经》《文书师利问菩萨署经》《遗日摩尼宝经》。

安玄译经1部：《法镜经》。

支曜译经1部：《成具光明定意经》。

昙果共康孟详译经1部：《中本起经》。

竺大力共康孟详译经1部：《修行本起经》。

二、三国译经

支谦译经12部：《阿弥陀三耶三佛萨楼佛檀过度人道经》《阿难四事经》《八师经》《大明度经》《慧印三昧经》《赖吒和罗经》《菩萨本业经》《太子瑞应本起经》《维摩诘经》《义足经》《月明菩萨经》《斋经》。

康僧会译经1部：《六度集经》。

三、西晋译经

法炬译经2部：《前世三转经》《难提释经》。

法立共法炬译经3部：《大楼炭经》《法句譬喻经》《诸德福田经》。

竺法护译经23部：《阿差末菩萨经》《宝网经》《持人菩萨经》《持心梵天所问经》《出曜经》《等目菩萨所问三昧经》《度世品经》《佛五百弟子自说本起经》《光赞经》《弘道广显三昧经》《慧上菩萨问大善权经》

《渐备一切智德经》《离垢施女经》《普门品经》《普曜经》《生经》《贤劫经》《修行道地经》《须真天子经》《鸯掘摩经》《盂兰盆经》《正法华经》《诸佛要集经》。

竺律炎共支谦译经1部：《摩登伽经》。

聂道真译经2部：《超日明三昧经》《异出菩萨本起经》。

无罗叉译经1部：《放光般若经》。

四、东晋译经

帛尸梨蜜多罗译经1部：《灌顶经》。

法显译经1部：《大般涅槃经》。

佛陀跋陀罗译经2部：《大方广佛华严经》《观佛三昧海经》。

佛陀跋陀罗共法显译经1部：《摩诃僧祇律》。

僧伽提婆译经1部：《增壹阿含经》。

竺昙无兰译经3部：《新岁经》《泥犁经》《五苦章句经》。

五、前秦译经

僧伽跋澄等译经1部：《尊婆须蜜菩萨所集论》。

六、后秦译经

筏提摩多译经1部：《释摩诃衍论》。

佛陀耶舍共竺佛念译经1部：《长阿含经》。

弗若多罗译经1部：《十诵律》

竺佛念译经4部：《出曜经》《菩萨处胎经》《菩萨璎珞本业经》《十住断结经》。

鸠摩罗什译经6部：《大智度论》《大庄严论经》《十住经》《维摩诘所说经》《小品般若经》《坐禅三昧经》。

附录二 《灵宝经目》和《正统道藏》本灵宝经对照表

本表参考大渊忍尔（1974）和王承文（2002：831-835）制成。表中第一列为经卷编号，第二列是《灵宝经目》中经文的名称，第三列是《灵宝经目》中相应经文在《正统道藏》（简称《道藏》）、《无上秘要》或敦煌文书等典籍中的名称，括号中注明这些经卷在《道藏》等典籍中的分布。

编号	《灵宝经目》中的经名	《道藏》或其他典籍中的灵宝经名
1	《太上洞玄灵宝五篇真文赤书》上下卷	《元始五老赤书玉篇真文天书经》上中下三卷（《道藏》第1册）
2	《太上洞玄灵宝玉诀》上下卷	《太上洞玄灵宝赤书玉诀妙经》上下二卷（《道藏》第6册）
3	《太上洞玄灵宝空洞灵章》一卷	《道藏》本阙。《洞玄空洞灵章经》（《无上秘要》卷二十九）
4	《太上说太上玄都玉京山步虚经》一卷	《洞玄灵宝玉京山步虚经》一卷（《道藏》第34册）
5	《太上洞玄灵宝自然至真九天生神章》一卷	《洞玄灵宝自然九天生神章》一卷（《道藏》第5册）
6	《太上洞玄灵宝大道无极自然真一五称符上经》一卷	《太上无极大道自然真一五称符上经》上下二卷（《道藏》第11册）
7	《太上洞玄灵宝诸天内音自然玉字》上下卷	《太上灵宝诸天内音自然玉字》四卷（《道藏》第2册）
8	《太上洞玄灵宝智慧罪根上品》一卷	《太上洞玄灵宝智慧罪根上品大戒经》上下二卷（《道藏》第6册）
9	《太上洞玄灵宝智慧上品大戒威仪自然》一卷	《太上洞真智慧上品大诚》一卷（《道藏》第3册）

续表

编号	《灵宝经目》中的经名	《道藏》或其他典籍中的灵宝经名
10	《太上洞玄灵宝经金箓简文三元威仪自然真一经》一卷	《太上灵宝玉箓简文三元威仪自然真经》一卷（《道藏》第9册）
11	《太上灵宝长夜九幽玉匮明真科》一卷	《洞玄灵宝长夜之府九幽玉匮明真科》一卷（《道藏》第34册）
12	《太上洞玄灵宝智慧定志通微经》一卷	《太上洞玄灵宝智慧定志通微经》一卷（《道藏》第5册）
13	《太上洞玄灵宝真文度人本行妙经》一卷	《道藏》本阙。《太上洞玄灵宝真文度人本行妙经》一卷（敦煌文书：P.3022v）
14	《太上洞玄灵宝真一劝诫法轮妙经》一卷	《太上洞玄灵宝真一劝诫法轮妙经》（《道藏》第6册）、《太上玄一真人说劝诫法轮妙经》（《道藏》第6册）、《太上玄一真人说三途五苦劝诫经》（《道藏》第6册）、《太上玄一真人说妙通转神入定经》（《道藏》第6册）
15	《太上洞玄灵宝无量度人上品妙经》一卷	《灵宝无量度人上品妙经》（《道藏》第1册）
16	《诸天灵书度命》一卷	《太上诸天灵书度命妙经》一卷（《道藏》第1册）
17	《太上洞玄灵宝灭度五炼生尸妙经》一卷	《太上洞玄灵宝灭度五炼生尸妙经》一卷（《道藏》第6册）
18	《太上洞玄灵宝三元品诫》一卷	《太上洞玄灵宝三元品戒功德轻重经》一卷（《道藏》第6册）
19	《太上洞玄灵宝二十四生图三部八景自然神真箓仪》一卷	《洞玄灵宝二十四生图经》一卷（《道藏》第34册）
20	《太上洞玄灵宝天文五符序经》一卷	《太上灵宝五符序》三卷（《道藏》第6册）
21	《太上玉经太极隐注宝诀》	《上清太极隐注玉经宝诀》一卷（《道藏》第6册）
22	《太上洞玄灵宝真文要解》上卷	《太上洞玄灵宝真文要解上经》一卷（《道藏》第5册）
23	《太上太极太虚上真人演太上灵宝威仪洞玄真一自然经诀》上卷	《道藏》本阙。敦煌文书：（1）P.2356,（2）P.2403,（3）P.2452
24	《太极真人敷灵宝斋戒威仪诸要解经诀》下卷	《太极真人敷灵宝斋戒威仪诸经要诀》一卷（《道藏》第9册）
25	《太上消魔宝真安志智慧本愿大戒上品》一卷	《太上洞玄灵宝智慧本愿大戒上品经》一卷（《道藏》第6册）

续表

编号	《灵宝经目》中的经名	《道藏》或其他典籍中的灵宝经名
26	《太极左仙公请问经》上卷	《道藏》本阙。敦煌文书：S.1351
	《太极左仙公请问经》下卷	《太上洞玄灵宝本行宿缘经》一卷（《道藏》第24册）
27	《仙公请问本行因缘众圣难》一卷	《太上洞玄灵宝本行因缘经》一卷（《道藏》第24册）
28	《太极左仙公神仙本起内传》一卷	《道藏》等阙
29	《太极左仙公起居经》一卷	《道藏》等阙

附录三　词目索引

（共计417个）

A（3个）

　　阿罗汉　爱欲　爱狱

B（14个）

　　八难　拔度　拔过　拔苦　拔舌　拔罪　宝光　宝林　报对　报应
　　抱铜柱　本行　本愿　比丘尼

C（17个）

　　叉手　忏谢　长劫　超度　彻视　彻照　尘　晨朝　持戒/持诫　持念
　　持斋　出世　畜生　传度　慈愍　慈念　慈心

D（35个）

　　大乘　大慈　大慈大悲　大法　大法师　大梵　大梵天　大劫　大戒
　　大魔王　大千　大千世界　大圣众　啖炭　*刀利　刀山　导师　道场
　　道行　道眼　得度　谛受　谛听　地狱　兜术　都讲　毒汤　度
　　度人　度身　度师　度脱　断除　对　堕

E（8个）

　　恶道　恶对　恶根　恶世　恶因缘　恶缘　饿鬼　二十八天

F（36个）

　　发心　发愿　法服　法鼓　法号　法化　法教　法戒　法轮　法门
　　法桥　法师　法衣　法音　梵　梵辅　梵天　梵行　反论　犯戒
　　方便　非法　非人　飞天　分卫　风刀　奉戒/奉诫　奉斋　佛　福德
　　福根　福门　福舍　福田　福缘　福愿

G（11个）

高座　功德　供养　*唝嗃　挂碍　广度　归命/皈命　归依/皈依　鬼魔　过度　过去

H（18个）

寒冰　何因缘　恒沙/洹沙　弘普　后身　后生　后世　护度　化度　还生　悔谢　悔罪　秽漏　秽身　火劫　火山　火中生莲华　镬汤

J（37个）

积劫　极乐　偈　偈颂　偈诵　寂静　剑树　教度　阶道　劫　劫数　结　结缚　结缘　解度　解了　解脱　解悟　戒　戒法　*诫律　金翅大鸟　金刚　金容　今身　今生　今世　禁戒　经宝　经法　经教　经戒　经师　精进　净水　久远劫　救度

K（6个）

开度　空　空寂　苦厄　苦根　苦行

L（19个）

来生　来世　累劫　礼拜　历劫　立愿　两舌　流转　六畜　六度　六根　六情　六时　六天　六通　漏尽　轮回　轮转　罗汉

M（15个）

卖身　弥劫　妙法　妙觉　妙通　灭度　灭坏　愍济　命根　命过　魔　魔界　魔魅　魔王　*摩罗

N（2个）

年劫　念度

P（4个）

平等　菩提/菩题　普度　普济

Q（21个）

七宝　七宝宫　七宝光　七宝林　七宝台　七宝之树　七世　七世父母　七祖　绮语　悭贪　前身　前生　前世　清戒　清信　清信士　清信士女　卿等　劝化　劝助

R（6个）

饶益　人道　忍辱　如来　汝等　入定

S（62个）

三宝　三乘　三恶　三恶道　三恶之道　三会　三界　三千大千世界

三十二天　三十二相　三世　三涂/三途/三徒　散花　色界
沙门/桑门　沙门尼　善报　善道　善根　善门　善男子　善念
善女人　善因缘　善缘　上人　烧香　舍利　摄意　神通　生死栽
圣教　圣众　施安　师父　师宗　十恶　十方　十戒/十诫　十善
世界　授度　受报　受度　受戒/受诫　受生　受诵　水劫　睡眠
四辈　四大　四众　诵经　宿对　宿福　宿根　宿命　宿世　宿行
宿缘　宿罪　随逐

T（12个）
塔寺　檀越　弹指　汤煮　天魔　天人　天堂　天下　天眼
天中之天　天尊　退转

W（18个）
外道　万劫　枉横　妄言　妄语　违戒　无极世界　无色　无色界
无上正真　无上正真之道　无央数/无鞅数/无轵数　五道　五戒
五苦　五体　五欲　五浊

X（25个）
细滑　遐劫　下头　先身　见世　*见在　见在世　相好　消魔　小乘
小劫　晓了　邪魔　邪念　懈退　心口相应　信根　行道　信心行业
行愿　修法　修行　修斋　须弥

Y（20个）
雅妙　洋铜　业　业行　一念　一劫　已　亿劫　因　因缘　影响
祐护/佑护　欲界　缘　缘对　缘会　缘结　圆光　怨对　愿念

Z（28个）
在在　旃檀　展转/辗转　正法　执戒　执斋　智慧　终劫　种根
众魔　诸天　转度　转经　转轮　转轮圣王　转身　自度　自己
自然　罪报　罪对　罪根　罪垢　罪门　罪缘　尊经　坐莲花　作缘

后 记

在拙著即将付梓的时候,我想到最多的词是"感谢"。

我首先要感谢我的博士生导师俞理明先生,是俞老师把我领进了研读佛道文献的大门。读博的时候,我跟随俞老师学习研究中古汉语史,为此,读了一些带有中古汉语口语特点的汉译佛经。大概出于这个缘故,我博士毕业留校之后,蒙俞老师不弃,得以忝列他主持的教育部人文社会科学重点研究基地重大项目组,为"汉魏六朝道教典籍词汇研究"课题收集整理六朝道经中受佛教影响的词语。由于做事拖拉,到课题结题,我并没有做出任何贡献,但是这样的机缘却使我在道经中看到了佛道之间的交流与碰撞,自觉可以从语言接触的角度来观察道经中的佛教影响。作为这一方向研究的开端,在俞老师的提示下,我选择了从深受佛教影响的道教古灵宝经切入。在繁杂的教书育人工作之余,我一边读经摘出其中的佛教词语,一边比较这些词语在佛经和灵宝经中的内涵,最终收集到400多个佛教词语,整理成了此书。至于从语言接触的角度来观察道经中的佛教影响的想法,则在笔者主持的国家社科基金项目"语言接触视域下的中古道经佛教词语研究"(项目编号:19BYY165)中得到了落实。

接着我要感谢的是西南民族大学文学院的周作明和山东大学文学院的刘祖国两位专治道教文献语言的年轻教授。在道经研究方面,两位教授给了我极大的帮助和鼓励。周作明教授是我的同门师弟,当他得知我要参与收集整理六朝道经中受佛教影响的词语的工作之后,非常慷慨地把他校对好的六朝道经和他收集的相关研究资料都发给了我,后来还将他点校的道教类书《无上秘要》赠送给我。《道藏》卷帙浩繁,其中许多典籍都没有明确可靠的作者和创作年代记录，作明师弟的馈赠，帮助我减省了在如大海般的《道藏》中去甄别六朝道经和六朝道经中受佛教影响的内容这两个基础研究步骤，使我得以直接根据研究目标展开词语收集工作。如果说周作明教授给我的帮助主要是资料上的，那么刘祖国教授给我的则主要是思想上的诸多启发。刘教授是一位对道教文献语言研究极富热情并且成绩卓著的专家，他总是密切关注道教文献语言研究的最新进展，我刚开始做道经中佛教影响方面的研究，他就注意到了。此后，他不时给我转发一些与我的研究相关的论文，有时给我的研究提出一些建议，在研究思路上给了我很多启发，并被我融入本书和我的国家社科基金项目研究成果中。六年前，我告诉刘教授我将会出版一本道教文献语言研究方面的书，指的就是这本。出于一些原因，本书迟迟没有出版，其间刘教授还问过几次。今天真的要出版了，我怎么能不感谢刘教授一直以来的关注和帮助呢？

我还要感谢决定本书能否出版的审读专家，尽管我不知道他是谁，但是我必须向他致以深深的谢意。因为他提出了中肯而具体的修改建议，如果说本书尚有一点可取之处，其中或许就有审读专家的建议发挥的作用。比如，本书专门汇释道经中的佛教词语，原来并没有写出佛教词语的梵语词形，是这位专家建议"有梵文的，都加上梵文原语，以明其翻译的性质和基本含义"。这位专家还在"审读记录"中指出了21个词语的释义存在的问题，并提出了修改意见，帮助我大大改善了释义的准确性。

我还要感谢本书的编辑陈蓉和她的同事们。她们工作认真负责，细心又耐心。本书能够出版，与陈老师对我的督促、鼓励以及她们对本书的精心编校是分不开的。

初读佛经，我觉得其语言佶屈聱牙，不易读懂。读了道经，发现其语言古奥晦涩，比佛经还难懂。所以，在解释道经中的佛教词语时，我经常怀疑自己"是不是不知天高地厚"。但有时候又自我安慰道，毕竟还未见有人把某一类道经中的佛教词语专门收集起来做点什么，本书或许可以作为一个资料集吧。本人才疏学浅，书中对词语的解释或有不少不确之处，错漏也在所难免，恳请各位专家学者批评指正！

杜晓莉
2024年10月于成都